新时代北外文库

语言政策与二语习得研究

Studies in Language Policy and Second Language Acquisition

戴曼纯 著

人民出版社

作者简介
ABOUT THE AUTHOR

戴曼纯　北京外国语大学中国语言文学学院教授，博士生导师，语言学及应用语言学研究所所长，《语言政策与规划研究》创刊主编，入选北京外国语大学首批“卓越学术带头人”、北京市宣传文化系统“四个一批”人才工程。兼任中国语言学会语言政策与规划专业委员会副会长及秘书长、国家语言文字标准化技术委员会外语应用分技术委员会秘书长、国家标准《公共服务领域英文译写规范》研制及审定专家等。2009—2010年度麻省理工学院语言学及哲学系富布莱特研究学者。主要研究兴趣有语言政策、外语教学、第二语言习得、句法学。

在《外语教学与研究》《外国语》《现代外语》《外语学刊》《语言教学与研究》《外语与外语教学》《中国外语》《外语界》《外语教学》《外语研究》《语言文字应用》《国外社会科学》《欧洲研究》《俄罗斯东欧中亚研究》《拉丁美洲研究》等学术刊物发表论文130余篇，被《新华文摘》《中国社会科学文摘》《语言文字学》《教育科学文摘》、中国社会科学网等转载约20篇论文。为有关部门撰写咨询报告多篇。

代表性著作有《最简方案框架下的广义左向合并理论研究》《中国英语学习者L2句法发展研究》《国外语言规划的理论与实践研究》《中国高校外语教学改革现状与发展策略研究》等。主持完成多项国家社科基金项目、教育部人文社科重大项目、国家语委科研项目。曾获北京市第五届教育科学研究优秀成果一等奖、北京市第八届哲学社会科学优秀成果二等奖等。

内容提要
EXECUTIVE SUMMARY

该书精选了作者发表在语言政策和二语习得研究领域重要学术刊物的论文。语言政策类论文除探讨学科建设的普遍性问题外，重点研究了国家语言能力的理论与建设、国别语言政策及其启示。二语习得类论文包括理论建设和实证研究两类论文，理论建设文章揭示二语习得研究领域的核心认识问题、理论探索和假说，实证研究旨在检验特征理论在二语习得研究中的有效性和解释力。这些论文切中两大领域的核心问题，有益于推动学术发展。其中多篇被《新华文摘》《中国社会科学文摘》《语言文字学》《教育科学文摘》转载。

《新时代北外文库》编委会

出版说明

2021 年是中国共产党成立 100 周年，也是北京外国语大学建校 80 周年。作为中国共产党创办的第一所外国语高等学校，北外紧密结合国家战略发展需要，秉承"外、特、精、通"的办学理念和"兼容并蓄、博学笃行"的校训精神，培养了一大批外交、翻译、教育、经贸、新闻、法律、金融等涉外高素质人才，也涌现了一批学术名家与精品力作。王佐良、许国璋、纳忠等学术大师，为学人所熟知，奠定了北外的学术传统。他们的经典作品被收录到 2011 年北外 70 年校庆期间出版的《北外学者选集》，代表了北外自建校以来在外国语言文学研究领域的杰出成果。

进入 21 世纪尤其是新时代以来，北外主动响应国家号召，加大非通用语建设力度，现获批开设 101 种外国语言，致力复合型人才培养，优化学科布局，逐步形成了以外国语言文学学科为主体，多学科协调发展的格局。植根在外国语言文学的肥沃土地上，徜徉在开放多元的学术氛围里，一大批北外学者追随先辈脚步，着眼中外比较，潜心学术研究，在国家语言政策、经济社会发展、中华文化传播、国别区域研究等领域颇有建树。这些思想观点往往以论文散见于期刊，而汇编为文集，整理成文库，更能相得益彰，蔚为大观，既便于研读查考，又利于学术传承。"新时代北外文库"之编纂，其意正在于此，冀切磋琢磨，交锋碰撞，助力培育北外学派，形成新时代北外发展的新气象。

"新时代北外文库"共收录 32 本，每本选编一位北外教授的论文，均系进入 21 世纪以来在重要刊物上发表的高质量学术论文。既展现北外学者在外国文学、外国语言学及应用语言学、翻译学、比较文学与跨文化研究、国别与区域研究等外国语言文学研究最新进展，也涵盖北外学者在政治学、经济学、教育学、新闻传播学、法学、哲学等领域发挥外语优势，开展比较研究的创新成果。希望能为校内外、国内外的同行和师生提供学术借鉴。

北京外国语大学将以此次文库出版为新的起点，进一步贯彻落实习近平新时代中国特色社会主义思想和党中央关于教育的重要部署，秉承传统，追求卓越，精益求精，促进学校平稳较快发展，致力于培养国家急需，富有社会责任感、创新精神和实践能力，具有中国情怀、国际视野、思辨能力和跨文化能力的复合型、复语型、高层次国际化人才，加快中国特色、世界一流外国语大学的建设步伐。

谨以此书，

献给中国共产党成立 100 周年。

献给北京外国语大学建校 80 周年。

文库编委会

庚子年秋于北外

目　录

上篇　国家语言能力建设理论

中篇　外国语言政策解析

下篇　第二语言教育理论探讨

——以二语习得研究为例

自　序

我校出版新时代北外学术文库，拙文选集忝列其中。文库组织出版方要求作者选编新世纪发表的学术成果。遵照要求，文集选择语言政策、二语习得等领域近 20 年的成果。受篇幅所限，没有收录理论语言学及其他领域的文章。

自编文集使我回想起漫长的求学道路，经历过的曲折、艰辛、困惑、机遇和努力。我的学术探索始于 20 世纪 80 年代读研期间。彼时湖南大学与美国纽约城市大学皇后学院合作培养研究生，学制和课程遵照皇后学院，主要课程由美方教师负责。得此机遇，两届学生学习了最前沿的语言学及应用语言学理论和研究方法，阅读了大量原版书籍。本人对生成语法和二语习得研究产生了浓厚兴趣，尤其是研究了二语习得的许多学理问题，如二语习得理论建设、认识论、二语接口的习得、二语习得研究成果在课堂教学中的应用等。

30 多年来，我的研究兴趣基本围绕句法学、二语习得、语言教学、语言政策研究等领域，力争将理论语言学和应用语言学贯通起来进行探索。这一实践路径主要得益于刘润清教授的教诲。恩师精通西方不同流派的语言学，更擅长应用语言学和外语教育，是贯通理论与应用、不存偏见的楷模。他时常教导后学不要封闭于某一流派或理论的认识，而是博采众家之长，融会贯通，学以致用。要做好应用语言学研究，先必研读理论语言学。否则，应用语言学研究会成为无源之水、无本之木，渐成偏狭。这一思想指导我将句法学理论运用于二语习得研究，完成了 2 项国家社科基金项目。然而，将句法学理论应用于二语习得研究与“学以致用”有相当大的距离。

认识上的顿悟得益于李宇明教授的指点及其充满家国情怀的学术研究。

关注社会语言生活、研究语言的社会功能，使我更清晰地认识到语言学及应用语言学研究能够服务社会，超越学术圈子的自说自话，找到语言与社会生活的接口，发现问题并研究问题。例如，李宇明教授 2010 年率先提出并讨论国家语言能力这一重大问题。得此启发，我尝试将国家语言能力与国家安全结合起来，论证语言的安全价值，撰写出国家语言能力系列论文。十多年来，我带领自己的团队完成了 4 项教育部和国家语委的语言政策课题，为语言政策研究领域培养了一批研究者，为北外建设了语言政策与规划学博士点，创办《语言政策与规划研究》刊物。如今，北外已成为国别语言政策研究的重要阵地。

总的来讲，本书反映“学以致用”和追求学理两种思路。文集精选了本人独立完成或作为第一作者的研究成果，大多数系已完成课题的阶段性成果，其中一部分有团队成员的贡献。上篇、中篇和下篇自成体系，均有理论建设和具体问题的研究，许多属于前沿问题的探索。

上篇专门阐述语言政策与规划学科性质。文章指出语言政策及规划研究是一个不断发展的学科，必须顺应时代的需要和变化，除了发现新现象、解决新问题，还要根据新知识重新评价过去的做法和已有的理论，修正并提出新的理论。语言政策学科受制于具体国情、服务于具体国家，具有区域、时代、政治和社会等方面的局限性。上篇聚焦于国家语言能力，论述了语言规划、国家语言能力和国家安全的关系，提出了国家语言能力建设的人才观和个人多语能力发展模式，为国家外语能力发展提出了具体的建设性建议。

中篇基本上是国别语言政策研究系列成果，涵盖以国家安全为导向的美国外语教育政策、我国的外语人才需求状况、波罗的海国家的语言政策与民族整合、欧盟多语制及其问题等。国别语言政策研究有助于我们了解这些国家的国情、语情和民情，对国际交流和“一带一路”建设有一定的参考价值。

下篇的二语习得研究分理论探讨和实证研究两类。理论探讨涉及的问题有二语词汇习得、语言直觉的方法论意义、二语习得理论建设的核心问题、二语特征理论、“接口假说”等。还有专文提出二语习得理论建设中的认识论、理论取向和理论类型融合观。以生成语法特征理论为背景的系列文章从理论到实证论述了特征组装模式，揭示了特征组装所涉二语内接口和外接口的习得，分析了二语接口习得研究存在的问题。下篇的最后一节针对某些人提倡语块教学进行了理论批判，用二语习得研究成果做指导分析了语块教学的不合理性，指出所谓语块教学实为补丁式教学，对二语的系统性发展意义不大。

诚然，本书只是探索，因水平所限，错误在所难免，讨论的问题、提出的新问题还有待进一步研究。敬请业内同仁批评指正。

戴曼纯

于北外中文学院

上篇　国家语言能力建设理论

语言政策与语言规划的学科性质

一、引言

我国近几十年来在语言政策及规划领域取得了令人瞩目的成绩，汉语言文字标准化、推广普通话、少数民族语言建设、语言生活状况调查、外语教育等方面的研究为我国现代化建设、民族和谐、提升我国文化软实力做出了巨大贡献。语言政策与语言规划属于宏观社会语言学范畴，是关注社会的社会语言学，不同于微观社会语言学是关注语言的社会语言学（Nevalainen 和 Raumolin-Brunberg，2012）。作为当代社会语言学分支学科的语言规划具有跨学科性质，迄今已有 50 多年历史（Jernudd 和 Nekvapil，2012）。语言政策及规划作为一个学科源于西方学界，其主要思想和理论视角值得我们借鉴。本文主要讨论语言政策和语言规划的界定、学科的形成与发展、成效、理性选择模式及主要研究问题，以期展示学科的基本内涵。

二、语言政策及规划的界定和本质

语言政策及规划在我们的生活中无处不在，小到词语发音和使用，大到语言选择和学习，都属语言政策及规划范畴。语言是构建群体的关键要素之一，所有儿童都被各自的语言群体社会化，成人则努力保持自己在群体中的交际能力，教会儿童掌握群体使用的词汇和语言结构，并适时纠正。因此，所有人都在某种程度上管理、保护、推广语言，各种形式的语言政策和语言规划在不同社会应运而生（Wright，2007：164），个人、家庭、公司、组织和政府都可能是语言政策和规划的主体。

语言政策和语言规划犹如一对连体孪生兄弟，你中有我，我中有你，却又各自不同。学者们在各自的论述中对语言政策和语言规划做出了不同界定，背景有异，用意不同。美国学者 Einar Haugen 于 20 世纪 50 年代后期提出语言规划概念时，指的是一切旨在改变言语社团语言行为的所作所为。语言政策有时被用作语言规划的同义词，但准确地讲，语言政策是具体语言规划过程背后更宽泛的语言目标、政治目标和社会目标（Deumert，2009：371）。也有学者（Skutnabb-Kangas & McCarty，2008）认为，语言政策是一种社会文化过程，包含官方颁布的法案和文件，以及关于语言形式和运用是否合法的日常语言规范；语言政策影响某一政体内语言或其变体的地位、权利、作用、功能和使用，以及社会组织和制度。语言规划也是社会文化过程，往往通过地位规划、本体规划、习得规划促使人们改变语言。语言规划可能受以下一种或数种导向的影响，（1）语言被视作问题（因而必须消除语言多样性），（2）语言作为权利（在语言竞争环境中解决语言权问题），（3）语言是资源（促进语言民主和多元化）。总之，语言政策和语言规划均具有社会、政治和文化属性。正是这些属性使二者密不可分。

我们再看语言政策和语言规划的另一种界定。Fishman（1974）把语言规划界定为刻意改变语言地位、结构和习得所做的努力。语言规划是社会规划大范畴（包括住房、就业、迁徙、税收政策在内的广大公共政策领域）的组成部分，有明确的目标和实施方案。语言政策指官方机构和部门（如教育部、校方、单位领导层）实施的隐性或显性语言规划。语言政策可以是国家或机构针对语言结构、使用和习得制定实施的指导方针和规定，既可能是明文规定（如语言政策入宪）也可能隐而不言。虽然语言政策由政府机构制定和推行有其优势，但是大多数学者认为语言政策既可由公共机构（如政府机关、学校、法院）负责，也可由私人机构（如公司、企业、非政府组织）自行制定（Tollefson，2011：357）。上至政府机构下至黎民百姓制定的语言政策及规划均会对社会结构和发展、人们的生活等产生不可估量的作用。

语言政策及规划的实施效果在很大程度上受制于语言教育。仅有地位规划和本体规划而无习得规划便无法达到目标。习得规划负责地位规划和本体规划的实施。一旦政策制定者确定某一语言在公共生活领域的作用及具体语言形式,语言习得就由教育工作者负责组织实施(Cooper,1989:1),即习得规划通过语言教育和规划来完成。语言教育政策指正规教育中和语言习得有关的政策,一般包括各级政府的法规和文件,下属机构的常规工作等(De Korne,2010)。

早期的语言教育政策及规划与现代化和发展理论相关且有三个关键的共同点:(1)乐观地认为语言教育政策及规划使少数民族语言群体受益;(2)政策及规划专家应当在制定、实施高效合理的计划和政策方面扮演重要角色;(3)学术研究及实践应当聚焦于民族国家。一般认为政府的教育机构在语言政策及规划活动中起主要作用,这一认识使早期研究采取自上而下的视角。但是,早期的做法有几个不足:(1)忽视了社会政治体系的复杂性,政策与实施成效之间的因果关系极为复杂,社会群体往往有不明言的不同目标;(2)关注国家政策和规划,忽略语言教育对象的态度和语言习惯;(3)过于相信语言教育政策及规划整合小族语言群体的价值(Tollefson,2008:4-5)。之所以出现以上问题,是因为语言政策及规划具有区域、时代、政治和社会等方面的局限性。政策及规划的指导思想在变化,彼时彼地可行有效的做法在此时此地已失去价值。

三、学科发展脉络

一般认为,现代语言政策及规划研究进入社会语言学领域始于 20 世纪 60 年代,兴起于 70 年代,学科发展与当时许多亚洲和非洲新独立国家面临国语选择和推广问题有关。语言选择、标准化及推广,国家团结与发展等问题吸引了大量学者对其进行研究探讨,使学科朝着问题驱动型方向发展。但是,语言是否能人为规划在学科发展初期备受质疑。当今学界认为语言可以被规划,但并不意味语言应当被规划(Deumert,2009:371)。现代语言学作为一门科学早已摈弃规定语言学,语言学界执牛耳者为结构主义语言学。结构主义对语言规划持反对态度不仅因为结构主义的理论基础与规定主义截然不同,而且还因为语言规划超出了语言学范畴,是一门关注政策制定和实施、带有明显的社会政治色彩的跨学科(Jernudd & Nekvapil,2012:17)。来自非语言学领域的理论中(尤其是社会文化理论),有的带有整合社会的倾向,有的则推崇语言文化多样性。关于语言的不同认识论在语言政策及规划研究界表现出不同倾向:语言纯洁主义、描写主义、自由主义等。正因如此,语言政策及规划领域迄今为止尚未出现主流理论。

为了了解语言政策及规划学科的本质内涵及发展脉络,我们可以参考新近出版的《剑桥社会语言学手册》(2011)和《剑桥语言政策手册》(2012)。前者的作者之一 Tollefson(2011:357-376)对语言政策及规划的发展做了一个简要的归纳整理,将学科的现代发展分为三个阶段:经典及新经典时期、批判与幻灭阶段、学科复兴阶段。后者专辟一章(Jernudd & Nekvapil,2012:16-36)简介语言政策历史,分为四个阶段:前现代、近现代、现代和后现代。前现代阶段的典型代表是 1635 年成立的法兰西学院及其推行的语言政策及规划,法兰西学院被视为欧洲许多类似机构的典范。19 世纪欧洲兴起的民族运动以语言规划为手段,以满足语言和文化需求为由,将社会目标和政治目标合法化,并试图完成这些目标。苏联 20 世纪 20 年代至 30 年代的语言政策及规划属于近现代类型,但是兼具前现代和现代阶段的部分特征。而捷克斯洛伐克同期由布拉格语言学派推行的语言规划带有明显的现代阶段特征,即重点关注微观层面的问题,在一定程度上忽略社会问题,注重细节,不求大变。1918 年从哈普斯堡帝国废墟中建立起来的捷克斯洛伐克族群较多,族际交流问题严重。布拉格学派致力于完善多数人使用的标准捷克语,其语言完善理论享誉世界,被后来的"经典语言规划"认可接纳。作为布拉格学派语言规划标志的基本概念(如语言规范、语言功能、语言雅化、语言培育等)对后来的语言政策及规划产生了重要影响。

下面我们主要根据 Tollefson(2008、2011)及 Jernudd & Nekvapil(2012)的阐述,结合其他学者的观点,简要介绍现代语言政策及规划学科的发展阶段。

（一）（新）经典阶段

近现代语言政策及规划的大部分研究聚焦于设计语言政策及规划的理论框架，研究有限的实际问题，例如新兴民族国家的本体规划。早期研究与发展中国家的现代化和国家发展密切相关，受现代化理论影响严重（Tollefson，2008:3-4）。学科发展初期一方面缺少理论，另一方面关注的问题不够全面。因此，不少学者借鉴其他社会科学领域的理论指导语言政策及规划研究，关注的问题由此拓宽，涵盖语言本体和语言相关问题。

根据 Tollefson（2011）的观点，20 世纪 60 年代至 70 年代为学科发展经典时期（包括后期的新经典阶段），为语言政策及规划奠定了基础。这一阶段的学者主要关注发展中国家的社会、经济和政治问题，在大量案例研究和理论探讨的基础上提出这样的观点：语言是南亚、东南亚和非洲初建国家面临的社会、政治及经济挑战中最核心的问题。例如，后殖民国家的教学语言是否应当继续使用殖民者的语言？地方及本土语言是否应当通过标准化并最终在公共领域代替殖民语言？多语国家应当如何选择自己的通用语？各不同教育层次应当实施什么样的语言教学方案？没有文字的语言或一语多文的语言是否应当设计新的书写系统？此类问题，不一而足。许多情况下，这些问题成为民族主义、国家主义、现代化和国家发展的核心问题。语言政策及规划在发展初期被认为对解决发展中国家的语言问题具有重大的实用价值，而实际上其价值远不止此，语言政策及规划还可以用于解决和语言相关的问题（如多民族国家的民族融合、政治架构）。初期的语言政策及规划仅区分地位规划（确立语言变体的社会地位，如教学语言、行政管理语言、司法语言）和本体规划（针对语言结构方面实施的规划，包括标准化、词库建设、创制文字、纯洁化、国际化等），后来才加上习得规划（通过语言学习推广语言，促进语言传播）。实际上，地位规划和本体规划并非泾渭分明、非此即彼，本体规划往往是地位规划的手段或延伸。虽然语言政策及规划发展初期没有形成一个统一的理论框架或操作模式，但是对学科发展产生了深远的影响。大量案例研究得出一条关于多语社会语言问题的重要结论：多语社会最好是稳定的双言社会，即两种相近的语言变体明确用于不同领域。双言概念的含义在语言政策及规划学科发展过程中也发生了变化,涵盖范围更广,即不同语言使用范围采用了两种(甚至两种以上)语言变体(包括同属一门语言的方言、社会方言,乃至不相关的语言)。双言的稳定性主要在于语言变体不是竞争关系,而是各司其职的互补关系;双言的功能划分是社会的自然选择。如果双言的使用范围出现交叉,则可能导致不稳定的双言关系。对此,语言政策及规划制定者必须充分考虑多语社团的利益,清晰划分不同语体的用途。(新)经典时期的理论与实践依然在影响当今的语言政策及规划研究,没有地位规划、本体规划和习得规划,语言政策及规划就无从谈起。

(二)批判与幻灭阶段

新兴后殖民多语国家的语言政策及规划成效令人失望。在 20 世纪 70 年代至 80 年代,(新)经典语言政策及规划遭受批判。批评意见集中在以下几方面。第一,经典时期把语言政策及规划与现代化和发展过于密切地关联在一起,将其视为促进经济发展的手段,例如将本土语言词汇系统现代化、制定教学方案向小族语言使用者快速传授主流社会语言。而事实上,经典时期的语言政策及规划往往未能促进经济发展。第二,语言政策及规划研究对受国家政策和计划影响的社团关注不足,把主要精力放在教育部及其他国家机构自上而下的规划上,忽略了语言小族的政策偏好、学习通用语对社团的影响、身份认同、幸福感等问题。第三,政策推广忽视了普遍存在的强制性问题。其他批评包括:经典时期看重显性政策,忽略了隐性政策具有同样的重要性;过分关注机构(如学校)这一宏观层面,忽略了微观层面;没有注意不同语言变体的成本效益问题,比如为什么某些语言适合作为高阶语言、为什么低阶语言不可用于高阶场合等(Tollefson,2011)。

Jernudd 和 Nekvapil(2012)也持类似的观点。他们指出,许多学者不赞同经典语言规划隐含的理论基础,因为它破坏了语言规划的中立性。语言规划带有明确的社会政治意图,旨在促进现代化,结果不但没有取得预期效果,反而强化了发展中国家的社会和经济方面的不平等。

席卷语言政策及规划领域的各类批评最终导致新思路和新方法的诞生,由此出现新的核心问题,如语言政策及规划与社会不公的关系、语言政策及规划的思想本质、语言小族的感受、政策及规划的民主模式等。很显然,语言政策及规划的关注点发生了重大变化。

（三）学科复兴阶段

20 世纪 90 年代初,语言政策及规划研究受社会科学理论发展(尤其是批评理论)的影响,开始复兴。这一阶段的早期研究大多关注影响规划和政策的历史因素和社会结构力量,特别是阶级、性别、种族和民族。运用批评理论的历史结构观(historical-structural approach)与(新)经典时期的认识有本质区别。例如,经典时期强调个人决策及政府部门的作用,历史结构观试图释放影响语言运用的社会因素和历史因素,不将个体语言决策视为成本效益分析的结果,而是探索成本效益具体表现方式的潜在原因:为什么有的群体必须耗费成本去学习主流语言、为什么某群体的成本效益不同于其他群体、语言政策带来什么利益等。在历史结构观视野下,个体语言决策不能视为个人选择,而应视为复杂历史结构因素产生的结果。正是复杂的历史结构力量造就了社会系统,个人必须遵循社会系统行事。语言政策的历史结构观重视历史因素的作用,把历史关系视为根本关系,不做细致的历史分析就无法搞好语言政策及规划研究。历史分析法重视结构因素(特别是经济阶层因素)划分的不同群体之间的社会关系。历史结构观认为成功实施的语言规划通常服务于强势群体,因此单纯评估政策实施的成功程度意义不大,评价的重点在于语言政策及规划如何影响不同社会群体的生活机会,影响不平等权力关系的可能性,以及对社会公正的影响(Tollefson,2011)。Jernudd 和 Nekvapil(2012)所指的后现代语言规划类型反映的正是西方社会关于语言的新认识,重视语言权,在全球化过程中维护语言多元,承认并支持社会多样性,保护社会多元特点。

语言政策及规划研究转向关注权力、不平等和社会公正仅仅是该学科拓展研究思路和方法的第一步。从 20 世纪 90 年代开始,学科出现迅猛发展。越来越多的学者从事语言政策及规划研究,并且把其他领域的研究方法引入这一学科,例如世界体系论(world-systems)、语言生态观(ecology of language)、治理观(governmentality)等(Tollefson,2011)。

世界体系论区分中心和边缘,关注中心语言(如英语)对边缘世界精英的作用，许多边缘国家精英在中心国家或本地精英学校接受教育，教学语言采用中心语言；甚至有的边缘国家（如菲律宾），非精英阶级也被迫接受具有官方地位、用于教学的中心语言。运用世界体系论的代表性观点有 Phillipson（1992/2012）的语言主义和语言帝国主义。帝国主义一般指强大的外部群体将其政治、经济和文化规范强加在他人头上，与欧洲的殖民扩张密切相关（Mühlhäusler，1996：18），中心国家或社会通过剥削、非等价交换等手段统治边缘国家或社会。所谓语言主义，则是指处于支配地位的语言被赋予令人向往的特征属性，起着吸纳作用；而处于被支配地位的语言被赋予相反的特征属性，起着排斥作用。英语语言帝国主义是语言主义的一种。只要把英语推广政策置于帝国主义框架下进行考量，就会了解到强大的中心国家以牺牲边缘国家利益为代价，通过推广英语保障中心国家的利益。英语语言帝国主义的合法化依靠两个手段推行教育语言规划：语言文化（盎格鲁中心观）和教学法（职业化）（Phillipson，1992/2012：47）。因此，有人如此批评语言帝国主义，即英语、法语、西班牙语在殖民过程中成为“杀手”语言（Mühlhäusler，1996：20），导致大量本土语言消亡。

语言生态观将社会语言与生物多样性进行类比，其核心思想是尊重语言多样性，关注濒危语言、语言活力、语言维护和语言复兴，坚信社团语言对形成身份和归属感的价值，坚信异质和杂合是所有语言的根本特点，关注语言权利。例如 Wright（2004）从语言生态角度论述南非语言政策时指出，英语在经济中的势力是促使南非语言生态朝双语互利形式（a form of diglossic mutualism）发展的主要动力，英语在全国范围内用于高层交际，而非洲语言起着重要的互补作用，南非语（或称南非荷兰语）正日渐获得语言交际的补充地位。南非语已发展为适用于高等教育的语言，尽管英语是广泛获得知识的工具及国际学术界发表成果的语言，南非语在许多学术领域还处于次要地位。使南非民众广泛接受语言生态多样性的关键在于将重心从研发政策转向研究语言能力的培养，为南非语言的复兴提供保障。

语言政策及规划使用的治理概念源自 Foucault 的论述。Foucault 使用的治理有两重含义：第一种一般指伴随国家利益出现的管理艺术，第二种含义更窄，指 18 世纪开明政府的出现（Bröckling 等，2011）。治理观体现行政、法律、财政、制度、专业部门、具体做法及手段等在内的所有规约个人及群体行为的力量。语言政策及规划(尤其是这方面的话语)、教育及其他机构的做法均视为社会规约手段。按照语言治理框架研究语言政策及规划的学者探索语言、文化及教育如何形成不同的制度,而制度对于管理而言至关重要。语言治理关注(尤其是机构内部的)日常话语,将语言政策表述为文化政策,视其为决定人们态度和行为的道德观及政治观。语言政策不是推广或限制某些语言,或仅仅为实现更大的政治目标和经济目标,而是从广阔的文化领域和历史领域进行考量。例如,在殖民时期的香港,语言教育政策不只是语言选择问题,而且是教育香港华人顺从殖民当局统治大计划的一部分(Pennycook,2002)。

从现代语言政策及规划的几个发展阶段可以看出,学科内涵在不断扩大,从带有明确社会政治目标(如实现一国、一民、一语"三位一"体的目标)的地位规划、本体规划和习得规划,逐渐演变为重视语言权、保护语言生态、消除社会不公、保护语言多样性等。关注点的重大转向反映了不断变化的社会现实,是不断考量语言政策及规划的社会政治成效的结果。

四、语言政策及规划的成效及理性选择模式

语言政策及规划实施的成功程度各地不尽相同。有的国家相对成功,也有国家努力而效果不佳。当今欧洲不少国家的建立与语言政策及语言规划密切相关,例如法国的民族建设离不开法语相助。可以说,语言政策及规划曾对欧洲的民族建设做出过重要贡献。近现代早期欧洲的语言政策及规划始于西欧本土语言的标准化及其传播。第一批摆脱封建主义的民族国家有法国、西班牙、英国、瑞典和荷兰。统治王朝战胜来自贵族的权力挑战,确立了稳固的疆界。随后出现的中央集权时期使首都和宫廷使用的方言获得比国内其他方言或语言更高的地位,成为行政部门通用的语言。例如,法国国王 1539 年颁布敕令,降低拉丁语在公文、合同和司法领域的地位,取而代之的是国王使用的语言,不容有他。1536 年英国的联合法案规定,只有学会了英语的威尔士人才可以担任公职(Wright,2007:165)。欧洲国家的语言规划产生了明显的

政治效果,即国内的语言愈趋统一,差异在缩小,而与邻国的语言差异则出现最大化。国界实际上也是语言边界。许多欧洲国家语言政策和规划取得成功的原因是多种多样的,但主要原因离不开民族主义思想、忠于国家、积极科学的态度、结构主义语言学的发展、教育普及、工业化等。尤其是工业化吸引使用不同语言或方言的人前往城镇这样的语言大熔炉,人们不得不使用国语作为通用语。虽然欧洲大陆被语言分割成若干国家的过程从未彻底完成,但是教育部门和中央政府推行的显性语言政策和规划,以及作为其他政策(比如大规模征兵)副产品的语言政策及规划,促进了国家内部团结,建立起了语言疆界。

19 世纪至 20 世纪初的欧洲语言政策及规划远比美国同期成功。美国在摆脱殖民统治后成立的政府没有几届像那些欧洲国家一样努力实现语言、民族和领土融合一致的民族主义理想。迄今为止,美国仍未制定并推行显性的国语政策,唯英语运动仅反映出自下而上的语言规划诉求。印度尼西亚和坦桑尼亚属于积极推行语言政策及规划工作的国家,但是国语未能全民普及,尚未成为所有公共领域的交际媒介(Wright,2007:166-167)。这些事实说明,语言政策及规划的推行效果受制于诸多因素。尽管欧洲的语言政策及规划相对比较成功,但是很难真正做到一个国家、一个民族、一种语言“三位一体”的政治目标。在语言融合度不高的地区(例如前南斯拉夫),小族语言群体一直给国家带来政治困扰,甚至造成分裂。这就足以证明语言融合政策的优势和价值。

然而,随着时代的变迁、政治格局的变化,过去推行的语言政策及规划必须重新评价并做出调整。欧洲过去以语言规划为手段促进民族建设,对当前的欧洲一体化带来不少障碍。例如,欧洲国家把语言政策和教育置于主权之中,各自为政。拥有 27 个成员国的欧盟和拥有 47 个成员国的欧委会(包含所有欧盟成员国)在教育事务和语言事务方面权力有限。他们的主要作用只是推行一体化、促进成员国之间的合作和交流。自欧盟将 2001 年定为欧洲语言年以来,语言政策研究出现新的势头,2007 年设立多语专员职位,负责语言政策,但是随着 2010 年新的欧盟委员会入职,多语领域的工作并入欧盟教育、文化、多语及青年专员的工作。欧盟委员会的多语政策有三项基本目标:所有公民可以用自己的母语阅读欧盟文件，促进多语经济，鼓励语言学习，提倡社会语言多样性。语言政策远期目标是，每一位欧洲公民除母语之外从小至少学习并掌握两门语言的基本技能，即所谓“M+2”方案（Cenoz & Gorter，2012：307）。很显然，推崇语言文化多样性使欧洲一体化在一定程度上成为大语种（如英语、法语、德语等）之间、大语种与小语种之间的角力场。最后的胜负遥未可知。语言帝国主义在此似乎难有市场，语言生态观和语言资源论也许能有一席之地。

根据 Deumert（2009：380）论述的语言规划理论，语言是一种社会资源。语言就像黄金、煤炭和水一样的自然资源，社会上的语言使用可以合理系统地进行规划。语言规划的特点是在不同解决方案中作出合理的选择。决策过程分五大步骤：发现问题，确定目标，提出解决方案、分析成本效益并合理选择方案，实施解决方案，通过比较预期结果和实际结果进行评估。

所谓语言规划问题一般指创制文字、编典及现代化。但欧洲当前的语言规划不存在这些问题，主要问题在于语言选择和组合。理想的语言规划应当建立在深入了解社会语言状况的基础之上。实况调查是理性决策的先决条件，包括全国性普查和大型社会语言学调查，以便确定母语使用人数、二语使用人数、双语使用程度、语言选择与维护方式、语言态度等。成本效益（cost-benefit）分析在语言规划中有着重要作用，但是有别于经济学家广为采用的严格意义上的成本效益分析，因为语言规划的成本效益分析需要考虑非物质因素。规划者必须明确目标、问题及结果，掌握决策过程所需要的信息。成本效益分析在语言规划中的应用有两个难点，一是语言规划耗时长（有的长达几十年），难以准确计算出成本和效益；二是语言规划的效益很难用金钱衡量。

以比利时为例。虽然比利时推行法语和荷兰语双语制耗费很高的成本，但是，如果只选择法语或者荷兰语就会导致社会动荡和政治冲突，因为语言身份与文化身份之间的联系在比利时尤为密切。我们再以波兰为例。像许多其他东欧国家一样，波兰在 20 世纪 90 年代面临选择俄语还是英语作为第一外语的问题。按照成本效益分析，波兰有两种选择：继续将俄语作为第一外语，原有课程设置不作变动；或者用英语代替一直作为第一外语的俄语。如果引进英语作为第一外语，需要消耗的成本包括培养英语教师、支付英语教师工资等。预计获得的效益包括：掌握英语知识、促进与西方国际的贸易、改善去英语国家留学的条件、加强与西方国家的文化联系、拓宽获得重要科技文献的渠道、提高生活水平等。

理性选择模式依靠中央政府实施语言规划，政府控制并协调理性决策。在非洲，这样的语言规划方式遭到学界的批判，他们认为政府参与的语言规划反映了欧洲中心论，对非洲的语言规划实践来说过于理想化，水土不服。发达国家的语言规划往往由政府主导实施，而非洲大多数语言规划工作由非政府机构负责。况且，没有任何一个非洲国家制定明晰的语言政策。大多数语言规划决策并非建立在充分了解社会语言状况基础之上，因而理性不足，实施策略往往临时起意（Deumert，2009：384-385）。

理性选择模式并不一定产生理想的结果。语言规划很少完全遵照这一理想模式。正如 Cooper 在讨论语言规划的界定时指出，从长远来看，很难找到所谓系统、理性、理论驱动的语言规划；现实中的语言规划往往可能是一团乱麻，随意性大，受情绪左右（Cooper，1989：41）。参与语言规划者除政府外，还有语言研究机构、教育部、教会、语言协会、民间压力群体和个人。这些机构和个人认识水平和视角存在差异，很难使语言规划呈现出系统而理性的特征。因此，理性选择模式仅仅是一个理想化的模式。

五、结语

语言政策及规划研究是一个不断发展的学科。它像所有研究动态变化系统的领域一样，必须顺应变化，不只是发现新现象和新问题，而是要根据新知识重新评价过去的做法和已有的理论。语言政策理论家和实施者不但要解释当前观察到的事实，而且要为那些希望解决冲突、提高交际效率且尊重语言变体者提供必要的指导，正因如此，他们往往需要避免匆忙选择过于简单的模型和解决方案。学者们一般不会直接提出明确的建议，而是揭示理解语言政策、描写社会语言生态、认识众多相左观点、提出语言规划和管理方式等有关挑战的复杂性(Spolsky,2012:15)。

当代社会进程有三大特点:全球化、迁徙和管理区域化。语言政策及规划的理论模式无疑必须顺应时代的需求。虽然新的研究问题不断出现,老的问题依然还会受到关注。这些正是语言政策及规划学科的本质特征。

参考文献

Bröckling, U., S. Krasmann & T. Lemke. From Foucault's Lectures at the Collège de France to Studies of Governmentality: An Introduction. In Ulrich Bröckling, Susanne Krasmann & Thomas Lemke (eds.). *Governmentality: Current Issues and Future Challenges*. New York: Roetledge, 2011, pp.1-33.

Cenoz, J. & D. Gorter. Language Policy in Education: Additional Languages. In B. Spolsky (ed.). *The Cambridge Handbook of Language Policy*. Cambridge: CUP, 2012, pp.301-320.

Cooper, R. *Language Planning and Social Change*. Cambridge: CUP, 1989.

De Korne, H. Indigenous Language Education Policy: Supporting Community-controlled Immersion in Canada and the US. *Language Policy*, 2010 Vol.9, pp.115 141.

Deumert, A. Language Planning and Policy. In Rajend Mesthrie, Joan Swann, Ana Deumert & William Leap (eds.). *Introducing Sociolinguistics (2nd Edition)*. Edinburgh: Edinburgh University Press, 2009, pp.371-406.

Fishman, J. (ed.). *Advances in Language Planning*. The Hague: Mouton, 1974.

Mühlhäusler, P. *Linguistic Ecology Language Change and Linguistic Imperialism in the Pacific Region*. London/New York: Routledge, 1996.

Nevalainen, T. & H. Raumolin-Brunberg. Historical Sociolinguistics: Origins, Motivations, and Paradigms. In Juan Manuel Hernández-Campoy & Juan Camilo Conde-Silvestre. *The Handbook of Historical Sociolinguistics*. Malden, MA: Wiley-Blackwell, 2012, pp.22-40.

Pennycook, A. Language Policy and Docile Bodies: Hong Kong and Governmentality. In James Tollefson (ed.). *Language Policies in Education: Critical Issues*. Mahwah, NJ: Erlbaum, 2002, pp.91-110.

Phillipson, R. *Linguistic Imperialism*. Oxford: OUP, 1992/2012.

Skutnabb-Kangas, T. & T. McCarty. Key Concepts in Bilingual Education: Ideological, Historical, Epistemological, and Empirical Foundations. In Jim Cummins & Nancy Hornberger (eds). *Encyclopedia of Language and Education (2nd Edition), Volume 5: Bilingual Education*. New York: Springer Science+Business Media LLC, 2008, pp.3-17.

Spolsky, B. What is Language Policy. In Bernard Spolsky (ed.). *The Cambridge Handbook of Language Policy*. Cambridge: CUP, 2012, pp.3-15.

Tollefson, J. Language Planning in Education. In Stephen May & Nancy Hornberger (eds.). *Encyclopedia of Language and Education (2nd Edition), Volume 1: Language Policy and Political Issues in Education*. New York: Springer Science+Business Media, LLC, 2008, pp.3-14.

Tollefson, J. Language Planning and Language Policy. In Rajend Mesthrie (ed.). *The Cambridge Handbook of Sociolinguistics*. Cambridge: CUP, 2011, pp.357-376.

Wright, L. Language andValue: Towards Accepting a Richer Linguistic Ecology for South Africa. *Language Problems & Language Planning*, 2004, Vol.28, No.2, pp.175-197.

Wright, S. Language Policy and Language Planning. In C. Llamas, L. Mullany & P. Stockwell (eds.). *The Routledge Companion to Sociolinguistics*. London/New York: Routledge, 2007, pp.164-172.

Jernudd, B. & J. Nekvapil. History of the Field: A Sketch. In B. Spolsky (ed.). *The Cambridge Handbook of Language Policy*. Cambridge: CUP, 2012, pp.16-36.

（本文原载《语言政策与规划研究》2014 年第 1 期。《中国社会科学网》转载。）

国别语言政策研究的意义及制约因素

一、引言

语言是人类基本属性，是人们生活中不可或缺的交流工具和身份象征，还是人们追求幸福、争取话语权和生存权的渠道。语言更是人类在政治、经济、军事和社会生活中惯用的战略手段。发挥语言的积极作用对提升人类社会生活水平有着极为重要的意义。为此，许多国家在宪法、法律法规、机构文件等不同层面对语言的地位、使用、规范、教育及传播等做出符合其利益最大化的规定。也有国家不做宪法或其他立法层面的规定，将语言政策融入教育政策，对受教育群体实施潜移默化的语言政策。换言之，人类任何言语社团都在实行某种形式的语言政策，或显或隐，或明或暗，或强或弱。可以毫不夸张地说，欧洲民族国家的兴起几乎都利用了语言这一战略手段，通过语言政策表达国家和民族建设的政治纲领，通过语言教育整合境内的民族。同样，欧盟的发展及欧洲一体化也离不开语言这一战略手段，以语言文化多元为基本原则，试图通过推行多语制，以达成多样性中的统一。总之，语言政策与规划是人类社会政治生活中的重要组成部分。

有学者指出，语言政策是一种社会文化过程，包含官方颁布的法案和文件，以及关于语言形式和运用是否合法的日常语言规范；语言政策影响某一政体内语言或其变体的地位、权利、作用、功能和使用，以及社会组织和制度(Skutnabb-Kangas & McCarty，2008)。所有人都在某种程度上管理、保护、推广语言，各种形式的语言政策和语言规划在不同社会应运而生(Wright，2007：

164)，个人、家庭、公司、组织和政府都可能是语言政策和规划的主体(戴曼纯,2014)。语言政策作用于社会，并导致社会变化。例如，对于中东欧及巴尔干半岛一些国家的离合而言，成也语言，败也语言。从这一意义上讲，探讨语言政策和规划、研究语言发展战略、了解其他国家的语言国情均对理解人类社会发展以及促进国家和谐发展有着极为重大的意义。

二、语言政策研究学科地位的确立

语言政策与规划研究在许多国家备受学界、政界和社会的关注，已发展为一门新兴学科。这些研究属于宏观社会语言学范畴，是探讨语言社会学的学问(戴曼纯,2014)。语言政策与规划学科已有 50 多年历史，具有跨学科性质(Jernudd & Nekvapil,2012)，但是学科名称尚未形成统一认识，国内学界使用语言政策学、语言规划学、语言政策与规划研究等，不一而足。鉴于语言规划是改变言语社团语言行为的所作所为，而政策是具体语言规划过程背后更宽泛的语言目标、政治目标和社会目标(Deumert,2009:371)，即政策偏重理论和方针，规划偏重应用和实践，我们姑且用意义更宽泛、内涵更抽象的语言政策学指这门学问(当然，语言规划学、语言政策与规划研究也是恰当的学科称谓)。该学科在我国也有几十年的历史，而且近些年有了飞速的发展，取得的成就当归功于该学科的开拓者。国家语委、中国社会科学院、商务印书馆及部分高校积极推动了学科走向成熟。北京外国语大学、北京语言大学、上海外国语大学率先设立语言政策学科博士点。2015 年 7 月，中国语言学会语言政策与规划专业委员会正式成立(李宇明教授任会长)，标志着学科走向繁荣与成熟。

语言政策学带有浓厚的国别色彩。语言政策学的实用性特点使其有别于上位学科语言学。现代语言学历经百年演变，已发展为试图揭示人类语言普遍属性的学科，有普通语言学，而无国别语言学。与此不同的是，语言政策学科受制于具体国情、服务于具体国家，因此，有国别语言政策研究，而无普通语言政策学。语言政策研究成果全都属于问题驱动型、政策导向型、措施应用型研究,属于具体问题具体分析类研究。纵观国际语言政策学界公认的几大学术刊物《语言社会学国际期刊》《语言政策》《当代语言规划问题》《语言问题与语言规划》等,它们长期以来刊发语言政策与规划的国别研究成果,尚未推出具有普世意义的语言政策理论和研究范式。国内近几年先后创办的《语言政策与规划研究》《语言战略研究》《语言规划学研究》等专业期刊也是如此,发表的成果不是关于我国的语言政策研究,就是国外的语言政策研究。国别(外国)语言政策研究是了解其他国家和民族的语言国情和民情不可或缺的路径。学习、参考、借鉴他国的成功经验或失败教训,是语言政策学的一大特色。

三、国别语言政策研究的现实意义

应用性研究往往具有显著的现实意义。《语言社会学国际期刊》《语言政策》《当代语言规划问题》《语言问题与语言规划》等国际刊物重视发表国别语言政策研究成果,为各国之间相互了解、学习、借鉴提供了颇有价值的经验、思想和理论,在引领世界从单语主义向多语主义发展、从消灭方言土语转向保护语言生态等方面发挥了十分积极的作用。

我国是一个正在快速发展的多民族大国,语言文化绚丽多彩。在建设和谐社会,实现中华民族伟大复兴的中国梦这一大方针之下,正确处理语言文字问题、推行合适的语言政策,是关乎国家稳定、民族团结、国家发展和富强的大事。我们不但要从国内具体情况出发制定合适的语言政策,还要借鉴国外语言政策及规划方面的理论和实践经验对已有政策进行适当的调整,以便充分发挥语言政策的积极作用,释放出语言的正能量。正如《国家语言文字事业“十三五”发展规划》(2016 年 8 月 23 日教育部、国家语委发布)指出的那样,“语言文字事业具有基础性、全局性、社会性和全民性的特点,是国家综合实力的重要支撑力量,事关国民素质提高和人的全面发展,事关国家统一和民族团结,事关历史文化传承和经济社会发展,在国家发展战略中具有重要地位和作用。强国必须强语,强语助力强国。”毫无疑问,语言政策具有不可或缺的战略价值。

中国作为一个多民族国家，语言资源丰富，有近三百种语言①。国家通用语与少数民族语言如何和谐相处、共同发展，如何避免语言歧视与语言冲突现象，如何有效地保护少数民族语言权利等，是国家文化发展规划和语言政策制定必须面对的重要问题。

中国还是一个处于社会转型阶段的国家。如何发展自己的语言文化，搞好国家语言能力建设，是当今语言学界的重要议题。学界有责任和义务做好发达国家及发展中国家的语言国情研究。加强国别语言政策研究，借鉴其他国家和地区，特别是转型国家处理语言问题的经验教训，有助于我们制定恰当的语言政策，保护语言生态，促进语言和谐发展，实现我国语言文化的"多元一体""文化自觉"与"和而不同"的发展目标。

国别语言政策及有关国家处理语言问题的经验教训富含启示。20 世纪后半叶至 21 世纪初是世界发生巨大变化的几十年。经济全球化、海湾战争、苏联解体、东欧剧变、"9・11"恐怖袭击、南斯拉夫内战（1991 年至 2000 年）、乌克兰内乱等给当地社会带来动荡不安，语言都在其中扮演着极为重要的角色。在史无前例的全球化进程中，国与国之间的政治、经济和贸易相互依存，而语言文化的多样性在逐渐减少。全球化既给人们带来了实惠，也冲击了相对弱势民族的语言和文化，凸显出许多国家和民族对多元语言和文化的诉求。例如，冰岛通过语言纯洁化手段消除外来词，就是在全球化冲击下所做的努力（Albury，2016）。当今世界正处于一个信息大爆炸时代。语言是获取关键信息和情报的必备工具，语言人才在促进经济发展和保障国家安全方面有着不可替代的重要作用。例如，美国之所以遭受"9・11"恐怖袭击，是因为当时的国家语言能力和语言人才建设存在不足，美国情报部门外语能力严重匮乏，没有足够的阿拉伯语和普什图语人才处理与国家安全有关的情报材料（戴曼纯，2012）。

许多国家视语言为维护民族团结和国家统一的战略手段。语言与民族认

① 数据来源依据 https://www.ethnologue.com/country/CN。关于我国语言种类有不同的数据，政府网站公布有 70 种以上，而《中国的语言》（孙宏开，2007，商务印书馆）收录有中国境内的 129 种语言。

同及国家认同有千丝万缕的关系。认同通过语言来创建并表达出来（Evans，2015）。语言认同折射出使用群体的社会心态。语言根植于个体的心智，却又以整体的形态存在并影响着个体和社会的行为。这种意识形态在民族层面上表现为语言民族主义，既可能是进步的、积极的、有利于统一的，也可能是退步的、消极的、破坏团结的。例如，加拿大魁北克由来已久的英语和法语之争既反映了民族群体人口比例的变化和话语权的争夺，也显示出一定程度的民族主义倾向（Veltmanm，1998）。这种情绪和其他因素交织在一起，促使魁北克在1980年第一次通过公投的方式谋求独立，以便脱离英制宪法。

语言民族主义是一把“双刃剑”，既能建立国家、强大国家，也能削弱国家、毁灭国家。前南斯拉夫的解体在某种程度上归咎于联邦的语言政策在后期放任语言民族主义泛滥，分裂型语言民族主义严重破坏了国族认同和民族整合（戴曼纯、朱宁燕，2011）。巴尔干半岛国家与语言相关的离合堪称前车之鉴。而作为大熔炉的美国却有许多可资借鉴的经验。作为移民国家，美国境内族群众多，语言生活状况复杂。美国社会的流动性使不同母语背景的人总体上处于杂居环境，流动性促进了语言传播和民族融合。美国没有在联邦层面通过立法形式强制推行贯彻始终的语言政策，而是在双语教育及多语制大旗下用教育和更好的工作机会等吸引移民及其后代尽快掌握英语，融入美国社会，成为“美国人”。美国的隐性语言推广战略的借鉴价值不言而喻。印度也是一个民族、语言、文化异常复杂的国家，境内约有1500种语言（Laitin，1989）。克服民族矛盾、促进社会交流有着重要的战略意义。印度语言政策从独立之初试图将印地语推广为国语转向三语政策（包括英语、印地语和母语），英语和印地语实际上在全印度享有通用语地位，第三门语言为邦官方语言；如果母语并非这三种语言之一，实际上需要学习四门语言，形成了一种“3+1”的客观语言格局（Laitin，1989）。印度没有生搬硬套西方的语言政策理论和实践，而是因地制宜，对语言政策做出适当调整。这种趋利避害的调整在一定程度上起到了调和矛盾的作用，缓解了语言可能带来的严重社会冲突。

国别语言政策研究的现实意义还可以从北京外国语大学研究团队的成果窥见一斑。例如，关于法国语言政策的成果“法国的语言政策与语言规划实践—由紧到松的政策变迁”（戴曼纯、贺战茹，2010）提出，法国语言政策有宽松变化，宽松政策利于保护语言的多样性；严紧的政策可能危及少数民族语言的生存，但为法国的民族统一做出了重要贡献。法国的语言政策反映了伴随时代变化的不同诉求，既有源于国内民众的因素，也有来自外部（如欧盟大环境）的影响。另一成果“波罗的国家的语言政策与民族整合”（戴曼纯、刘润清，2010）揭示了语言与社会及政治制度变化的互动关系，颇具参考价值。首先，爱沙尼亚、拉脱维亚和立陶宛独立后的语言地位规划使长久以来被边缘化的（主体）民族语言获得了国语地位，国家采取坚定的措施保护自己的民族语言。其次，普世主义思想遇到具体情况需要考虑当地历史渊源而做出一定的让步和修正。最后，波罗的国家在对待民族语言和多语制问题上，采取彻底的历史观，回归过去的国体和社会。他们制定语言政策时没有采取狭隘的民族观，而是承认长久以来的多语传统，认识到文化在苏联时期已经被粉碎而难以重建，只有保留一定程度的文化自治才有利于民族整合。

国别语言政策研究能为发展我国的国家语言能力提供可资参考的认识、观点、措施和建议。例如，“国家语言能力、语言规划与国家安全”一文（戴曼纯，2011）从语言规划的安全需求及安全价值、外语人才的培养、小族语言的开发利用等角度论证了提高国家语言能力的理据和发展思路。“以国家安全为导向的美国外语教育政策”（戴曼纯，2012）全面系统地分析了美国近半个世纪的外语政策变迁及动因。研究指出，国家外语能力的缺失和外语人才的缺乏使美国遭受了本可避免的恐怖袭击。美国政府逐渐清楚地认识到外语教育在保障国家安全方面的重要性，采取措施加强外语教育，由过去忽视中小学外语教学，到各阶段均重视外语教育，鼓励外语教学创新、外语研究、国际教育交流及国际问题研究，甚至建立了民间外语人才后备队伍。美国的关键语言教育政策以国家安全为导向，以培养高端人才为目标，大幅提升了国家语言能力。他们的语种开设能力、外语人才培养规模及外语战略规划均值得我们参考学习。

四、语言政策学科发展的要素

国别语言政策研究的发展取决于几个基本要素：学科导向、研究队伍建设、成果发表等。第一,国家语委对国别语言政策研究的支持力度愈渐增强;近年来国家社科基金也加强了此类研究的支持力度。尤其是"一带一路"倡议的提出明确了研究导向,激发了各类研究基金对国别研究的兴趣,创造了学科发展的利好条件。

第二,越来越多的学者(尤其是外语界)关注国外的语言政策,并逐渐形成了一定规模的研究队伍。中国社会科学院、北京外国语大学、北京语言大学、上海外国语大学、上海海事大学利用自身的学科优势和已有力量组建了各具特色的国别语言政策研究团队。这些团队产出了数量可观的研究成果,其中不乏有影响的著作①,对促进国别语言政策研究学科的发展产生了重要影响。

然而,国别语言政策研究的深度和广度还有待拓展。迄今为止还没有任何科研机构或团队对外国语言政策、语言规划的理论与实践设计并实施大规模的国别系列研究,还没有人全面充分提炼出有益的理论和实践经验,还缺乏整合好的国外语言政策及规划理论与实践经验为我国语言政策服务。从这一角度看,国内语言政策学界的协同创新还大有可为。

由于国别语言政策研究涉及的语种范围广,学科发展必须依托外语资源优势。以北京外国语大学为例,学校目前已开设八十多个语种,外语语种数量居全国高校之首,有丰富的外语资源和茁壮成长的中青年教师队伍。正因如此,学校凝聚北外语言优势,建设国别语言政策研究团队,规划设计出大型语言政策国别研究系列,针对北美、南美、欧洲、亚洲、非洲数十个国家的语言政策及语言生活状况作深入的研究。对象国既包括欧美的发达国家、印度等发展中国家、中东欧的转型国家,还有语言冲突严重的非洲国家。这些国家或地区的政治和社会环境差异巨大,历史因素迥异,各地语言政策的指导思想存在

① 如:《国外语言政策与语言规划进程》(周庆生主编,2001,语文出版社)、《国家、民族与语言—语言政策国别研究》(周庆生主编,2003,语文出版社)、《语言规划与语言政策:理论与国别研究》(王辉、周玉忠,2004,中国社会科学出版社)、《澳大利亚语言政策研究》(王辉,2010,中国社会科学出版社)、《美国语言政策研究》(周玉忠,2011,外语教学与研究出版社)、《国外语言规划的理论与实践研究》(戴曼纯、刘润清,2012,外语教学与研究出版社)、《中美语言教育政策比较研究:以全球化时代为背景》(张治国,2012,北京大学出版社)、《世界语言生活状况》(王克非主编,2016,商务印书馆)等。

明显的差异,因此各研究的侧重点有所区别。研究的议题除一般意义上的语言政策与规划外,还包括小族语言保护、关键语言教育(外语教育)、双语教育、语言传播、语言认同、语言冲突等。

第三,国别语言政策研究成果的发表渠道在逐渐增多,促进了学科发展。除近几年创办的语言政策类期刊外,国内不少有影响的学术刊物开设语言政策研究栏目。以北京外国语大学团队发表成果的期刊为例,《外语教学与研究》《中国外语》《语言文字应用》《欧洲研究》《俄罗斯东欧中亚研究》《拉丁美洲研究》《国外社会科学》以及部分高校的学报都在支持语言政策学的学科发展。

五、结语

具有很强现实意义的国别语言政策研究是一项复杂而艰巨的任务,受制于诸多因素,包括学科导向、研究队伍的培养、成果发表、经费支持等,其中研究人才是关键。在当今学术环境利好的情况下,会有更多有志于国别语言政策研究的学者加入这一行列。学界应当搞好协同创新,避免简单重复劳动,拓展研究的广度和深度,促进学科发展,充分发挥其学术价值和实用价值,增强其服务国家建设的作用,为"一带一路"倡议的顺利实施做出应有的贡献。

参考文献

戴曼纯、刘润清:《波罗的海国家的语言政策与民族整合》,《俄罗斯中亚东欧研究》2010 年第 4 期。

戴曼纯、贺战茹:《法国的语言政策与语言规划实践—由紧到松的政策变迁》,《西安外国语大学学报》2010 年第 1 期。

戴曼纯、朱宁燕:《语言民族主义的政治功能—以前南斯拉夫为例》,《欧洲研究》2011 年第 2 期。

戴曼纯:《国家语言能力、语言规划与国家安全》,《语言文字应用》2011 年第 4 期。

戴曼纯:《以国家安全为导向的美国外语教育政策》,《外语教学与研究》2012 年第 4 期。

戴曼纯:《语言政策与语言规划的学科性质》,《语言政策与规划研究》2014 年第 1 期。

Albury, N. National Language Policy Theory: Exploring Spolsky's Model in the Case of Iceland. *Language Policy*, 2016, No.4.

Deumert, A. Language Planning and Policy. In R. Mesthrie, J. Swann, A. Deumert & W. Leap (eds.). *Introducing Sociolinguistics (2nd Edition)*. Edinburgh: Edinburgh University Press, 2009.

Evans, D. Introduction. In D. Evans (ed.). *Language and Identity: Discourse in the World*. London: Bloomsbury Academic, 2015.

Jernudd, B. & J. Nekvapil. History of the Field: A Sketch. In B. Spolsky (ed.). *The Cambridge Handbook of Language Policy*. Cambridge: CUP, 2012.

Laitin, D. LanguagePolicy and Political Strategy in India. *Political Sciences*, 1989, No.22.

Skutnabb-Kangas, T. & T. McCarty. KeyConcepts in Bilingual Education: Ideological, Historical, Epistemological, and Empirical Foundations. In J. Cummins & N. Hornberger (eds). *Encyclopedia of Language and Education (2nd Edition), Volume 5: Bilingual Education*. New York: Springer Science+Business Media LLC, 2008.

Veltman, C. Quebec, Canada, and the United States: Social Reality and Language Rights. InT. Ricento (ed.). *Language and Politics in the United States and Canada: Myths and Realities*. Mahwah, NJ: Lawrence Erlbaum Associates, 1998.

Wright, S. LanguagePolicy and Language Planning. In C. Llamas, L. Mullany & P. Stockwell (eds.). *The Routledge Companion to Sociolinguistics*. London/New York: Routledge, 2007.

(本文原载《外语教学》2018 年第 3 期。《搜狐 · 首页 · 教育 · 学术观点》《上海语言学通讯》转载。)

国家语言能力、语言规划与国家安全

一、引言

语言和国家安全的关系不是一个全新课题，近年来已引起国内学界关注，如陈章太(2009)、戴庆厦(2010)、李宇明(2010、2011)、王建勤(2010)、赵蓉晖(2010)等。语言是保障安全的重要因素，语言教育对促进相互理解有着巨大的潜在作用。语言学习者传递语言和文化，不同语言文化身份的形成与混合可以成为保障安全的资源，而国家语言能力的缺乏可能对国家安全构成潜在的威胁。国家语委副主任、教育部语言文字信息管理司司长李宇明教授指出，国家语言能力是一个国家处理国内外各种事物所具备的语言能力，包括国家发展所需要的语言能力；在他看来，国家语言能力的外延包括五个方面：语种能力、国家主要语言的国内外地位、公民语言能力、拥有现代语言技术的能力、国家语言生活管理水平(李宇明，2011)。然而，我国国家语言能力存在明显不足(例如外语语种数量小、高水平外语人才奇缺等)，已经成为影响我国国家安全的潜在因素，因此，我们应当借鉴西方国家的经验教训，适当调整语言规划及外语规划，着力提高国家语言能力。

国际上，国家语言能力、语言规划和语言教育的安全价值在21世纪初引起了较多的关注，西方主要国家开始把国家语言能力纳入国家安全和全球战略范畴。以美国为例，在“9·11”事件之前的2000年，负责国际安全等事务的参议院分委会专门针对“国家安全及联邦政府外语能力状况”举行过两次正式的听证会，第一次听证会上有从事外交、国防、情报及公共安全的联邦政府机构人员就政府语言危机的性质和程度发表自己的看法，这些联邦政府高层决策者表示国家急需语言高层次人才；第二次听证会讨论了国家语言能力不足的解决办法（J.Edwards，2004）。

美国教育部官网公布的“国家安全语言计划”（National Security Language Initiative）介绍了关键语言在保障国家安全中的重要意义。美国的“国家安全语言计划”不仅仅是一个外语教育计划，而是具有明确的政治、经济和军事目标的语言战略计划（王建勤，2010）。该项目旨在增加美国的关键语言使用人数、提高语言水平，指导项目的理念是：“使用别人的语言可以增进理解、表达尊重、提高与外国政府和人民打交道的能力、让他们有机会更多地了解美国及美国人民”。这一理念体现了美国总统布什 2006 年 1 月 6 日的讲话：“学习别人的语言是友好之举，是对别人有兴趣的表现，是伸出手来表达‘我关心你’的基本方式。我希望你知道我对你们的交流方式和生活方式感兴趣”①。2001 年美国《国土安全教育法案》（The Homeland Security Education Act）强调国家外语能力的重要性，指出外语能力对提高美国的经济竞争力、保障国家安全至关重要，因此有必要从数量上和质量上大力提高中小学外语教学；强调每一个美国人必须具备全球视野，了解身边的世界，熟悉外国语言、文化和历史。国家外语能力突出表现在军事战略上，当前美国的语言学习导向堪称以军事服务为目标，国家政策和主张视语言障碍为安全威胁（Liddicoat，2008）。

然而，当前的语言规划研究还没有系统探讨与国家安全相关的语言规划问题。即使有过这方面的论述，也只是停留在语言能力对国家安全很重要的观点上而已（Liddicoat，2008）。美国国会在“9·11”事件发生后的两年中举行了几十次涉及国家外语需求的听证会，但是对提高经费、设立新项目及制定国策方面影响甚微（J.Edwards，2004），有人批评美国政府在过去几十年的立法中从来没有认真考虑过语言促进国家安全的问题（Byrnes，2005）。所谓语言保障安全仅仅在为语言（包括外语）教育提供一些政策依据，有关部门还没有将其视为语言规划的一部分来研究处理，对于采取什么样的有效措施和方略使语言在国家安全中发挥作用更没有足够的认识和研究。如果国家安全成了

① http://www2.ed.gov/about/inits/ed/competitiveness/nsli/index.html.

国家语言投入的重点,那么问题已经到了非常严重的地步,因为语言需求本应超越国家安全需要,当语言成为国家安全当务之急时,往往为时已晚(Pratt,2004)。

语言安全与国家社会安全密切相关,应当引起重视;语言安全内容丰富,涵盖面广(陈章太,2009),本文以美国等西方国家对国家语言能力的关注为切入点,主要从国家安全角度讨论语言安全需求、语言人才培养与技术开发、小族语言的开发利用、语言规划的安全价值等问题,介绍西方国家应对语言能力缺乏的措施,阐释提高国家语言(外语)能力的重要性,为我国的语言政策及规划提供一定的参考。

二、国家安全的语言保障

(一)语言的安全需求

语言安全需求问题不可小觑。语言安全需求主要包括两个方面:一是国家安全问题,二是群体、社会或个人的语言安全感问题。一个国家的语言安全需求即满足国家发展、保障安全的语言能力需求。广义地讲,语言能力覆盖的安全范围远远超出传统意义上的国家安全和军事安全范畴,它囊括更广范围的领域,除领土完整和国家主权外还有健康、环境和人口流动,尤其是社会语言安全、冲突或危机等。王建勤(2010)指出,国家必须在语言安全化的背景下,建立国家安全语言战略预警管理机制。所谓语言战略预警管理是指政府机构对国家语言战略的制定和实施进行动态、预控管理,以避免语言战略危机的发生。但是,限于篇幅,本文仅论及与国家安全相关的语言问题。满足语言安全需求的主要途径一般为制定语言政策,实施语言规划,提高国家(外语)语言能力。

人类社会内部的安全威胁往往来自冲突,而冲突在社会生活中无处不在,解决冲突成了人类的基本活动之一。就语言与安全的关系而言,不同的语言往往具有不同的宗教、历史和文化背景,可能产生各种性质的冲突。这些因素要求我们采取不同的方法解决冲突(Cohen,2001)。因此,掌握不同语言、熟悉不同宗教和文化有益于为可能出现的安全或冲突问题寻找合适的解决方案。

在多语环境下,和谐的语言关系是国家安全的重要保障(戴庆厦,2010)。因语言问题长期不能有效解决而引发的社会、国家不稳定事件时有发生(陈章太,2009)。语言规划是这类问题的解决途径之一。毋庸置疑,语言规划有处理冲突、防止冲突的功能(Liddicoat,2008)。所谓通过语言规划处理冲突,指的是利用语言提高国家应对冲突、采取军事行动的能力,主要包括情报搜集和分析、秘密通讯和军事协调。当语言规划用于防止冲突时,主要采取两种做法或实现两个目标,第一是吸收、同化敌对集团,第二是掌握假想敌的情况。因为多民族国家的民族语言差异可能造成冲突,预防的重点在于语言传播和使用。

语言政策及规划(尤其是外语教育政策)直接影响一个国家解决安全问题的外语能力。美国的语言安全需求早在 1993 年世贸大楼爆炸案就已经显现出来,2001 年“9·11”事件更加凸显了语言安全需求的重要性。据称,如果有人早在 1993 年世贸大楼爆炸案之前翻译了从艾哈迈德·阿贾伊(Ahmad Ajaj)(因护照造假被拘的巴勒斯坦人)获得的录像带和炸弹制造手册,就能清楚地了解即将发生的袭击(V.Edwards,2004)。

“9·11”事件充分证明了美国语言教育政策存在的问题,美国情报部门外语能力严重不足,没有足够的阿拉伯语和普什图语人才处理与国家安全有关的材料。受“9·11”事件的影响,美国政府认识到语言是国家安全的一部分,并着力加强假想敌语言的学习,资助成立新的高级二语中心(Center for Advanced Second Language)。这一情形与当年受苏联发射人造卫星的刺激而加大俄语教学力度何其相似。国家安全与外语水平的张力关系反映了国家安全与教育的关系。有人认为虽然政府意识到了语言的重要性,但是还没有找到长远解决问题之道,即提高国民与外部世界打交道的能力(J. Edwards,2004)。

语言在外交工作中的需求及重要作用不容置疑,语言是识别敌友的工具、增进交流的渠道。外交关系通过语言来表达,外交斗争首先表现在语言斗争上，而影响外交水平的国家语言能力取决于语言规划。在语言规划中，语言既是挑起冲突的手段，也是预防或解决冲突的工具。语言规划勾勒出的社会、政治和文化架构为冲突找到借口和理由。在国际政治领域，西方国家善于利用语言手段达到外交目的。例如，2002 年美国总统布什将伊朗、伊拉克和朝鲜命名为“邪恶轴心”的做法起着区分敌我、划分阵营的作用。

外交领域的语言安全需求最终需要落实在人才需求上。世界上反美情绪的高涨促使美国国务院采取外交备战方略（the Diplomatic Readiness Strategy），把语言作为重要的业务培训内容，在 2004 年之前大幅提高外交官数量。作为美国盟友的英国在加强英语推广及文化传播的同时也非常重视外语教育，把掌握外语看作有效实施外交政策的核心基础，并计划将语言培训服务扩大至更多的政府部门。英国在欧盟起到了提高语言意识的作用，欧洲议会议员麦克纳里（Eryl McNally）认为最有效率的政治家能使用数种语言，虽然正式会谈有翻译负责沟通，但是真正意义上的商谈、妥协方案的达成和修正案的起草都是在走廊、餐厅和办公室完成的（V.Edwards，2004）。

此外，语言的安全需求还表现在司法方面。外语语言能力不足有可能给涉外司法带来严重的问题。例如，英国和澳大利亚均采用语言分析法甄别避难申请人，找出证明申请者真实民族身份的客观依据。澳大利亚语言学家研究过 58 个采用语言分析的案例，其中有几个案例依据一般民众对语言的看法而不是系统的语言分析，得到的证据非常有限而且很不可靠。比如，在甄别申请人是否为阿富汗人时，考察其“camp”的发音是否带有乌尔都语腔调就可作为证据来证明此人来自巴基斯坦，而非阿富汗。实际情况是，该人通过一处巴基斯坦难民营来到澳大利亚，“camp”的乌尔都腔调发音可能是该难民营的标准发音。这种根据少数几个词语的发音辨别国籍和民族的方式令人担忧，因为词语在现实语言生活中会出现跨语言传播现象，使发音产生变化。虽然甄别工作启用了本族语者，但是他们毕竟不是受过训练的语言学家，转写翻译的东西还很粗略，语音分析结果还不足采信（V.Edwards，2004）。因此，用于甄别移民的语言必须有高水平的语言专家对此进行深入的研究。

本节仅阐述了语言安全需求的几项主要内容，但足以说明一个国家的语言（外语）能力对于国家安全至关重要。对我国而言，国家安全需求明确了规划目标，即外语规划和发展应满足国家现代化建设的需要，服务于维护国家统一和社会稳定的大局，为中国创造良好的国际环境提供语言支撑（赵蓉晖，2010）。当今世界国际交流日益频繁，国际矛盾和冲突时有发生，高端外语人才及语言学家的培养刻不容缓。

（二）人才培养与技术研发

外语在国家安全领域起着极其重要的作用，人才和语言技术是关键。美国联邦机构在 2000 年一次参议院听证会上表现出的语言无能被认为达到了危机的程度。据估计，美国联邦政府有 80 家机构需要近 100 种外语的人才才能应付贩毒和传染病问题，保证提升经济利益和外交利益（V.Edwards，2004）。实际上，美国政府 20 世纪就已经开始关注语言与国防安全的关系。美国政府 1958 年出台的《国防教育法》旨在培养现代外语人才，尤其是非通用语言人才。考虑到语言在科学研究和国家安全方面的重要性，美国教育部于 1985 年颁布 169 种关键语言目录，高校开设非通用语种；国防部各部门也着力支持外语人才培养，在加州蒙特利成立国防语言学院外语中心。1988 年《国防教育法》修正案明确指出，美国的安全、稳定和经济繁荣在复杂的全球化时代取决于美国专家和民众对世界各地区、外语及国际事务的了解程度，取决于这些领域的高水准研究（V.Edwards，2004）。然而，成功的人才培养和储备需要足够的资金支持和高水平的师资队伍。由于政策的实施力度不够，外语人才的培养没有满足国家安全需求，直到“9・11”事件再一次敲响美国国家外语能力危机的警钟。

我们可以从以下几项数据看出美国在几次重大事件中表现出的外语能力和外语人才匮乏问题。1991 年的沙漠风暴行动中，50 万美方军事人员仅有 45 人具备伊拉克当地语言知识背景，其中只有 5 人接受过情报工作训练。敏感材料往往需要等待数月甚至数年才被可靠的语言工作者翻译，这种耽误有时带来灾难性后果。此外，据估计，“9・11”事件发生之时全美仅有不到 200 名美国人精通阿拉伯语（世界第五大语言），不到 10 人学习乌兹别克语、土库曼语和塔吉克语，全美学校无人学习阿富汗的任何一门小语种语言。“9・11”事件之后，政府语言教学机构、高等院校和其他有关学校加大力度开设阿拉伯语及其他中东语言课程。西方核心利益集团其他成员如澳大利亚、英国也加大语言教学力度。澳大利亚国防语言学校目前培训20种语言。英国外事服务语言中心培训84种语言,伦敦大学亚非学院语言中心作为英国重要的语言培训中心,每学期向1200名学员讲授52种语言。“9·11”事件后大量出现在政府部门的语言教学广告招聘阿拉伯语、波斯语、普什图语和塔吉克语教员,这也表明英国的非通用语言能力不能满足工作需求(V.Edwards,2004)。“9·11”事件提高了美、英等西方国家的语言安全意识和人才培养意识,美国有的参议员甚至建议政府充分利用美国社会的多民族及多语言优势,招募懂阿拉伯语和波斯语的美国人从事情报工作(J.Edwards,2004)。

人才匮乏与美国等国以往的语言教育政策有着密切的关系。20世纪70年代,美国的外语教育已经出现滑坡,有人预见外语教育的失败将孤立美国文化,使其付出沉重的代价(Simon,1980)。虽然有识之士意识到国家语言能力存在危机并号召提高国家外语能力(Lambert,1987;Al-Batal,2007),但是问题没有得到很好的解决。美国的教育忽视了少数族裔学生的母语教育,独尊英语。在英语之外还有三千多万人使用300多种其他语言的美国人(Wang,2000),由于主流社会制定的教育政策试图将移民同化为说英语的美国人,传统语言(移民带来的外语)资源快速流失,结果只有少数人真正成功地掌握外语。有学者指出,美国摇摆不定的语言政策直接或间接地导致语言资源流失,母语不是英语的传统语言(对于美国主流英语社会而言相当于外语)使用者在学校不但没有加强母语学习,反而被学校培养成英语单语者,致使传统语言流利性下降,这实际上等于损失了大量外语资源(Cummins,2005)。这不能不说是对美国语言教育政策的讽刺。

“9·11”事件使美国清楚地认识到外语能力在反恐中的中心地位和移民二代的关键作用。人们发现“9·11”事件之前语言教学国策存在短视问题,开始关注安全调查所需翻译人才奇缺可能带来的灾难性后果(V.Edwards,2004)。掌握母语之外的其他语言不仅有助于保护自己不受侵略,也有利于防止一般民众形成有害的过度仇外心理。“9·11”事件发生前的有关情报失误促使美国大力提高外语能力,使情报搜集能力有了大幅提升,增强了语言重要性意识(Liddicoat,2008)。有大量证据表明,教育应该培养人们掌握两门以上的语言,无论其母语是小族语言还是主流语言(Phillipson,2003:63)。然而,人才的培养和技术的发展不是一蹴而就的事情,需要大量的时间、人力和财力投入。外语教育部门和机构需要联合起来,提升外语教育的地位,提高民众为国家安全而学习外语的意识,做好教师培训工作(Cox,2005)。

当前,美国政府正加大支持力度,努力提高国民外语教育质量。据美国教育部公布的资料,"国家安全语言计划"针对"外语援助项目"(FLAP)的拨款出现增长趋势(2007 年拨款数为 2.4 千万美元,2008 年达 2.6 千万美元),2007 年和 2008 年"外语援助项目"和其他各类语言项目的年度实际拨款总额均超过 1 亿美元,大幅度超出预算金额。"外语援助项目"是由联邦政府拨款、专门资助中小学外语教育的项目,根据 2001 年《不让任何儿童落后法案》(the No Child Left Behind Act)为地方教育机构和州政府教育机构提供资金以提高外语教育水平,该项目拨款分为两类(地方教育机构和州政府教育机构)。2009 年"外语援助项目"拨款约 1.97 千万美元(其中地方 1.897 千万,政府 75 万),2010 年约 1.7 千万美元(其中地方 1.571 千万,政府拨款 138 万),与 2007 年和 2008 年相比有了小幅下降。尽管如此,"国家安全语言计划"表明,美国政府已经认识到教师是外语教育成败的关键,美国国务院教育文化事务局通过关键语言教师项目提高汉语、阿拉伯语等语言教师的业务水平,以达到提高教学质量的目的。

语言技术开发作为弥补外语人才不足的手段在美国受到极大的重视。为了加快处理积压的翻译材料,美国于 2003 年成立国家虚拟翻译中心(National Virtual Translation Center),通过语言专家网的布点和机器翻译的研发处理外国情报的翻译。这种翻译工作要求高效、准确、可靠。美国国防部设计的"跨语言情报侦查、提取及摘要系统"(TIDES)能使操英语者分析其他语言的数据,主要侦查并提取英语、汉语、阿拉伯语(三种主要核心语言)及韩语、西班牙语、日语(三种次要核心语言)的情报并撰写摘要。2005 年,美国国防部高级研究项目计划署启动"全球自动语言采集项目"(GALE),旨在取消人工语言分析工作,通过机器自动翻译处理海量的多语言口语及书面文本。这些领域的语言工作需要大量的高端人才。所以,人才培养是提升国家语言能力的关键。

（三）小族语言的开发利用

国家安全还与传统小族语言的保护与规划有关。有的多语国家拥有国外无人通晓的小族语言，这是一种可资利用的重要语言资源。小族语言曾在二战期间发挥过异乎寻常的作用。重视并保护好小族语言有利于国家安全，一是因为外国无人知晓的自然语言可以充当秘密通讯的工具，二是因为有的传统语言（尤其是跨境语言、移民语言）对于主流社会而言就是外语。

自然语言与传统加密相比有着巨大的优势。传统加密方式有两大潜在问题：一是密码可能由于加密方式被破解，或反复出现的加密规律与已知语言特征的匹配方式被发现而被破译；二是加密和解密耗时费力，制约了加密信息的使用（Liddicoat，2008）。开发利用外界尚无研究的小族语言既能保障通讯安全还能提高效率。美国曾有一最佳案例。二战期间，美国曾经成功地运用纳瓦霍（Navajo）语言系统编制了一套密码，征召400多名纳瓦霍人入伍承担情报和通讯工作。这一基于仅有少数人掌握的自然语言编成的密码系统从未被敌方破获（直至1968年才解密），拯救了成千上万的生命，加速结束战争。除此之外，美国军方还曾在欧洲战场使用过印第安苏族语言、乔克托语、科曼奇语及其他小族语言作为密码语言。

小族语言作为密码语言的基本条件是该语言使用者少、分布范围有限、没有广为流传的书面语言材料，尤其是敌方无人知晓、无途径接触、无法翻译。这种语言还必须主要依靠口头方式传承语言文化，无须复杂的加密和解密程序。自然语言的破译无法采取一般密码系统的数学原理，只能依靠翻译方式，所以控制该语言的学习和传播、防堵语言资源的外泄尤为重要。Liddicoat（2008）指出，开发纳瓦霍语言的密码功能不只是选择语言而已，而是进行相应的语言本体规划。因为纳瓦霍语没有现代军事词汇，需要从英语吸收有用的词汇概念，吸收外来词语不是简单的借用，而是编制出与英语词语语义对等的纳瓦霍语新词。

小族语言和外语一样都属于重要的语言资源，以不同的方式为国家安全服务。“9·11”事件之后有人建议美国政府招募能说阿拉伯语或波斯语的美国人，为反恐服务（J.Edwards，2004）。有学者指出，小族语言教育和外语教育应为互补关系，殊途同归；应当重视传统小族语言能力的培养和文化知识学习。无论是主流语言背景还是小族语言背景，外语能力都应当作为大学入学和毕业的基本要求。只有这样，国家外语能力才可能满足国家安全的需求（Roca，1999）。因此，大力培养外语人才的同时保护好小族语言资源并合理地开发利用，是提升国家语言能力的重要战略。

三、语言规划的安全价值

（一）语言规划的政治功能

语言的选择反映国家或集团之间的同盟或对立关系。国族或民族身份的核心要素是语言共享，使用统一的官方语言象征国家团结和社会和谐，因此语言规划在国族建设和民族整合中扮演重要角色。二战之前的瑞士境内有一个罗曼什语社团①，在法西斯扩张环境下被瑞士政府看作威胁国家领土完整的潜在因素。政府担心它被法西斯利用而按照语言区分裂瑞士的领土。瑞士政府采取语言规划策略应对这一潜在的威胁，宣称罗曼什语为瑞士的官方语言（瑞士共有德语、法语、意大利语和罗曼什语四种官方语言），而不是意大利的方言。确立罗曼什语的官方语言地位强化了罗曼什语使用者的瑞士国族身份，剥离他们与意大利的身份联系。瑞士通过确立四种官方语言达到拥有一种邻国没有的官方语言，使其与三个邻国区分开来，建立了一种独特的语言身份。这一事例说明，语言规划以国家安全为目标，通过确立语言完整性和独特性强化领土完整性。

语言及国族建设和国家安全的关系还可以从前南斯拉夫地区的政治变迁窥见一斑。19 世纪的塞尔维亚—克罗地亚语（以下简称“塞克语”）在建立一个统一的斯拉夫身份方面起过重要作用，塞克语标志哈普斯堡皇室（日耳曼及匈牙利统治者）与奥斯曼帝国（土耳其统治者）的差异，以图寻求民族独立。

① 罗曼什语是瑞士东部和意大利北部的一种方言。

塞克语一语两文，界定了哈普斯堡帝国内斯拉夫人和对立派之间的区别。语言与宗教、历史等因素结合在一起增强了民族身份感，区分着不同的群体。在政治动荡、版图分裂、以语言（当时还有土耳其语、匈牙利语和德语）为基础建立独立国家的年代，塞克语的统一为南部斯拉夫人确立了政治上的统一（Liddicoat，2008）。然而，20 世纪后期语言民族主义在前南斯拉夫起到了相反的作用，在语言、宗教和历史的合力作用下，前南斯拉夫随着塞克语统一性的破坏而被肢解（戴曼纯、朱宁燕，2011）。

由于塞克语语言规划采用了一语两文政策，隐藏了潜在的分裂因素，当民族、宗教和历史等因素产生不良影响时，塞克语不但没有起到保卫国家安全和统一的作用，其不同书面语系统反而被民族主义者利用，塞克语被分裂为塞尔维亚语、克罗地亚语和波斯尼亚语三种语言，每一语言都带有明显的种族和领土特征。在南斯拉夫解体过程中，克罗地亚、塞尔维亚和波斯尼亚三个共和国范围内存在不同少数民族语言族群，语言差异性的诉求表现在语言规划决策上。波斯尼亚的塞族旨在凸显塞族身份、强化波斯尼亚塞族与塞尔维亚的联系，一方面宣布将西里尔文作为黑塞哥维那共和国的唯一官方文字，以示文字上的区别；另一方面提出拼写和读音改革，改造了一小部分词语，使贝尔格莱德塞尔维亚语和波斯尼亚塞尔维亚语语体出现了一定的差异。事实表明，保障国家安全和领土完整影响着语言规划，语言规划既可预防冲突，也可激发矛盾（Liddicoat，2008：144-145）。从国家安全角度看，语言规划堪称“双刃剑”。

（二）语言规划的军事价值

语言教育有着广泛的军事用途，除掌握国外现代军事知识外还有助于了解其军事思想和运作方式、人们的生活习惯和价值观等。英、美等国鼓励军事人员学习外国语言文化，例如英国军方奖励借调至阿拉伯国家且懂阿拉伯语的军官。

语言在维护和平和安全稳定、协调军事通讯方面同样意义重大。以英国和法国历史上的军事语言规划为例，语言规划可能采取不同的政策，一种是向少数人传授多数人的语言，另一种是向下级教授统治者语言。英法两国分别采取了不同的方式，无不反映其国内语言政策导向。来自不同语言文化背景的法国外籍军团士兵必须学习法语，将法语作为军队通用语，而英国在殖民扩张时期则鼓励指挥殖民地军队的军官学习当地语言，如在印度服役的军官学习印度斯坦语，指挥廓尔喀族（尼泊尔主要民族）士兵者必须学习廓尔喀语。

当代军事语言规划也同样关注通用语言资源的开发利用，重点放在多国部队或多语部队通用语的开发上。军事语言规划首先需要确定通用语。以北约为例，和平伙伴计划（Partenership for Peace）选择最强大国家的语言作为通用语，北约前秘书长罗伯逊（2000）曾在关于危机管理的发言中指出，英语教学（向成员国部队军官教授英语）是提高合作效率的手段之一。涉及两国的军事合作也往往选择强势国家的语言，例如乌克兰与法国的合作将法语作为军事院校的必修课程，德国在与外国合作中也提供德语培训。与军事合作相反的是，向敌方传授自己的语言则视为叛国。例如，1965 年逃往朝鲜的美国陆军士兵（Jenkins）由于 80 年代向朝鲜军官教授英语于 2004 年被美国军事法庭宣判有罪。①

尽管“9・11”事件显示美国的国家语言能力还存在严重缺陷，但是其军事语言规划已经形成了明显的优势。美、英等国有能力在监听外语媒体方面提供高水准的服务，1939 年成立的英国广播公司监听部如今覆盖欧洲、中东和非洲，1947 年与其联手的美国中情局对外广播情报处负责中国、朝鲜和俄罗斯地区。他们收集 140 个国家 70 个语种的情报，为政府、军事、学术、商务和新闻部门提供信息和决策依据。搜集方式从过去监听短波电台到卫星电视和网络新闻。然而，政府针对这类服务是否有用的态度摇摆不定，1997 年提出大幅裁减对外广播情报处预算的提议在遇到美国科学家联合会的反对后才被叫停（V.Edwards，2004）。

虽然美国国内推行的军事语言规划可能还存在一些不确定因素，但是语言规划及外语人才的需求取决于国家的政治、经济和军事利益，随世界政治格局的变化而调整。当前联合国维和部队的派驻为美、英等国创造了实施军事语言规划、推广英语语言和文化的极佳机会。例如，英国文化委员会负责的

① http://www.smh.com.au/news/World/US－army－deserter－Jenkins－released－from－jail/2004/11/27/1101495449475.html? from = storylhs; http://news.bbc.co.uk/2/hi/asia－pacific/6267645.stm.

“维和英语项目”(Peacekeeping English Project)仅2005—2006年度就培训了5.1万名外国军人(Crossey,2008)。通过军事语言规划,英语成了联合国维和部队的通用语。

(三)语言规划的社会安全价值

对于世界上大部分人而言,语言之间不平等的权利分配永远是造成语言不安感和语言压迫感的原因。一般情况下,大国认为自己语言自足,其中不少国家通过语言规划推行单语制,致使单语制成为大国普遍存在的“流行病”。国家和社会对语言可能产生负面影响,例如社会语言问题处理不当、语言关系协调不好、语言权利保障缺失、语言地位确定不妥、语言政策缺乏力度、语言规划不周等均可能引发语言安全问题(陈章太,2009)。

语言规划影响人们日常语言生活,语言政策既可能维护一个群体的利益也可能损害其统治地位,带来不安全感。以北高加索地区为例,作为官方语言的俄语占有特殊的地位,既是国家通用语言又是民族间的沟通工具。大部分人口使用俄语,但只有半数人的母语是俄语。一些俄罗斯化反对者认为俄语在北高加索地区的霸主地位不但带来语言和交流上的不平等,还造成了该地区的紧张局势和不安全感,因此应当推行语言文化的多元化政策(Lazarev & Pravikova,2005)。精英阶层采取的政策维护其精英地位,边缘化的社会群体则可能采取语言保护或语言推广措施,以显示其反支配的态度。社会群体的忠诚度表现在语言态度上,因而不当的语言政策或规划有可能影响社会群体的忠诚度。保护国族身份和民族身份是制定语言政策的重要理据(Ager,1996),任何语言政策和规划应以不损害国家和民族统一为前提。

语言文化多元论者认为,多语言国家不一定比单语言国家更容易出现民族语言冲突,有的多语国家并没有发生民族冲突。冲突的主要原因一般源自不平等问题,但是,少数群体可能把语言或语言带来的歧视作为表达不平或提出号召的手段;所以平息冲突、促进长期稳定的最佳办法是尊重少数群体语言,给予生存空间。提高少数群体语言的地位不但有利于这些语言社团,而且有利于促进国家统一和民族团结,丰富文化生活,为国家安全积累宝贵的财富(Ferguson,2006:66)。

日常语言生活产生的不安全感不可小觑。语言不安全感一般来自人们日常语言生活的切身体会。在多语环境下,标准语(体)往往隐含更高的社会地位,非标准语使用者易于产生语言不安和焦虑。多语(多方言)环境下没有完全掌握标准语(体)的人常有此种感觉。例如,纽约的多米尼加人把自己使用的语言称为乡下人的语言,而其他方言在其眼中只是不同的方言而已(Bullock & Toribio,2008)。又如,西班牙巴塞罗那的学校传授加泰罗尼亚标准语,媒体也大量使用该标准语,但是使用者因为没有掌握好标准语而感到语言上的不安。同样,没有掌握加泰罗尼亚语的西班牙母语者也有语言不安全感,而双语达到本族语水平者没有这种感觉(Boix-Fuster & Sanz,2008)。这似乎标明,从小开始双语教学、培养本族语水平的双语者有利于减少语言带来的不安全感。

语言是民族或国族身份的象征。一方面,掌握标准语有利于构建民族或国族身份,消除因语言差异带来的不安,保障社会稳定和安全;另一方面,掌握传统母语为国家保留了有用的语言资源。20 世纪 90 年代的西欧国家也许从欧洲的小语种国家得到启示,意识到儿童习得至少两门语言的重要性;为了保障国家安全和欧洲安全,学校教育必须教授具有地缘政治意义的语言、对外推广欧盟成员国的语言和文化(Phillipson,2003),《地区与小族语言欧洲宪章》及《欧洲语言共同参考框架》应运而生,以图保护小族语言,鼓励双语教学等。

四、结语

“9·11”事件为美国的外语能力敲响了警钟,西方世界终于认识到自己语言一家独大带来的致命弱点。虽然有人批评外语教育政策和外语界之间存在一些制约外语教育成功的因素,如外语教育政策的制定往往是“马后炮”,各阶段的外语教育出现断裂现象,外语教育界只是政策的“应声虫”而没有起到引领作用(Maxwell,2003),但是西方国家为弥补外语能力不足所做的努力值得我们思考和借鉴。

中国是一个外语学习大国,但是国家能够开设的语种约 50—60 种,经常使用的只有10余种,外语运用能力还很有限,与国家"走出去"的战略很不相称(李宇明,2010)。我们应该认识到国家外语能力的重要性,认真反思和研究现行语言规划及语言教育(包括外语教育)中可能存在的问题,既要确定关键外语的数量和语种,又要努力提高外语教学质量。传统外语教学理念谬种流传,教学方法耗时低效,教材编写理念陈旧,很难将学习者提高到目标语的本族人水平,造成高端外语人才奇缺。因此,我们有必要对语言学习规律进行科学系统的研究,并据此更新教学理念,改进教学方法,提高外语教学质量;从理论和教学角度充分研究跨境语言,利用家庭语言环境为边境少数民族习得小语种创造良好的条件,开发利用语言(尤其是跨境语言)小族的语言技能;加大留学支持力度,培养和储备高端人才;保护好尚无语言学研究的小族语言资源。

参考文献

陈章太:《语言资源与语言问题》,《云南师范大学学报(哲学社会科学版)》2009年第4期。

戴曼纯、朱宁燕:《语言民族主义的政治功能——以南斯拉夫为例》,《欧洲研究》2011年第2期。

戴庆厦:《语言关系与国家安全》,《云南师范大学学报(哲学社会科学版)》2010年第2期。

李宇明:《中国外语规划的若干思考》,《外国语(上海外国语大学学报)》2010年第1期。

李宇明:《提升国家语言能力的若干思考》,《南开语言学刊》2011年第1期。

王建勤:《美国"关键语言"战略与我国国家安全语言战略》,《云南师范大学学报(哲学社会科学版)》2010年第2期。

赵蓉晖:《国家安全视域的中国外语规划》,《云南师范大学学报(哲学社会科学版)》2010年第2期。

Ager, D. *Language Policy in Britain and France: The Processes of Policy*. London: Cassell, 1996.

Al-Batal, M. Arabic and national language educational policy. *The Modern Language Journal*, 2007, No.91.

Boix-Fuster, E.& C. Sanz. Language and Identity in Catalonia. In M. Niño-Murcia & J. Rothman. *Bilingualism and Identity: Spanish at the Crossroads with Other Languages*. Amsterdam: John Benjamins, 2008.

Bullock, B.& A. Toribio. Kreyol Incursions into Dominican Spanish: The Perception of Haitianized Speech among Dominicans. In M. Niño-Murcia & J. Rothman. *Bilingualism and Identity: Spanish at the Crossroads with Other Languages*. Amsterdam: John Benjamins, 2008.

Byrnes, H. Reconsidering the Nexus of Content and Language: A Mandate of the NCLB Legislation. *The Modern Language Journal*, 2005, No.89.

Cohen, R. Language and Conflict Resolution: The Limits of English. *International Studies Review* (3/1), 2001.

Cox, L. Putting Foreign Languages into the Core Curriculum. *The Modern Language Journal*, 2005, No.89.

Crossey, M. English for Global Peacekeeping. *Current Issues in Language Planning*, 2008, No.9.

Cummins, J. A Proposal for Action: Strategies for Recognizing Heritage Language Competence as a Learning Resource within the Mainstream Classroom. *The Modern Language Journal*, 2005, No.89.

Edwards, V. *Multilingualism in the English-speaking World: Pedigree of Nations*. Malden, MA: Blackwell Publishing, 2004.

Edwards, J. The Role of Languages in the Post-9/11 United States. *The Modern Language Journal*, 2004, No.88.

Ferguson, G. *Language Planning and Education*. Edinburgh: Edinburgh University Press Ltd., 2006.

Lambert, R. The Improvement of Foreign Language Competency in the United States. *The Annals of the American Academy of Political and Social Science*, 1987, No.490.

Lazarev, V.& L. Pravikova. The North Caucasus bilingualism and language identity. In J. Cohen, K. McAlister, K. Rolstad, & J. MacSwan. *Proceedings of the 4th International Symposium on Bilingualism*. Somerville, MA: Cascadilla Press, 2005.

Liddicoat, A. Language Planning and Questions of National Security: An Overview of Planning Approaches. *Current Issues in Language Planning* (9/2), 2008.

Maxwell, D. The Leadership Vacuum. *The Modern Language Journal*, 2003, No.87.

Phillipson, R.*English-Only Europe? Challenging Language Policy*.London: Routledge, 2003.

Pratt, M.Language and National Security: Making a New Public Commitment.*The Modern Language Journal*, 2004, No.88.

Robertson, G. Crisis Management: A New Role for NATO: Speech by the Secretary General at the Marshall Center. 14 September 2000. http://www. nato. int/docu/speech/2000/s000914a.htm.

Roca, A.Foreign Language Policy and Planning in Higher Education: The Case of the State of Florida.In T.Huebner & K.Davis (eds.).*Sociopolitical Perspectives on Language Policy and Planning in the USA*.Amsterdam: John Benjamins, 1999.

Simon, P.The U.S.Crisis in Foreign Language.*The Annals of the American Academy of Political and Social Science*, 1980, No.449.

Spolsky, B.*Language Management*.Cambridge: CUP, 2009.

Wang, X.Forging a Link: Tapping the National Heritage Language Resources in the United States.In R.Lambert & E.Shohamy (eds.).*Language Policy and Pedagogy: Essays in honor of A.Ronald Walton*.Amsterdam: John Benjamins, 2000.

（本文原载《语言文字应用》2011 年第 4 期。《语言文字学》2012 年第 2 期全文转载。）

国家语言能力的缘起、界定及本质属性

一、引言

"随着全球化时代的到来,语言能力的内涵与外延发生了巨大的变化,对社会发展与人类进步产生了重大的影响"(杨亦鸣,2016)。语言能力事关我国综合实力的提升(陆俭明,2016)。国家语言能力概念的出现正是反映了这种变化。近年来,国内学者认识到我国处理国际事务所需的语言能力与发达国家存在一定的差距,对国家语言能力展开讨论,试图为国家语言能力建设提出高效可行之策。有的研究使用国家语言能力概念并对其做出必要界定,有的没有明确定义;也有学者试图厘清我国发展国家语言能力的学理依据。现有讨论反映出语言能力商品观、资源观等。然而,将国家语言能力归于商品、资源,乃至其他的探讨忽略了其本质属性,容易陷入一种见树不见林的探究路径。学界很有必要就其本质属性做更深入的研究,构建具有中国特色的理论。

二、国家语言能力概念的缘起

国家语言能力这一概念缘起于国外学界的外语战略研究。已有公开文献显示,最早论及国家语言能力(national language capacity)概念的均为国家语言战略论著。Brecht & Walton(1993:3)为美国的非通用语种提出战略规划时定义的国家能力(national capacity)实指国家语言能力,即国家在任何情况下满足具体语言需求的能力,包括开设新语种或非通设语种(less commonly taught languages)的能力,满足不断变化的国家需求的能力。Brecht & Walton (1993)认为国家语言能力供给方为联邦(培训项目、教材、测试等)、私立机构(私立学校、培训项目、语言服务机构)、国内族群语言保护与提升(新移民、祖籍传承语言使用者、旨在保护母语的教学项目)、教学科研机构(传统的课堂教学项目及辅助性体系)。所谓国家语言能力建立在外语能力之上,供求关系是国家语言能力建设的核心关系。Brecht & Walton(1993)的论述只提出了国家语言能力这个战略性概念,没有专论国家语言能力本质。Brecht & Rivers (1999:2-3)在讨论美国面对语言问题发生根本性变化的语言政策时也提及国家语言能力,认为美国语言方面的潜在需求、当下需求和供给与国家语言能力不相符。

相对详细界定国家语言能力的文献是 Brecht & Rivers(2000)的专著《21世纪的语言与国家安全:高等教育法第 6 章/富布莱特项目在维持国家语言能力中的作用》(于 1999 年成文)。Brecht & Rivers(2000:54-56)从人才培养储备部门(sector)和语种领域(field)两个角度界定国家语言能力。美国的语言能力来源于五个部门:教学科研机构、联邦政府、私立机构、传承语言和海外(academic,federal,private,heritage,and overseas)。参与国家语言能力建设的部门既有①教学科研机构,②国防语言学院、中央情报局及联邦调查局的语言学校、国家密码学校等联邦机构(约 70 家联邦机构提供语言教学),还有③私立语言教育及服务机构,④祖籍传承语言学校(美国有三千多万人的母语不是英语)和⑤海外教育交流机构。

Jackson & Malone(2009)在讨论美国的国家语言全局战略时也提及国家语言能力。论及的全局战略旨在提升国家需要的外语能力,涵盖三部分内容:国家对外语能力的需求、国家主导的外语类项目集群、外语类项目及其成效。该项问题驱动型研究建议确立国民语言学习框架(National Language Learning Framework),通过提高国民的外语能力来建设国家语言能力,但是作者没有界定或区分国家语言能力与国家外语能力,甚至没有区分国家和国民(英语 national 可以指国家、民族,乃至国民)。

很显然，Brecht & Rivers（2000）的国家语言能力是一个狭义定义，从五类外语人才来源和语种专业领域解读的国家语言能力实为国家外语能力，但与 Brecht & Walton（1993）和 Jackson & Malone（2009）相比，Brecht & Rivers（2000）的论述实属概念界定的一大步，在 Brecht & Walton（1993）基础上增加了海外模块，并较详细地讨论了语种问题。

国内学界关于国家语言能力的讨论相对较晚。李宇明（2011）率先就国家语言能力这一新概念做出探索性界定。李宇明（2011）认为，国家语言能力是国家处理海内外各种事务所需要的语言能力，包括国家发展所需要的语言能力；其外延涵盖五个方面：语种能力，国家主要语言的国内外地位，公民语言能力，拥有现代语言技术的能力，国家语言生活管理水平。以此定义考察我国，就会发现我们是人口大国，而非语言强国。李宇明（2011）还指出，我国的语言能力与一些发达国家相比，有四个方面的弱势：语种能力不足、国家主要语言的国际影响力小、国内语言状况仍面临语言统一和提升语言能力的艰巨任务、现代语言技术方面存在严重问题。戴曼纯（2011）则根据李宇明（2011）定义，从语言规划的安全需求及安全价值、外语人才的培养、小族语言的开发利用等角度论证了提高国家语言能力的理据。

李宇明（2011）的界定超越了 Brecht & Walton（1993）、Jackson & Malone（2009）、Brecht & Rivers（2000）等聚焦外语能力的认识，增加了国内主要语言、语言技术和语言生活管理等重要内容。陆俭明（2016）的界定与此非常相近，“国家语言能力，首先指社会整体的母语素养与水平以及外语能力与水平，同时包括国家处理海内外各种事务所需要的语言能力，以及掌握和利用语言资源、提供语言服务、处理语言问题等能力”。

有的学者从国家安全或软实力视角解读国家语言能力。例如，黄德宽（2014）从语言文字对国家安全发挥基础性、潜在性和长远性作用的角度提出多项加强语言文字工作的建议。赵世举（2015）认为语言在国家软实力建设中具有不可替代的作用，国家语言能力不仅是软实力的重要组成部分，也是软实力建设的基础条件和重要工具。

三、界定的不同视角

目前,国内外部分学者在讨论国家语言能力时持商品观、资源观、战略利益观等。

(一) 语言商品观

Brecht & Rivers(1999:2-3)视语言与跨文化交际能力为商品,提出战略市场力框架(strategic market forces framework),阐述了语言供求关系。自由市场的力量作用于语言与跨文化交际能力这类商品。他们认为,当下需求(demand)是对语言知识技能的实际需求,潜在需求(need)是公共商品具体情况衍生出对专家队伍、专门技能和能力水平的需求;二者可再分为政治、军事、社会和经济门类。供给(supply)指现有知识技能;而潜在能力(capacity)则表示,在当下和可预见的未来,为个人和机构完成任何任务提供所需语言知识技能的能力。供给和潜在能力分布在政府、教育、私立机构、传承语言、海外这五个部门,由语言供应方(language providers)生产并维护。这一观点反映出自由经济市场商品意识的泛化,借鉴价值有待商榷。

(二) 语言资源观

与 Brecht & Rivers(1999,2000)商品观不同的是,魏晖(2015)认为国家语言能力是国家管理和配置语言资源的效率。一个国家的语言能力高低取决于语言资源的种类、系统性、标准化、数字化,以及国民掌握语种的数量和水平,乃至不同语言资源的组合。从语言资源角度看,国家语言能力还包括语言资源库的可开发性及开发效率、语言学习资源的可利用性及利用效率;从资源组合的角度看,作为国家语言资源核心要素的人力资源与其他语言资源的组合与优化可提升国家语言能力,语言信息处理能力也是国家语言能力的重要组成部分。因此,魏晖界定的国家语言能力涵盖八个方面的内容:“①国家通用语言文字的普及程度及水平;②国民掌握语种的数量及水平;③各语种人才的数量、水平和结构分布;④翻译能力(可翻译的语种、翻译速度和质量);⑤语言资源库的可开发性及开发效率;⑥语言学习资源的可利用性及利用效率;⑦语言信息处理能力;⑧管理社会语言生活的能力。”(魏晖,2015:38)这八个方面还被魏晖作为二级指标评价国家语言能力,用以支撑四个一级指标:普及力(国家通用语言文字普及程度及水平)、生命力(语种数量及其活力)、开发力(语言资源开发状况和水平)和管理力(管理社会语言生活的能力)。普及力专指①,生命力囊括②和③,开发力指⑤、⑥、⑦三个与语言资源相关的构件,管理力专指⑧。魏晖(2015:40)在国家语言能力评价指标中没有将“④翻译能力”归类,并且在魏晖(2016)的论述中不再保留。比较③和④,我们会发现二者有着密切的包含关系,因为各语种人才的数量和水平可以根据④来考量,各语种人才的结构分布还影响魏晖界定的“生命力”。该理论框架中的一级指标之间、二级指标之间是否处于平行并列关系,还值得进一步探讨。

魏晖(2015,2016)区分国家语言能力和国家语言实力,从语言资源观角度讨论国家语言实力的内涵、构成与评价,比较能力与实力的异同。魏晖(2015)不赞成某些学者将汉语传播力视为国家语言能力一部分的观点,而是将其纳入国家语言实力范畴。魏晖(2016)认为,国家语言能力和国家语言实力都是基于语言资源观提出的概念,有一定的相关性,前者是后者的重要基础,且两者都是语言资源组合、运用的结果;但是二者存在一定的区别:国家语言能力有一定的国际可比性,而国家语言实力的国际对比相对困难。魏晖(2015)的国家语言实力,与赵世举(2015)视国家语言能力为国家软实力重要组成部分的观点有异曲同工之处。据此似乎可以推理出三层级包含关系:国家软实力⊂国家语言实力⊂国家语言能力。

赵世举(2015)也和魏晖(2015)一样持语言资源观,认为国家语言能力是一个国家掌握利用语言资源、提供语言服务、处理语言问题、发展语言及相关事业等方面能力的总和,是国家实力的组成部分。赵世举的语言资源与魏晖所指的略有不同,赵世举仅指本土语言和外语的拥有情况,语言资源的拥有能力体现为拥有量、语言资源质量及资源管理水平。魏晖(2015)所指的国家语言资源涵盖语言本体资源、语言应用资源、语言学习资源、人力资源四个方面,似乎比赵世举(2015)的语言资源概念范围宽、内容更具体。但赵世举(2015)

的界定超越了语言资源,将①语言资源拥有能力,②语言使用及服务能力,③语言资源开发利用能力,④国民语言能力,⑤语言人才储备能力,⑥语言管理及语言事业发展能力,⑦语言影响力等纳入讨论范围。很显然,⑥和⑦难以归入语言资源。

语言资源是一个比较笼统的术语,涵盖范围很广。广义的语言资源观可以将语言及一切与语言相关的人力、物力、财力和制度纳入资源,因而可以包含语言本体资源(如:各种媒介和形式的语料及开发利用),语言人才及培养机制(如:包括母语在内的各语种专业的发展、语种人才的培养、多语人才的选拔及使用制度),区域知识和专业知识技能(如:和语言人才培养水平密切相关的国情及社会文化知识、专业领域知识),语言人才培养及科研经费,语言事务的管理与协调机制(如:制定与调整语言政策、协调部门及领域间的语言事务),等等。

在文秋芳(2014)的"以语言资源调查推动国家语言能力提高"建言中,语言资源调查内容涵盖语言信息、语言使用者(包括语言人才)信息、语言学习数据等。该文使用的语言资源概念与魏晖(2015)有明显的区别。泛语言资源观模糊了语言资源和其他资源(如人力资源)的界限。如果语言资源包罗万象,那么与国家语言能力这个上位概念如何区分?我们不妨学习"工业资源"的界定(指直接进入工业生产领域,为工业生产提供原料或提供动力的资源),参照不将劳资两方计算进来的方式,区分语言本体资源和人力资源,将语言资源仅限于各种介质的语言本体资源,因为语言本体资源和语言人才资源在操控、利用方面存在本质性差别。

语言资源观有别于 Brecht & Rivers(1999)的语言商品观,前者探究资源的分类、组合及层级关系,后者揭示供求关系。

(三)战略利益观

对于国家语言能力,也有学者从战略价值角度开展讨论。例如,文秋芳(2016)在论述国家语言能力内涵及评价指标时表示基本认同李宇明(2011)、魏晖(2015)、赵世举(2015)的阐述,进而参照他们的术语和概念构造方式,重新界定了国家语言能力并提出理论框架,但对"国家语言能力是否包含公民

(国民)语言能力、国家通用语言文字普及、网上语言学习资源开发”存有疑虑。文秋芳(2016)认为,国家语言能力是政府处理海内外发生的涉及国家战略利益事务所需的语言能力。这一界定借鉴了李宇明(2011)、魏晖(2015)、赵世举(2015)定义中的资源、人才、技术、管理、影响等核心概念,突出了国家和国家战略利益,在五项构成的命名上增加了国家、战略等措辞,将国家语言能力的分项构成命名为国家对涉及国家战略利益语言事务的管理能力、对语言人才资源的掌控能力、对语言人才资源的创造能力、对语言处理技术的开发能力、对中文国际影响的拓展能力(文秋芳,2016:26)。管理、掌控、创造、开发、拓展五项能力之间有优先发展顺序,但不一定呈现简单线性发展关系,而是可以同步发展,相互影响和促进,并可用“组织力、规划力、行力、应急力”评价管理能力,用“通晓力、支配力”评价掌控能力,用“实践力、科学力”评价创造能力,用“信息挖掘力、机器翻译力”评价开发能力,用“影响力、传播力”评价拓展能力。文秋芳(2016)的界定压缩了李宇明(2011)定义涵盖的范围,包括将“国家”一词具体化为“政府”,但在后来的阐述中又高频使用“国家”;将“海内外各种事务”缩小至“海内外发生的涉及国家战略利益事务”。从措辞上看,文秋芳(2016)的定义内涵不是广义的国家语言能力,而是“国家战略语言能力”,对于优先发展国家战略语言具有指导意义。

文秋芳(2016)的国家语言能力理论概念论述中如果国家语言能力是上义词,那么管理能力、掌控能力、创造能力、开发能力、拓展能力应当是下义词,五要素的评价指标也应与其具有上下义关系。然而,“涉及国家战略利益的语言事务”如果宽泛地解读,可以涵盖普及普通话、培养关键语言人才、提供语言服务等方面。文秋芳(2016)并没有直接回答“什么是与国家战略利益有关的语言事务”问题,而是以民族地区某些青年不会普通话容易受境外反华势力蛊惑为例,推理出普及普通话属于国家语言能力范畴。

受语言学核心概念“语言/言语”“语言能力/语言行为”启发,文秋芳(2017)重新界定了国家语言能力,将其分解为“国家语言资源能力”(即国家语言内在能力)和“国家话语能力”(即国家语言外化能力)。前者是后者的必要基础和前提,而没有外化能力,内在能力也起不到应有作用。文秋芳(2017)详细论述了国家话语能力,但没有进一步阐述分析国家语言资源能力(文秋芳,

2016)。从这两篇文章的内容来看,文秋芳(2016)的理论框架很难全部被纳入"国家语言资源能力",管理能力、拓展能力应该不属于语言资源范畴。

区分国家语言能力的内在能力与外在运用很有意义。内在能力是潜在的,包括语种及语种人才的培养和储备,是可以不断拓展的蓄水池。外在运用是用语言处理有关事务的具体行为,事务是内在能力的检验场。

四、以人才为核心的国家语言能力基本属性

现有研究探索国家语言能力构成及层级的路径反映出结构主义思想的影响。但是,国家语言能力最核心的要素是人才,任何资源必须通过人才这个媒介来搜集、储存、加工、运用、维护、拓展、传承。语种建设、资源开发、语言技术、语言服务、学术研究等无不以人才为基础和依托。以人才为核心的国家语言能力,即人才观,有别于商品观、资源观和战略利益观,为宏观的语言战略和语言实践架起了桥梁,使国家语言能力理论与实践结合在一起。

国家语言能力总体上包括语种、人才、技术,以及促进其发展的制度。其中,人才是一切的根本,是语言知识和专业技能的载体,是语言技术的创造者和使用者,是制度的制定者和实施者。语言资源通过人才和技术进行储备,语言资源和技术掌握在人才手中。离开人才的国家语言能力是空中楼阁,离开人才培养,国家语言能力将因无法传承而衰减枯竭。因此,国家语言能力建设必须以人才培养为本。国家语言能力的高低取决于人才队伍的强弱。

语言知识技能自成体系,其结构性、功能性和系统性反映了语言的不同维度;语言习得、语种发展以实用为目的,且呈模块动态发展。构成国家语言能力的知识技能和人才载体分语种领域,有明显的结构性、模块性和系统性。资源建设、人才培养是一个动态发展过程(语种数量、人才数量和质量、数据库建设处于变化状态),因而使国家语言能力具有动态性。语种、人才、技术均以满足前瞻性需求和现实需要为目标,因而突出实用性和功能性。

基于此,我们认为国家语言能力(包括构成要素)具有结构模块性(structural modularity)、实用功能性(utilitarian functionality)、系统动态性(systemic dynamic）等基本属性。

（一）结构模块性

模块论设想首先区分语言资源和语言人才资源。知识技能（语言资源）可以通过人才、（传统）图书资料、电子数据库（现代语言技术）储备，而语言人才是知识技能的使用者（属于人力资源），二者不可混为一谈。其次，区分语言人才与语言相关人才。后者引领、辅助、管理前者。最后，区分资源（语言和人才）与制度、运筹，但三者密切相关。

为促进理论建设，避免理论和实践相混淆，国家语言能力也要有内在能力和外在运用之分。内在能力是国家语言能力的内功、潜质和储备，随时满足语言需求，包含：语言资源（母语、外语语种及专业知识技能）储备，即知识技能储备；语言人才资源（主要是多语人才）储备，即知识技能使用者储备；语言相关人才资源（语言战略研究者、区域研究者、语言技术人才、语言管理人才）储备，即国家语言能力助推器；制度（国家语言能力建设顶层设计、人才培养基础建设及用人制度），即语言能力资源保障；运筹（根据战略需求和现实需求优化统筹语言资源和人才资源，包括语言资源库建设、语言人才数据库建设等），即国家语言能力应用实践机制。语言资源、语言人才资源、语言相关人才资源统称为资源模块，制度和运筹则不属于资源。因此，以人才为核心的国家语言能力共有资源、制度、运筹三个一级模块。不同模块各有区别性特征又相互关联，形成网络系统。

二级模块可以进一步细分。例如，语言资源模块根据语种和专业知识技能组合成若干三级模块，模块数量与建设的语种数量相同。语言人才也可分成若干模块，其区别性特征除语种外，还包括人才储备部门（如政府机关、教学科研机构、民间语言教学与服务机构）、人才的知识技能水平（如普通教育获得的能力、一般复合型知识结构、高端语言人才知识技能）。限于篇幅，二级模块和三级模块不在此分析讨论。

国家语言能力结构模块中，语言能力的承载主体是人才。语种人才越全面，人才储备越充足；人才语言知识水平越高，国家语言能力越强。然而，相关抽样调查发现，我国外语人才除语种不全、高端人才匮乏外，还缺少 45—60

岁年龄段的人才(戴曼纯,2016)。

国家语言能力的外在运用是语言能力满足战术层面具体语言需求的外在表现,形式丰富,层级众多,需要具体语言服务支撑的任务难以穷尽,效果多样。语言需求由涉及国家和人民利益的海内外事务的性质决定,需要各种人才,例如对外交往中称职的外事翻译和复合型专业人才,派驻海外的维和部队中熟悉国际通用语言且精通当地语言的人才,国内企业海外分公司精通当地语言的多语人才和复合型专业人才。

国家语言能力的外在运用以内在能力为基础,既具有相对稳定的结构模块性,也具有突发性、开放性和离散性等。由于语言需求兼具可预见性(规划性)和不可预见性(突发性),内在能力的匮乏往往会在具体运用场域体现出来,尤其是非通用语种和高端外语人才不足暴露出语言战略规划缺乏前瞻性。语言需求得不到满足,有时也源于语言人才调配或运筹机制不顺。健全强大的国家语言能力应有语言人才大数据库为运筹基础。

国家语言能力是一个具有结构模块性的系统。内在能力建设以制度引领资源开发和储备,外在运用则是内在能力的检验场。国家语言能力通过运筹优化资源配给。内在能力与外在运用的区别类似于备战与应战。

(二)实用功能性

国家语言能力的实用功能性指国家语言能力具有实际使用价值,能够满足语言需求。如果某语种专门人才出现青黄不接的状况,或者新设语种人才数量不够、整体水平偏低,那么相应语种的实用功能性较差。实用功能性不但可以作为衡量宏观国家语言能力的标准,而且还是评价具体语种能力的重要指标。例如,某非通用语种专业培养了一支有相当水平的教师队伍,但没有建设好翻译专业、区域研究队伍等,因而当国家之间高层交流需要语言服务时,往往由语言教师充当临时翻译员。这类临时翻译员由于缺乏必要的知识结构(其他模块的知识技能),在完成任务时力不从心,容易造成失误。类似情况的出现说明该语种能力的实用功能性存在问题。

实用功能性建立在语种知识结构完整和人才队伍完备的基础之上。虽然各语种需求的领域、频次和强度区别较大,但是语言资源、人才队伍建设在结构模块性和实用功能性方面相同或相近,因此各语种可以互相借鉴和参照。然而,当前语种发展囿于认识和资源,离满足语言需求的实用功能性还有相当距离,比如我国严重缺乏熟悉不同英语变体的人才。

实用功能性问题应得到及时解决以避免突发语言需求未能满足的情况。一旦出现语种荒、人才荒,后果往往严重,且短期内难以弥补。根据 Brecht & Rivers(1999)的战略层和战术层之分,语言规划顶层设计应当以前瞻性眼光设计好假想任务或未来需求。“一带一路”倡议的推进给语言战略研究者提出了新的课题,更为国家语言能力建设指明了方向。语言管理部门和教学科研单位可以借助语言战略研究成果,针对突发语言需求暴露的不足,前瞻性地提升国家语言能力的实用功能性。

实用功能性的另一类特征,即语言附加值也可用于考量我国主要语言的国际传播效果。一方面,语言的国际影响能够促进国家形象和地位提升,增强国际竞争力;另一方面,语言学习者能够从中受益,获得就业、职称晋升、职业发展等方面的优势。以英语为例,其在世界范围内的成功传播离不开实用功能性助力。正如 Kirkpatrick 和 Bui(2016:3)论述英语在亚洲的传播时所指出的,许多政府声称英语能够增加教育机会,提升经济价值,促进社会平等;英语快速传播表明新自由资本主义成功使政府和个人相信英语是解决阶级分化、贫穷、失业等深层社会问题的有效工具。

(三)系统动态性

国家语言能力是一个开源系统,子系统尤其是二级模块及以下子系统的数量和内涵可以不断拓展。国家语言能力建设就是子系统建设之和,既有共时拓展变化,也有历时动态发展。一级模块是国家语言能力的子系统,二级模块是一级模块的子系统,以此类推,越往下层子系统越具体,具体如图 2 所示。图 2 中的箭头线表示上下从属关系。实线表示依存关系:语种资源以语言人才为载体,人才水平取决于语言资源(知识技能)。虚线表示业务关联,但不是依存关系。圆点线表示语种(L1 为语种 1,Ln 为第 n 个语种)和语言人才子系统处于开源状态,可以不断增补。制度、资源和运筹之间的关系因上文已有讨论,故未在图 1 标注。

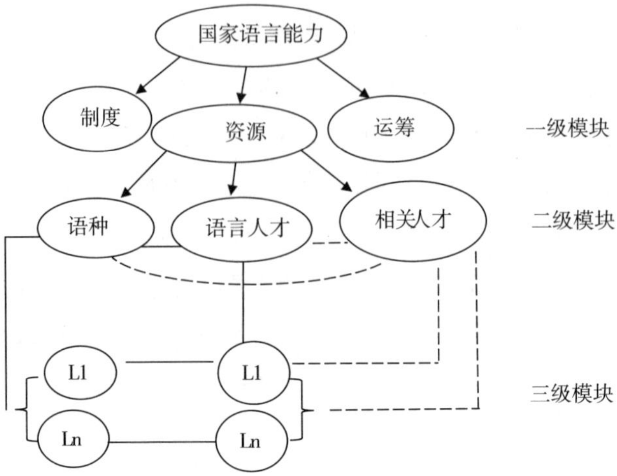

图 1　国家语言能力的模块化子系统

系统性是结构模块的属性,即模块不是零乱、离散的,而是聚集、系统的。如果国家语言能力的实际运用出现离散零乱状态,则表明内在能力的系统不能自足,需要借用第三方语言(即国际交往中无法使用各自语言而共同使用另一种语言),就会导致运筹不畅,乃至局部崩溃。国家语言能力建设必须杜绝语种参差不齐产生的木桶效应。

语种资源、人才培养模块的共时发展使国家语言能力的子系统具有动态性,子系统为变项。语种齐全是理想状态,语种资源同质化是理想目标。现实状态的国家语言能力是一个非线性发展的复杂系统,(突发)语言需求得到满足的状态就是系统的吸引子(attractor)。在动态系统中,功能决定变项(子系统)的变化方式(Leather,2002)。

一般而言,语种及人才培养的轻重缓急或优先顺序取决于语种对国家安全、国家战略的重要程度。美国优先培养关键语言人才的做法值得我们借鉴。例如,1985 年《联邦公报》公布了除西欧语言之外的 171 种关键语言;20 多年之后,2008 年通过的《高等教育机会法案》规定教育部需与联邦政府其他部门协商确定关键语言列表(李艳红,2015)。美国联邦政府有关部门(包括国防部、国务院)2008 年研究拟定了一个浓缩版的关键语言清单,涵盖 78 个对美国国家安全至关重要的非通设语种,优先培养这些语种的人才,并且 2009 年

3500 所中学开设了相应语种①。我国外语语种人才培养基本上依靠外语类高校，优先开设对国家战略极为重要的语种。近几年，外语语种专业点开始出现大幅增长。提升语种人才水平、加强横向交流将促使国家语言能力这一动态系统朝向强健完备的目标发展。

作为国家语言能力的本质属性，系统动态性一般可以通过语言资源数据库、语言人才动态数据库等得到体现。语言管理部门可以通过大数据库建设，充分把握国家语言能力建设的每一个环节，及时、高效满足任何突发语言需求。

五、结语

本文回顾了国内外关于国家语言能力概念缘起、界定及构成的论述，讨论了国家语言能力的商品观、资源观和人才观，区分了国家语言能力的广义和狭义解读，揭示了人才观视角下的国家语言能力三大属性。我们认为①国家语言能力建立在制度、资源和运筹之上，分内在能力与外在运用；②资源包括语言资源、语言人才和相关人才，其中人才是根本；③国家语言能力具有结构模块性、实用功能性和系统动态性等基本属性。

参考文献

戴曼纯：《国家语言能力、语言规划与国家安全》，《语言文字应用》2011 年第 4 期。

戴曼纯：《我国外语人才需求抽样调查》，《外语教学与研究》2016 年第 4 期。

黄德宽：《国家安全战略中的语言文字工作》，《中国教育报》2014 年 3 月 28 日。

李艳：《美国关键语言教育政策的国家安全诉求》，《语言政策与规划研究》2015 年第 2 期。

李宇明：《提升国家语言能力的若干思考》，《南开语言学刊》2011 年第 1 期。

陆俭明：《语言能力事关国家综合实力提升》，《人民日报》2016 年 2 月 17 日。

---

① 参见 2012 年 5 月 21 日美国第 112 届国会第 2 次会议参议院国土安全及政府事务委员会关于监察政府管理、联邦雇员、哥伦比亚特区分委会的听取意见会报告 A National Security Crisis：Foreign Language in the Federal Government 第 43 页及 117 页。

魏晖:《国家语言能力有关问题探讨》,《语言文字应用》2015年第4期。

魏晖:《文化强国视角的国家语言战略探讨》,《文化软实力研究》2016年第3期。

文秋芳:《以语言资源调查推动国家语言能力提高》,《中国社会科学报》2014年3月26日。

文秋芳:《国家语言能力的内涵及其评价指标》,《云南师范大学学报(哲学社会科学版)》2016年第2期。

文秋芳:《国家话语能力的内涵——对国家语言能力的新认识》,《新疆师范大学学报(哲学社会科学版)》2017年第3期。

杨亦鸣:《语言能力新视野与社会发展》,《语言科学》2016年第4期。

赵世举:《全球竞争中的国家语言能力》,《中国社会科学》2015年第3期。

Brecht, R.& R. Walton. National Strategic Planning in the Less Commonly Taught Languages. *NFLC Occasional Paper*, 1993.

Brecht, R.& W. Rivers. Language Policy in the U.S.: Questions Addressing a Sea Change in Language in the U.S. *NFLC Policy Issues*(2/1), 1999.

Brecht, R.& W. Rivers. *Language and National Security in the 21st Century: The Role of Title VI/Fulbright-Hays in Supporting National Language Capacity*. Dubuque, IA: Kendall/Hunt Publishing Company, 2000.

Jackson, F.& M. Malone. Building the Foreign Language Capacity We Need: Toward a Comprehensive Strategy for a National Language Framework. Ms. 04/06/2009.

Leather, J. Modeling the Acquisition of Speech in a "Multilingual" Society: An Ecological Approach. In Kramsch C.(ed.). *Language Acquisition and Language Socialization Ecological Perspectives*. London: Continuum, 2002.

Kirkpatrick, R.& Thuy Thi Ngoc Bui. Introduction: The Challenges for English Education Policies in Asia. In Kirkpatrick R.(ed.). *English Language Education Policy in Asia*. Cham: Springer International Publishing Switzerland, 2016.

Pereltsvaig, A. *Languages of the World: An Introduction*. Cambridge: CUP, 2012.

(本文原载《外语界》2019年第6期,《语言文字学》2020年第5期转载。略有修改。)

国家语言能力建设视角下的个人多语能力

一、引言

当今世界已进入全球化进程，全球话语同步进入多语时代。个人多语言能力成为融入世界的重要技能，而国家语言能力则是硬实力。出于学习、工作、生活等诸多目的的人口流动日益频繁，个人单语能力（monolingual competence）根本不能满足这些需求，学习并使用第二语言、乃至第三语言已成为人们日常语言生活不可或缺的一部分。因此，世界语言生活日渐凸显出一大特点：单语人在减少，多语人在增多。在任何一门语言（包括汉语、英语、印地语、西班牙语、俄语、阿拉伯语等使用人口众多的大语种）还无法统领世界语言生活的今天，拥有多语能力意味着打开了多扇观察世界的窗口，铺就了多条提升个人价值的通道，增强了个人就业潜力，提升了个人的社会竞争力。对国家而言，个人多语能力（plurilingual competence 或 plurilinguilism）是建设国家语言能力的基本要素。公民掌握的语种越多，多语人越多，国家语言能力则越强。国家语言能力、个人多语能力和其他促使因素形成一个复杂的关系网络，非常值得探讨。

然而，我国学界关于个人多语能力及国家语言能力建设方面的研究起步较晚，语言能力危机意识不强。有鉴于此，本文将就个人多语能力发展与国家语言能力建设进行讨论，阐述世界语言多样性的客观现实、个人多语能力概念及构成等，以期厘清这方面的理论认识。

二、个人多语能力发展的必然性

个人多语能力是构成国家语言能力的基本要素,提倡发展个人多语能力也是世界多语环境及全球化等外在因素使然。本节将针对个人多语能力发展的必要性展开分析和讨论。

（一）国家语言能力建设依仗公民的个人多语能力发展

由于内涵和外延的复杂性,国家语言能力理论在学界尚处于探索阶段。有学者(李宇明,2011)指出,国家语言能力是一个国家处理国内外事物所具备的语言能力(包括国家发展所需要的语言能力),其外延包括语种能力、国家主要语言的国内外地位、公民语言能力、拥有现代语言技术的能力、国家语言生活管理水平。其中语种能力和公民语言能力均与个体语言使用者不可分割,语种能力必须依靠公民的个人语言能力来实现。陆俭明(2016)在讨论语言能力内涵时指出,个人语言能力应该包含母语和外语、口头和书面等不同层面;国家语言能力涵盖国民语言能力(包括国民个人的语言能力和全民的语言能力)。因此,国家语言能力与公民的语言能力建设是一种依存关系。

国家语言能力建设主要取决于语言人才的培养,涉及语言规划和语言教育。而语言习得受制于个人内在因素和语言环境等外在因素,耗时费力,个人和国家的语言能力建设不可能一蹴而就。因此,公民语言能力的提高、语言人才及语种能力的培养不仅需要前瞻性规划和长时间的培育,更需要依靠广大民众增强个人多语能力发展意识并将多语学习付诸实践,否则,就会像有的学者指出的那样,当语言成为国家安全当务之急时,往往为时已晚(Pratt,2004)。

政府和民众对个人多语能力认识不足往往会造成国家语言能力滞后于国家需要,甚至危及国家安全(戴曼纯,2011)。国家语言能力匮乏问题曾在国际反恐中有过惨痛教训。例如,虽然早在上世纪美国的有识之士呼吁国家重视外语能力建设(Simon,1980),美国也致力于国家外语能力建设长达 40 年

(文秋芳、张天伟,2013),但是,政府和民众的认识并不到位,投入不足,以致于"9·11"事件发生前缺少足够的小语种人才而未能及时破译截获的情报,错失防患于未然的机会。"9·11"事件充分暴露出语种能力和语言人才方面的严重问题,给美国和其他面临恐怖袭击潜在威胁的国家敲响了语言能力匮乏的警钟。

"9·11"事件让美国人深感挫败(García,1992),也引发国内外学者对国家语言能力建设的再思考。例如,李宇明(2011)在讨论公民语言能力的发展问题时指出,公民语言能力之和是构成国家语言能力的基础,但公民不能仅停留在识字多少的层面上,还必须要考虑多语种能力。这一思想有两点重要内容:一是国家语言能力不能忽略对语种能力的开发,多语能力是一种重要的语言资源;二是国家语言能力不能简单依靠高端多语人才的逐一累加,而要从提升全民的多语能力抓起,从而增强整个国家的语言竞争力与国家的安全防御能力。

(二) 语言生活多样性促使多语能力发展

多语现象是一种世界范围内普遍存在的语言现实,决定个人多语能力需求的外部因素是世界语言多样性。全世界有约 6500 至 7000 种语言,只有半数语言的使用者超过 6 千人;占世界人口 14%的人使用汉语,约 14%的人则使用 3346 个小语种(Pereltsvaig,2012:12)。据《世界诸语言》提供的数据①,美国有 430 种语言,中国(包括港澳台)347 种,印度 453 种,印尼 709 种,马来西亚 145 种,加拿大 178 种,俄罗斯 143 种,德国 69 种,法国 41 种,日本 18 种,不一而足。英语、汉语、印地语、阿拉伯语、西班牙语、旁遮普语、葡萄牙语等语言在诸多国家广为使用,世界 94%的人使用约 5%的语种(Bhatia & Ritchie,2013:21)。

世界上几乎没有真正意义上的单语国家。即便是所谓的单语国家,日常交往也经常从一种语言变体转为区域方言、标准语言等(Sridhar,1996:47),何

① Gary F.Simons,and Charles D.Fennig(eds.).*Ethnologue:Languages of the World*,*Nineteenth edition*. Dallas,Texas:SIL International,2016. Online version:http://www.ethnologue.com/statistics/country.

况一般国家都开设外语课程，培养了各色多语人。例如，那些被认为语言高度同质的欧洲国家如冰岛、列支敦士登、摩纳哥、葡萄牙和圣马力诺也同样存在语言多样性现象(Skutnabb-Kangas,1990)。

多语现象是世界大势，但并不代表多语的现实生活培育出的公民都有相同(或同质化)的多语能力。公民的多语言能力可谓千差万别，没有两个国家的语言状况完全相同。最常见的多语国家是按地域原则(territorial principle)划分的，即一个国家或地区由多个语群构成，但每个地区却以其中一种(官方)语言为主。因此，虽说整个国家(如比利时和加拿大)是多语环境，但并不是每个公民都具备多语能力。多语国家也可按个人原则(personality principle)区分。这类多语国家(如印度、西非和东非的部分国家)从官方层面实施双语教育，大多数公民都是多语者(Sridhar,1996:48)。世界上大多数多语国家是上述两种多语类型的混合形式，既有单语群体分居各地，又有多语人群杂居其中。

日常生活中讲两种以上语言者的数量相当可观(Cenoz & Genesee,1998)，即社会多语生活是一种常见现象，多语人极为普遍。随着多语生活的普及，多语现象也不再是第三世界的标签。在多语生活成为世界语言生活主流的大环境下，双语人或多语人的数量超越单语人。据 Crystal(2003:69)估计，世界上三分之二的儿童在多语环境中长大成人，全球使用英语的 7.5 亿人①中有 41%以上者(2.35 亿人)为多语人。全球化正在强化个人多语现象，人们越来越清楚地认识到拓展个人语言能力带来的优势。毋庸置疑，个人多语能力已属普遍现象并将日益普遍(Bhatia & Ritchie,2013:21)。

造成社会多语现象(即同一地区的社会生活中使用多种语言)的原因很多，首先最明显的因素是人口迁移。人是语言文化传播的直接载体。当大批人口迁移到新领地而依然保留原来的语言与文化时，必然导致该地区的语言生活经受移民的冲击，形成一个地区多语共存的格局。20 世纪 60 年代以来，非洲、亚洲等地区大量人口源源不断地涌入欧洲国家的中心城市。进入 21 世纪后，这种移民现象更加普遍。大多数国家的语言版图已经发生明显的语言

① Ethnologue 的最新数据显示为 9.83 亿。参见 https://www.ethnologue.com/language/eng。

多样性变化，他们的公民也因此成为多语者。其次，20 世纪末国家法律与普遍权利保障的不断完善也促成了语言多样性格局的发展。大部分现代国家都经历过不同程度的语言竞争或纷争，沉重的代价使其理性地认识到语言单一论不能满足全球化时期民族国家的发展需要，因而必须为不同语言寻求一个各司其职、共同生存的空间。所以，全球化时期的双语(或多语)政策与保障民族语言平等的相关法律和政策构成了语言多样性的保护屏障。最后，新技术以及现代人的学习能力也加速了语言的多样化。科技创新打破了地域、民族和国家的界限，巧妙地实现了各国语言在现实世界与虚拟世界传播的有效对接，虚拟交际空间的出现增加了语言需求，为人们培养多语能力拓宽了学习渠道，创造了使用不同语言的机会，共同促成了当今多样化的社会语言生活。

三、个人多语能力理论

(一) 概念的界定

虽然个人多语使用现象极为普遍，但是“个人多语能力”还是一个较新的概念，学界对其还缺乏充分的讨论和深刻的认识，就像理论语言学界和应用语言学界对语言能力的内涵和外延没有形成共识一样，不同领域的研究对其各有侧重(戴曼纯,1997)。在理论语言学界，语言能力(competence)通常可以解读为具体语言社团共有的语言知识体系(即将所有该语言的母语使用者虚化为理想使用者无所不能的知识系统，与语言的具体使用和怎样使用语言知识的能力形成对照)(参见 Chomsky,1965、1980 的详细论述)，以有别于丰富多彩、个体差异显而易见的语言运用(performance)或语言产物(language product)。而在语言教学界，语言能力可能分析成包含潜在语言知识和使用该知识的能力在内的交际语言能力(即涵盖语法知识、心理语言知识、社会文化知识和实际运用的知识等，个人和社会的语言知识和运用均囊括其中)(参见 Hymes,1971;Taylor,1988;Cazden,1996 等阐述)。理论语言学研究往往聚焦于理想状态下的语言知识体系，试图揭示语言社团的理想化共有知识，虽然个体间的语言表现千差万别;而应用语言学界侧重可以直接观察的听、说、读、写等运用语言知识的技能以及影响语言知识技能发展的语言外因素,更有学者致力于描写语言产品,尝试把语言使用的结果(口、笔头产出)作为语言本身来进行研究。

很显然,国家语言能力视角下的个人多语能力发展不可能局限于理想化状态下的抽象语言知识,而是参照社会语言生活实践及语言社会分工的多语种交际能力,既以抽象语言知识(句法、音系、形态、语义、语用)为基础,又以语言技能(听、说、读、写、译)为表现形式,更包含多语人的跨语言使用能力(translanguaging)。所谓跨语言使用能力,指的是双语人或多语人交互驾驭两门及以上语言的能力,其中包括跨文化交际能力。García(2009、2011)在讨论translanguaging① 这个术语时指出,跨语言使用超越语码转换和翻译,是涉及双语或多语的话语实践,以语言和语言实践为核心;除少数单语环境外,跨语言使用在全球范围内都非常普遍。跨语言使用被应用于语言教育领域,作为社会教育过程促进学生构建并不断修正其社会文化认同和价值观,挑战"只用一门语言"或"一次只用一门语言"的单语课堂和传统双语课堂的思维模式(García & Li,2015)。

个人多语能力中的跨语言驾驭能力显然超越了上述语言教学意义上的"translanguaging",是多语人切换不同语言系统、游走于不同语言文化的能力。高水平的平衡多语人能在语言间游刃有余,非平衡多语者则很难在不同语言间自由切换。例如,双母语环境下长大的多语人往往双语言系统发展相对平衡(即不同阶段的教育接受过两种语言的教学),能比"母语+外语"的非平衡多语人更轻松地进行语言切换。多语能力不是多门语言的简单叠加,跨语言驾驭能力不可或缺。

因此,个人多语能力不是理想化多语使用者的语言能力,也不是固定不变的语种构成的语言能力。由于个人的双语或多语构成有很大差异(如汉语+英语+法语,或汉语+蒙古语+英语等),其实际内涵因使用者而定。从语言

① Translanguaging 由 Williams 首次提出,原为一种教学理论,指学生通过深度参与双语认知过程来学习两门语言。Williams(2002)还指出,跨语言教学通过一门语言强化另一门,以增进理解,拓展双语活动。

社会分工角度看,个人多语能力一般指个人掌握一定数量的语言且达到在不同场合与他人沟通的水平。这一概念有两个明显的特点。第一,通常情况下,多语能力具有非平衡性,即多语人不能像使用母语一样熟练掌握每一种语言。不同语言间的能力差异体现在发音、词汇量及使用、语块的掌握程度、语法以及语体风格等诸多方面,尤其是社会语用能力存在差异。对于一个多语者而言,能均衡掌握每一种语言并达到母语相似的程度是非常罕见的。第二,多语能力具有选择性功用(selective functionality)的特点(Sridhar,1996:50)。多语者发展出一门新语言的能力通常取决于外在的社会语言需求和内在的习得动力。也许某一多语者对于两种语言都有良好的听、说、读、写能力,但是语言的社会功用可能影响其不同语言功能的发展。例如:学术或专业领域使用一种语言,家庭或其他私人领域常用另外的语言;这就会使多语人的学术语言更好地发展其读写能力,词汇及表达丰富,而家庭语言则充分发展其语用能力,传情达意细腻。

平衡多语发展的终极造诣(ultimate attainment)是理想化的多语状态,是一般个人不可企及的水平,而非平衡多语发展则是多语能力的常态。多语社会生活中的个体多语系统一般处于动态发展状态。正因如此,个人多语能力的理论、发展规律及评测远比当前个体语言的理论体系复杂,还需要学界做深入系统的探索。

综上所述,本文所讨论的多语人包含双语双言者和多语多言者,不就多语数量再做细分。根据倡导个人多语能力的欧洲委员会相关语言政策文件,个人多语(plurilingualism)和多语现象(multilingualism)的含义不同,前者指人们使用两门以上语言的能力,语言的掌握程度和使用目的不同,语言能力的界定依据《欧洲语言共同参考框架》。个人多语能力不要求所有语言具有同等水平,也不要求个人掌握的所有语言具有同样的社会功能。个人多语能力强调各语言的综合运用,且与跨文化交际能力结合在一起。而社会多语现象(societal multilingualism)指的是某一区域的不同语言各有其独立的身份地位,个人多语现象(individual multilingualism)包含个人掌握的各语言能力,但不像个人多语能力那样强调不同语言之间的互动和影响(Canagarajah & Liyanage,2012:46-47)。

（二）个人多语能力的构成

在多语生活实践中，个人多语能力不是一个单一化的、简单叠加的系统，而是语言功能高度模块化的有机体，因而具有模块化特点。多语系统的模块发展取决于语言的社会交际功能或语言的社会分工。语言社会功能的分工决定了语言需求的模块和层级。

有学者认为，语言的社会功能主要体现在八大领域：家庭；宗教场所；民俗活动；社区交际；教育；大众传媒；社会语言运用；官方工作（李宇明，2016）。我们试图根据语言使用域的需求与重视程度，由下至上依照个人、社会及全球三个层面由低到高的语言功能需求排列，对多语能力的组合方式及功能需求进行下列层级划分。如图 1 所示。

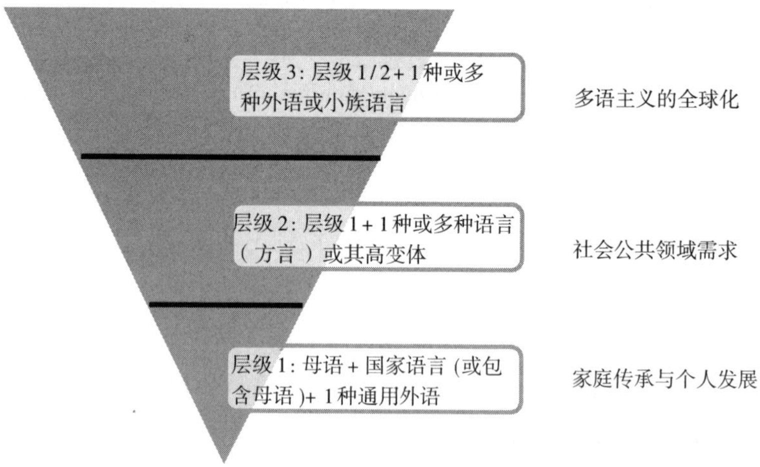

图 1　个人多语能力的层级

1. 第一层级是个人多语发展的基本要求

在教育大众化的现代社会，大多数多语者的语言生活半径基本上都离不开家庭、教育和工作三个领域，所以个人多语能力的第一层级最先兼顾上述三个领域的语言功能，掌握母语（含母语方言）、国家语言（或包含母语）和一门通用外语是现代多语人的最基本要求，也是外界赋予的、别无选择的语言习得要求，其结果是习得 2（母语与国家语言重合时）至 3 门语言（母语与国家语言不重合时）。多语发展别无选择的原因有三。首先，多语者受家庭和母语社区的影响需要重视自己的母语。母语是家庭之根和族群之魂。除了语言的工具属性，母语更代表家族文化的延续与认同。然而，在世界语言多样性大环境中，快捷方便的人口流动使母语的传承遭遇前所未有的冲击，造成单语（单方言）家庭逐渐减少，双语（双言）家庭不断增多，形成多语多言环境。即便如此，大多数多语者也会在语言生活中守住家庭这个最后堡垒。在单语单言家庭向多语多言家庭转变的过程中，母语被赋予的历史文化认同功能是其他语言或方言无法替代的。正因如此，有远见的国家（包括美国在内）都提出要重视家庭传承语言的学习，培养多语人，以达到既能增强个人语言竞争力又能提升国家语言能力、保护语言资源的目的。

其次，多语者有义务学习并掌握国家语言，以便融入社会。从语言功能看，国家语言（国语或官方通用语）是在国家范围内完成主要交际功能的语言，通常在国家宪法和法律中享有明确规定的语言地位。国家语言并非单纯指国语，官方通用语言亦属国家语言的范畴（例如美国联邦法律未就其国家语言地位做明文规定的英语在美国境内享有隐性国家语言地位），但不包含具有官方地位的区域语言。在国家语言和官方语言的界定方面，新加坡是一个值得一提的例子。新加坡当年为了配合成立马来西亚联邦的政治目标，并且与周边两个大国（马来西亚与印尼）取得语言身份的认同，将马来语（印尼语也是基于马来语的语言）定为国语。与此同时，鉴于英语不仅能够制约族群纷争，更能带动新加坡的工业化与国际化，1965 年的《新加坡共和国独立法案》明确将英语同马来语、华语、泰米尔语共同规定为官方语言（Rappa & Wee，2006：82）。新加坡的这些官方语言均系我们所称的官方通用语言，属于国家语言范畴。对于新加坡的多语者而言，马来人、华人、印度人三大主要族群的母语都包含在国家语言之内，公民按《法案》单纯掌握国家语言就已经成为了双语甚至三语者。再如喀麦隆，它是国家语言不包含母语的典型国家。两千多万人口分属 200 多个族群，使用 277 种土著语言。两门外来语言（英语和法语）主导教育、媒体、法律和行政等领域，同时喀麦隆英语、皮钦语广为使用，属于更广泛的族际交流工具和混合双语（Fonyuy，2014：104）。历史原因造就了喀麦隆独立后英语区和法语区两个独立社会文化体系的特有语言景观。

所以,1972 年宪法和 1996 年宪法都规定喀麦隆共和国的官方语言是英语和法语,二者具有同等地位①。对于喀麦隆的多语者,无论身处英语区还是法语区,除了本族母语外,只要掌握一门本区域的官方语言就基本具备了第一层级的双语能力。这一层级的语言能力能满足人们的非移居(不迁徙至其他地区)工作和生活要求。

最后,外语是多语者在接受高等教育时(但不等于外语学习始于高等教育阶段)不可缺少的语言,主要指非本国人使用的语言。掌握一种外语是全球化时代对人们提出的基本要求,也是众多发展中国家(乃至发达国家)对国民提出的语言教育目标之一,例如哥伦比亚的国家双语能力计划要求公民学习西班牙语和英语(戴曼纯,2015)。在前殖民地国家,外语不仅是制约族际纷争的平衡器,也是助力国家腾飞、与世界接轨的工具,具有象征性与工具性的双重价值。可以毫不夸张地说,任何现代国家的发展都离不开向其他(发达)国家学习先进的科学技术,参与国际事务,进行文化教育交流,融入世界发展大潮。当今迅猛发展的网络媒体、不断提速的科学技术、无处不在的商贸活动、风起云涌的国际政治等,都离不开外语人才和个人多语能力发展。外语能力(包括外语语种人才储备、语言人才水平等)是国家语言能力的重要组成部分(戴曼纯,2016)。掌握外语无论对于公民个人还是国家发展都能带来难以估量的语言红利。

2. 第二层级是国家语言能力基础建设

第二层级是第一层级的升级版,扩展了宗教场所、民俗活动、社区交际、大众传媒和社会语言运用等五个公共领域,其中社会语言运用是超越前四种的更广泛的社会语言生活场域。个人多语能力发展的高层次要求应着眼于这些社会公共领域,因为它是国家语言能力的蓄水池,涉及语言维护和资源建设等重要内容。这些语言使用域要求多语者掌握一种或多种相关语言(方言)或语言(方言)的高变体(H)。其中,宗教、民俗和社区活动可归为一个范畴,它充分体现了一个民族(或族群)的风俗习惯与精神信仰。尤其对于那些只有口头形式而没有书面文字的语言,这些活动已经成为民族语言传承和文化记

① 参见 http://www.linguistik-online.de/18_04/echu.html。

忆得以延续的重要载体。要求多语者掌握这些场域使用的语言，不仅体现了对地方语言文化多样性的认同与保护，更是对第一层级保护家庭和学校教育语言起到一个稳固与支撑作用。例如，在有语言无文字的羌族社会，口传心授的释比[1]经典是羌族文化的重要组成部分，涉及羌族历史、政治、宗教、军事、生产、生活、艺术等诸多方面，堪称羌族人民的"百科全书"（王平，2010）。因此，宗教、民俗和社区活动对多语者提出习得地区方言和小族语言的要求。它们和外语一样都属于重要的语言资源，以不同的方式为国家安全服务（戴曼纯，2011）。

与宗教、民俗和社区活动三种语言使用域不同的是，大众传媒和社会语言运用还承担着语言规范功能。这两个领域发挥着推广普及国家语言和统一规范的重要作用，也有一些国家使用某种语言（方言）的高变体作为媒体语言和社会交际语言。以阿拉伯语为例，标准阿拉伯语（H）与口语阿拉伯语（L）均属阿拉伯语变体。口语阿拉伯语一般被当地人看作方言，用于与家人、朋友交际等日常对话，而作为高变体的标准阿拉伯语的习得机会在不同国家存在差异。虽然标准阿拉伯语常作为媒体语言和社会交际语言，用于政治演说、学术报告、新闻广播、报纸评论与诗歌写作，但是并非所有相关阿拉伯语国家都赋予它法律地位（Sridhar，1996）。即便如此，掌握语言的高变体无疑能增强个人多语能力，丰富国家语言资源库。多语能力达到第二层级就已涵盖李宇明（2016）所指出的语言社会功能八大领域，多语功能相对齐全，能满足人们的境内移居工作和生活要求，能增强多语者的社会竞争力。

3. 第三层级的个人多语能力发展遵循全球多语主义趋势

第三层级是个人多语能力发展的高级层面，也是个人服务于国家语言能力建设的最高层级。多语者在第一层级或第二层级的基础之上增加一种或多种小族语言或外语，是全球多语主义的具体实现。这一层级还是国家所需高端外语人才的蓄水池，外语类复语人才培养亦属此列。

当今世界还无法短期内实现语言统一，语言多样性普遍存在，多语主义符合各语种使用者的基本诉求。例如，欧盟将尊重语言文化多样性作为建盟原

① 指羌族原始宗教祭师，主要从事祭祀、主持各种庆典、驱邪、治病和占卜。

则,鼓励成员国公民学习外语。2005 年,欧盟委员会在其《多语制新框架战略》(New Framework Strategy for Multilingualism)中重申外语学习的重要性,强调促进个人多语能力发展是长期目标,直至每一位公民除母语外至少掌握另外两门语言(European Commission,2005;Lauridsen,2013)。但是,在外语的选择上,第三层级的多语者与第一层级不同,需要从语言战略的高度出发,聚焦国家"大安全观",把加强个人外语能力视为国家语言能力建设的一部分。因此,外语选择不能局限于国际通用的大语种,而应考虑对国家有战略价值且鲜有人学习的关键语言。当然,外语语种选择受客观条件限制,取决于教育部门的语种开设能力。

多语主义是世界语言格局大趋势。一些国家(包括欧盟成员国)提倡全民发展多语能力,对于疏导语言纷争、实现族际平等有重要意义。在全球化(也包括欧洲一体化在内)推进过程中,单语主义指导下的国家(如法国)在社会语言生活中已经无法真正做到单语交流。一些二战后的新兴国家在经历了不同程度的冲突事件后最终放弃了从欧洲舶来的单语主义,自觉转向多语主义。

在我国,全面提倡多语能力是凝聚国民力量提升国家语言竞争力的有力抓手。公民语言能力受一个国家、民族或地区不同时代语言文字特点的制约,不同时代对公民个体的语言能力要求也有所不同(汪磊,2016)。面对国家语言能力明显不足问题(如外语语种数量小、高水平的多语人才匮乏)(戴曼纯,2016),我们应当正确认识多语主义的价值,增强公民多语能力服务于国家的意识,用全球多语主义引导人们学习国家所需的不同外语。

四、结语

提倡发展个人多语能力是语言政策与规划学科新近关注的思路,也是看待语言生活多样性、处理语言关系和增强国家语言竞争力的新视角。目前,培养公民的多语能力已经成为许多国家对公民提出的语言要求,但尚未制定公民语言能力标准(李宇明,2010),学界亦未深入探讨个人多语能力理论。本文尝试从国家语言能力建设角度阐述个人发展多语能力的必然性，厘清这一概念的内涵，并根据语言的使用领域、社会分工和需求将个人多语能力发展分为三个层级。第一层级的多语能力满足一般大众的家庭和个人发展需求，第二层级增强国家语言能力基础建设，第三层级促进国家语言竞争力的提升。我们认为，个人多语能力不是理想化的同质语言能力，而是动态发展的模块系统，通常具有非平衡性和层级性。

参考文献

戴曼纯：《语言学研究中"语言能力"的界定问题》，《语言教学与研究》1997 年第 2 期。

戴曼纯：《国家语言能力、语言规划与国家安全》，《语言文字应用》2011 年第 4 期。

戴曼纯：《哥伦比亚语言立法及语言教育政策》，《拉丁美洲研究》2015 年第 1 期。

戴曼纯：《我国外语人才需求抽样调查》，《外语教学与研究》2016 年第 4 期。

李宇明：《中国外语规划的若干思考》，《外国语》2010 年第 1 期。

李宇明：《提升国家语言能力的若干思考》，《南开语言学刊》2011 年第 1 期。

李宇明：《语言竞争试说》，《外语教学与研究》2016 年第 2 期。

陆俭明：《"语言能力"内涵之吾见》，《语言政策与规划研究》2016 年第 1 期。

汪磊：《公民语言能力的属性》，《语言战略研究》2016 年第 5 期。

王平：《羌族语言与文化的现状、保护与传承》，《社会科学家》2010 年第 4 期。

文秋芳、张天伟：《后"9·11"时代美国国家外语能力建设成效及其启示》，《中国外语》2013 年第 6 期。

潘巍巍：《英语在亚洲的传播研究》，北京外国语大学博士学位论文，2016 年。

Bhatia, T. & W. Ritchie. *The Handbook of Bilingualism and Multilingualism* (2nd edition). Malden, MA: Wiley-Blackwell, 2013.

Canagarajah, S. & I. Liyanage Lessons from Pre - colonial Multilingualism. In M. Martin-Jones, A. Blackledge, & A. Creese (Eds.). *The Routledge Handbook of Multilingualism*. New York: Routledge, 2012.

Cazden, C. 1996. Communicative Competence, 1966-1996. Paper presented at the Annual Meeting of the American Association for Applied Linguistics (18th, Chicago, IL, March 23-26, 1996).

Cenoz, J. & F. Genesee (Eds.). *Beyond Bilingualism: Multilingualism and Multilingual Education.* Clevedon: Multilingual Matters, 1998.

Chomsky, N. *Aspects of the Theory of Syntax.* Cambridge, MA: The MIT Press, 1965.

Chomsky, N. *Rules and Representations.* Oxford: Basil Blackwell, 1980.

Crystal, D. *English as a Global Language (2nd edition).* Cambridge: CUP, 2003.

European Commission. *A New Framework Strategy for Multilingualism.* Communication from the Commission to the Council, the European Parliament, the Economic Council and Social Committee and the Committee of the Regions, 2005. [COM (2005) 596 Final]. http://eur - lex. europa. eu/LexUriServ/LexUriServ. do? uri = COM: 2005: 0596: FIN: EN: PDF.

Fonyuy, E. Ethnolinguistic Heterogeneity in Cameroon English Pronunciation. In E. A. Anchimbe (ed.). *Structural and Sociolinguistic Perspectives on Indigenisation: On multilingualism and Language Evolution.* Dordrecht: Springer, 2014.

García, O. Societal Multilingualism in a Multicultural World in Transition, 1992. http://pocketknowledge.tc.columbia.edu/home.php/viewfile/18284.

García, O. *Bilingual Education in the 21st Century: A Global Perspective.* Malden, MA: Wiley-Blackwell, 2009.

García, O. Educating New York's bilingual children: Constructing a future from the past. *International Journal of Bilingual Education and Bilingualism*, 2011, No.2.

García, O. & Li Wei. Translanguaging, Bilingualism, and Bilingual Education. In W. Wright, S. Boun, & O. García (eds.). *The Handbook of Bilingual and Multilingual Education.* Malden, MA: Wiley-Blackwell, 2015.

Grosjean, F. *Life with Two Languages.* Cambridge, MA: Harvard University Press, 1982.

Hymes, D. On Communicative Competence. In J. B. Pride and J. Holmes (eds.). *Sociolinguistics: Selected Readings.* Harmondsworth: Penguin, 1972.

Lauridsen, K. Multilingualism - ANecessary, Absent Component in Europe 2020? A keynote speech held at the 2nd International Scientific Conference Sustainable Multilingualism: Research, Studies, Culture, Vytautas Magnus University, Kaunas, Lithuania, 27 September 2013.

Pereltsvaig, A. *Languages of the World: An Introduction.* Cambridge: CUP, 2012.

Pratt, M. Language and national security: Making a New Public Commitment. *The Modern*

Language Journal, 2004, No.2.

Rappa, A. & L. Wee. *Language Policy and Modernity in Southeast Asia: Malaysia, the Philippines, Singapore, and Thailand.* New York: Springer, 2006.

Simon, P. The U. S. Crisis in Foreign language. *Annals of the American Academy of Political and Social Science*, 1980, No.1.

Skutnabb－Kangas, T. *Language, Literacy and Minorities*. London: Minority Rights Group, 1990.

Sridhar, K. Societal Multilingualism. In S. L. McKay and N. H. Hornberger (eds) *Sociolinguistics and Language Teaching*. Cambridge: CUP, 1996.

Taylor, D. The Meaning and Use of the Term Competence in Linguistics and Applied Linguistics. *Applied Linguistics*, 1988, No.2.

Williams, C. Ennill iaith: Astudiaeth o sefyllfa drochi yn 11－16 oed, 2002. [A language gained: A study of language immersion at 11－16 years of age]. Bangor, UK: School of Education. http://www.bangor.ac.uk/addysg/publications/Ennill_Iaith.pdf, 2002.

（本文原载《语言文字应用》2018 年第 1 期。《中国社会科学文摘》2018 年第 8 期转载。另一作者为潘巍巍。）

基于国家语言能力的外语规划

一、引言

语言(外语)规划必须置身社会语境,为社会目标服务(Lambert,1994:53)。我国近几十年的外语教育规划经历过独尊俄语、俄语退出课堂、独尊英语、倡导外语多元化等多次转变。这种跌宕起伏与时代剧变紧密联系在一起,折射出时代的大政方针。很显然,外语教育的顶层设计不可能一劳永逸,而是在适应社会变化,服务国家战略,促进社会发展。

社会发展与外语规划有着深刻的内在联系。改革开放四十年来,我国的发展速度迅猛,国际交往空前频繁,国际影响力和竞争力愈渐增强,很大程度上得益于我国的外语教育。然而,我国的外语教育在取得巨大成绩的同时不能忽略时代变化对其提出的新任务,即培养从事多元化国际交流与合作的人才,为国家战略服务,以增强我国的国际竞争力、影响力和地位。

二、国家语言能力是国家竞争力的基础

一个国家的竞争力指的是该国在国际舞台上的竞争能力,包含硬实力和软实力。国际竞争力是由本国的社会、经济、资源、科技、教育等方面的实力来决定的(胡列曲,2000)。国家语言能力是国家竞争力的重要组成部分,“是国家实力的一个组成部分,对于国家建设、发展和安全具有十分重要的作用”

(赵世举,2015)。

国家语言能力是一个国家处理国内外事物所具备的语言能力(包括国家发展所需要的语言能力),其外延包括语种能力、国家主要语言的国内外地位、公民语言能力、拥有现代语言技术的能力、国家语言生活管理水平;我国应当全面加强公民的语言能力(李宇明,2011b)。限于篇幅,本文不在此展开关于国家语言能力的讨论。

国家语言能力建设主要取决于国民语言能力的提高和语言人才的培养,依仗前瞻性语言规划和务实的语言教育实践。《国家中长期语言文字事业改革和发展规划纲要(2012—2020年)》在指导思想中明确提出提升国民语言能力。国民语言能力除国家通用语言等本土语言之外还包括使用外语的能力。有研究者指出,国家语言能力要重视语种能力的开发,个人多语能力是重要的语言资源;国家语言能力要从提升全民的多语能力抓起,从而增强整个国家的语言竞争力与国家的安全防御能力(戴曼纯、潘巍巍,2018)。西方发达国家将国家语言能力视为国家竞争力的重要基础,大力提倡外语学习、发展个人多语能力。

(一)美国重视外语规划提升国家竞争力的作用

美国在过去几十年中为保障其国际竞争力做出了巨大努力,通过多种立法手段介入外语规划(戴曼纯,2012),美国的外语规划实践值得借鉴。例如,2006年1月,时任美国总统布什在大学校长国际教育峰会上宣布实施《国家安全语言计划》,支持美国公民学习包括阿拉伯语、中文、韩语、日语、俄语、印地语、波斯语、土耳其语等在内的关键语言(即对美国国家安全起关键作用的语言)。不久,布什政府发表国情咨文,宣布启动“美国竞争力计划”,旨在巩固美国在科学技术上的国际领先地位,促成了2007年《美国竞争法》①。该法授权联邦政府在今后三年内(2008—2010年)为科学、工程、数学与技术的研究及教育投入433亿美元,维持并增强美国的全球竞争力。《美国竞争法》明

① America COMPETES Act 源于 The America Creating Opportunities to Meaningfully Promote Excellence in Technology, Education, and Science Act of 2007 的缩写,原意为《为有意义地促进一流的技术、教育与科学创造机会法》。

确提出加强外语教学，让更多学生有机会学习并熟练掌握关键外语，计划每年投入 2200 万美元用于开发关键外语课程，建设高素质外语教师队伍，使学生在整个教育阶段都能不断提高外语知识与熟练运用水平。

保障国家安全、提升国家竞争力的关键语言界定则根据世界政治经济格局发生的变化进行适当调整。2009 年至今，美国教育部公布了 78 个关键语种，覆盖非洲、中东、中亚、东亚、南亚、东欧、拉美 7 个关键地区。相关部门则根据自身需要适当调整这些语言的关键级别。例如，2009 年美国国务院上报的最关键性语言是阿拉伯语、中文、达里语、波斯语、印地语和乌尔都语；商务部认定的最关键语言为阿拉伯语、中文、西班牙语、俄语和日语。近几年，由于非洲地区的战略地位有所提升，美国政府又加强了非洲语言和文化的研究（李艳红，2015）。

从美国教育部公布的 78 个关键语种可以看出，关键语言确立与调整以保障国家安全为导向，国家语言能力建设以维持美国的全球竞争力霸主地位为宗旨。美国教育部出台的《美国联邦教育部国际战略（2012—2016）》报告提出了（1）两大宏观目标：加强美国教育、提升国家的国际竞争力；（2）三个战略目标：提升全球化能力、向其国家学习、加强教育外交；（3）四个战略挑战：经济竞争、全球化挑战、国家安全与外交、文化多元。新战略规划将外语技能纳入未来全球化挑战和战略目标之中，认为外语技能和区域知识对国防、情报、国土安全和执法至关重要①。很显然，美国将公民的多语能力与提升国家竞争力紧密联系在一起，用语言能力支撑国际竞争力。例如，《美国联邦教育部国际战略（2012—2016）》向大众传递这样一种认识：外语学习有助于增强对母语的理解，促进认知发展和学业进步（Foreign language study leads to an increased understanding of one's native language and has been shown to improve cognitive development and academic performance.）。

美国的学界为促成外语规划的调整和落实所做的工作也值得我国学界参考。早在 20 世纪 90 年代，美国国家外语中心在外语战略规划方面做了大量理论和调查工作，例如《非通设语种国家战略规划》（National Strategic Planning

---

① 参见“U.S.Department of Education International Strategy 2012-16，November 2012”。

in the Less Commonly Taught Languages)①清楚地论证了非通设语种与国家利益的关系,指出外语学习事关国家安全、竞争力等核心利益(Brecht & Walton,1993)。美国在全球范围内施加其政治、经济、军事和文化影响过程中越来越重视外语及国际问题研究的作用,国家外语能力被看作是保障国家安全的重要战略资源(戴曼纯,2012),美国学界的贡献不容小觑。美国高校对此做出了巨大贡献,开设的语种数在近些年出现大幅度的增长。

(二)英国确立面向未来的外语语种

虽然英国没有像美国那样受苏联卫星上天的刺激而大力提倡外语教学和国家安全教育,但是近十几年所做的外语规划工作很有指导意义。例如,英国教育部2002年颁布的首个国家语言战略规划,出台了标志性的国家语言战略报告——《全民的语言:生活的语言》②,确定了国家的短期和长期战略目标。该战略报告指出:语言能力和跨文化沟通能力是21世纪的知识社会的必备能力,是公民的基本素质;英国长久以来在培养多语言能力和跨文化意识方面落后于其他国家。这一正确认识对英国后来的外语规划产生了重要影响。

英国文化委员会近年发布两份外语规划报告(British Council,2013、2017)指出,语言能力不足问题威胁英国在世界上的竞争力、影响力和国际地位。确定外语规划的十大依据为(1)当前出口贸易,(2)企业的语言需求,(3)政府未来优先考虑的贸易,(4)新兴高增长市场,(5)优先考虑的外交及安全,(6)大众的语言兴趣,(7)出入境旅游,(8)政府优先考虑的国际教育战略,(9)其他国家的英语水平,(10)不同语言的网络使用程度。2013年的报告《未来的语言:英国最需要的语言及其原因》(*Languages for the Future:Which languages the UK needs most and why*)根据以上10个指标确定了英国未来10

① 本文将Less commonly taught language翻译成"非通设语种","非通用语种"的说法并不准确。Brecht & Walton(1993)根据高校外语开设状况进一步将Less commonly taught language细分为principal/much less commonly taught languages,least/rarely(never)taught languages,即主要非通设语种、较少开设语种、极少开设语种、稀有语种、未开设语种。英语原名与语言是否通用无关。

② 报告下载地址:https://www.languagescompany.com/wp-content/uploads/the-national-languages-strategy-for-england-1.pdf。

大外语。2013 年 7 月,英国教育部新教学大纲出台,其中规定,自 2014 年 9 月起,英格兰的所有小学都要为 7 至 11 岁儿童开设至少一门外语课程,外语成为小学的必修课①。英国文化委员会 2017 年版的后续报告《未来的语言:英国真正成为全球化国家所需要的语言》(*Languages for the Future:the languages the United Kingdom needs to become a truly global nation*)列出英国未来需要的十大语言与 2013 年基本相同,土耳其语跌出前十,荷兰语加入十大语言并排名第七。10 个语种的重要性略有变化(参见表 1)。这两份报告立足国家发展战略,明确了外语战略规划优先发展的外语语种,鼓励人们学习这些语言。

表 1 英国文化委员会 2013 年及 2017 年提出优先发展的十大外语语种

年份	语种排序(根据十大指标打分结果)
2013 年	西班牙语、阿拉伯语、法语、汉语、德语、葡萄牙语、意大利语、俄语、土耳其语、日语
2017 年	西班牙语、汉语、法语、阿拉伯语、德语、意大利语、荷兰语、葡萄牙语、日语、俄语

(三)外语规划以提升国家竞争力、服务国家战略为导向

英美两国重视培养公民的外语能力,说明他们深刻认识到语言的战略价值,反映出他们通过发展国家语言能力夯实国家竞争力的战略思维。虽然英语当前作为全球实际通用语有其他语言无法取代的优势地位,但在未来的全球化社会,经济竞争、政治多极、文化多元是必然趋势,国家必须重视语言在保障国家竞争力方面的作用。

尤其值得注意的是,美英两国的外语战略有一个共同点:不是提倡单一化外语教育,而是外语语种多样化。例如,美国高校开设的语种数在 2006 年至 2013 年间出现较大幅度的增长,2006 年开设 187 种,2009 年增至 214 种,2013

---

① 参见英国文化委员会 2014 年 3 月份报道:https://www.britishcouncil.org/voices-magazine/why-uk-schools-need-foreign-languages-now;BBC 新闻 2014 年 3 月 25 日的报导。http://www.bbc.com/news/education-26713090。

年为 248 种，就读人数也在逐年增加。在两年制学院中，西班牙语、美国手语、法语、日语、意大利语、德语、中文、阿拉伯语、俄语、韩语、越南语、拉丁语、葡萄牙语、夏威夷语、波斯语（按语种注册人数从高到低排列）均属最常开设语种。2013 年的西班牙语注册人数高达 201154 名，法语有 31363 名，中文有 8473 名。在四年制大学中，最常开设语种分别为西班牙语、法语、德语、意大利语、美国手语、日语、中文、阿拉伯语、拉丁语、俄语、葡萄牙语、韩语、古希腊语、（圣经、现代）希伯来语（按语种注册人数从高到低排列），注册人数远多于两年制学院，西班牙语为 580480，法语 163257，中文 51433。2013 年美国高校（含两年制、四年制和研究生教育）的外语学习总注册人数高达 1562179 人（Goldberg 等，2015）。反观我国，学生和家长普遍存在“学好英语、留学英美”等观念，与社会办学合力推行单一化外语教育，极不利于国家语言能力建设。

三、外语规划应助力国家语言能力建设

以国家外语能力作为核心组成部分的国家语言能力建设事关国家战略。我国主导推动的“一带一路”倡议已经成为国际共识，标志着国家竞争力达到新的里程碑。“一带一路”需要语言铺路（李宇明，2015）。推进“一带一路”建设需要语言作为互联互通建设的重要支撑，语言是促进中外思想文化交流、推动文明创新的根本保障，是蕴含安全价值的战略资源、彰显国家实力的重要标志（沈骑、夏天，2018）。

（一）旧的外语规划及认识已成羁绊

可以毫不夸张地说，以往外语规划及教学实践带来的问题日益凸显，严重制约了国家语言能力建设和国家战略的实施。正如李宇明（2011a）指出的那样，从国家语言能力的角度看，我们的语言能力还非常弱，提高外语教学效率和做好外语规划同样重要，外语学界应当承担起外语规划的任务，注意培养各种外语人才。这一战略思想非常值得外语界认真思考，增强外语规划服务国家需要的意识，以此反省以往的外语教育规划与实践，弄清国家语言能力不足

的原因并提出解决方案。

过去的外语规划似乎没有跟上时代的步伐。最为突出的表现有二:(1)基础教育阶段开设的外语语种单一化严重。外语教育几乎成为“一边倒”的英语教学。有调查(魏日宁、苏金智,2008)显示,全国的外语学习者中,约94%为英语,7%为俄语,3%为日语。其中极少数人学习两种外语。就外语学习单一化而言,实际情况也许比抽样调查的结果更加严重。单一化外语教学误导了大众关于外语学习的认知,把外语和英语等同起来。这种认识及实践不利于社会形成正确的外语观及家庭语言规划,更不利于培养国家需要的语种人才。(2)我国外语教学质量总体不高,外语学习者水平整体偏低。有学者指出,我国外语学习者能力自评不高,而且一般只能阅读简单的外语句子(魏日宁、苏金智,2011,2012)。英语国家对我国英语教学质量的评价也很低(British Council,2013,2017)。最近的抽样调查发现,少有用人单位对外语人才的工作表示非常满意,外语人才依然存在能力有限、不懂专业知识、不懂外国文化、缺少国际知识等问题(戴曼纯,2016)。

虽然近几年我国的外语规划开始重视关键性语种人才的培养,但是从全社会角度看,外语学习方面的认识没有跟上时代的步伐,单一化外语教育现象依然非常严重。有学者指出,现有高层次外语人才规划定位和目标尚不清晰,小语种专业和课程设置也缺乏科学调研,外语教育发展中一些结构性问题较为突出,外语规划还存在一定的盲目性和无序性。近几年小语种开设出现井喷,数量上有所改善,但质量堪忧(沈骑、夏天,2018)。有针对国内政府机构、企事业用人单位的调查显示,英语是最常用的外语,其余依次为日语、俄语、法语、西班牙语、德语、阿拉伯语、越南语、马来语、土耳其语、乌克兰语、波斯语等。用人单位最缺乏的语种人才依次是英语、西班牙语、俄语、法语、德语、日语、阿拉伯语、葡萄牙语、越南语、乌克兰语、波斯语、豪萨语、土耳其语、马来语、意大利语、老挝语、柬埔寨语、泰语、蒙古语、缅甸语、韩语等(戴曼纯,2016)。英语在最缺乏的语种人才中赫然排第一,反映了用人单位对人才水平的期待与现实不符。正如沈骑、夏天(2018)所言,外语专业毕业生“大才难觅,小才拥挤”。

（二）外语战略规划仍需加强

我国外语人才布局方面的缺陷正越来越清晰地暴露出来。主要表现在以下几个方面。

首先，语种数量不足，难以满足国家处理海内外事务的语言需求。与美国二百几十种语言开设能力相比，我们还有很大的差距。我国高校开设的外语语种数量近几年快速扩张至目前的98种①，其中包括55种2010年以后开设的语言。这些语种基本涵盖与中国建交的175个国家的官方用语，预计几年后外语语种数量有可能超过100种。从数量看，语种开设已经取得巨大成绩。但是，这些语种的教学质量是否整齐划一，或者如何保障人才培养标准的一致性，还值得探讨。人才培养规模是否能真正满足国家需求还需要针对用人单位做进一步调研。

从语种目录可以看出，某些具有重大战略意义的语言尚未列入其中，例如：广泛分布于南美洲的盖丘亚语（Quechua，使用人口约七百万至一千万人）、分布于印度古吉拉特邦和波斯湾等地区的古吉拉特语（Gujarati，使用人口近四千五百多万，世界第二十三大语言）、分布于印度和巴基斯坦的旁遮普语等（Brown & Ogilvie，2009）。印度某些语言的开设尤其值得我们调研。印度是紧邻我国的人口大国，地缘政治价值大。而印度的宗教、族群及语言状况极为复杂。印度宪法承认的部落有212个，语言和方言总数约为1652种。印

① 98个语种按开设先后排序分别为：俄语、英语、法语、德语、西班牙语、波兰语、捷克语、罗马尼亚语、日语、阿拉伯语、柬埔寨语、老挝语、僧伽罗语、马来语、瑞典语、葡萄牙语、匈牙利语、阿尔巴尼亚语、保加利亚语、斯瓦希里语、缅甸语、印尼语、意大利语、克罗地亚语、塞尔维亚语、豪萨语、越南语、泰语、土耳其语、朝鲜语、斯洛伐克语、芬兰语、乌克兰语、荷兰语、挪威语、冰岛语、丹麦语、希腊语、菲律宾语、印地语、乌尔都语、希伯来语、波斯语、斯洛文尼亚语、爱沙尼亚语、拉脱维亚语、立陶宛语、爱尔兰语、马耳他语、孟加拉语、哈萨克语、乌兹别克语、拉丁语、祖鲁语、吉尔吉斯语、普什图语、梵语、巴利语、阿姆哈拉语、尼泊尔语、索马里语、泰米尔语、土库曼语、加泰罗尼亚语、约鲁巴语、蒙古语、亚美尼亚语、马达加斯加语、格鲁吉亚语、阿塞拜疆语、阿非利卡语、马其顿语、塔吉克语、茨瓦纳语、恩得贝莱语、科摩罗语、克里奥尔语、绍纳语、提格雷尼亚语、白俄罗斯语、毛利语、汤加语、萨摩亚语、库尔德语、比斯拉马语、达里语、德顿语、迪维希语、斐济语、库克群岛毛利语、隆迪语、卢森堡语、卢旺达语、纽埃语、皮金语、切瓦语、塞苏陀语、桑戈语。其中克里奥尔语并非指某一具体语言，可以是法语或英语乃至其他语言为基础的克里奥尔语。

地语是国家的官方语言,英语是国家辅助的官方语言,宪法承认的地方民族方言有 15 种(周庆生,2010)。从国家战略角度看,印度语种的开设不能仅限于印地语这种大语种。此外,与我国有 600 公里边界的不丹,是唯一未与我建交的邻国,地缘政治意义重大。然而,我国尚无高校开设其国语宗卡语,这对于我国研究不丹国情、推进中不建交、解决中不边界争议显然不利。

其次,语种分布及教学质量失衡恐难满足国家重大战略需求。魏日宁、苏金智(2008)抽样调查结果显示 94%的外语学习者在学习英语,而外语单一化的实际状况远比此严重。我国目前有数亿人学习英语,许多地方从小学阶段开始学习英语,有条件的城市家庭甚至从幼儿园开始学习英语。基础教育阶段几乎将英语作为唯一外语,导致英语之外的其他外语语种缺乏培养高端人才的学习者基数和学习条件。虽然我国普通高校开设外语专业者数量庞大,英语专业点达 900 多个,日语专业点 400 多个,俄语专业点 100 多个,法语专业点 80 多个,西班牙语专业点 50 多个(戴炜栋、吴菲,2010),但是,由于基础教育阶段几乎一边倒地开设英语课,高校其他外语专业(英语之外)招收的其他语种学生绝大部分进入高校后从零起点开始学习,严重制约高端语言人才培养。

(三)通过教学改革落实外语规划

外语教学改革是我国实施外语战略规划的必由之路。不改革现行外语教学(从基础阶段至高等教育),外语战略规划将成为一句空话,外语界应杜绝简单、重复、无实质性创新的所谓外语教学改革(实为英语教学)。

然而,当前外语教学改革基本集中在英语这个单一语种,包括新课程标准、新评测体系、新教材、新教学方法等。在培养具有国际视野的高端人才方面依然着力不够。用人单位对英语和其他语种人才的满意度不高(戴曼纯,2016)。外语人才的数量和质量远未满足用人单位的需求。由于现行外语人才培养模式重视语言知识技能,忽视相关专业知识技能(如区域国别知识、复合型专业知识技能),致使外语人才知识结构单一、缺少国际视野、不能胜任新形势下的复杂工作。

外语教学改革不应分“大”“小”语种。改革不是英语这一语种独享的专利，其他语种在改变教学理念、提高教学质量方面没有“大”“小”之分。非通设语种不能因为不恰当的“大语种”“小语种”命名方式而等待“大语种”教学改革成功后再行改革。所有外语语种应当加强横向交流，努力做到教学质量上齐头并进。

解决语种分布及教学质量失衡问题需要我国外语界做重大结构性改革，适当压缩简单重复的低端外语教学点，增设需求旺盛或有潜在需求的战略语言教学点。外语教学改革必须配合国家重大战略，预判国家潜在需求，助力国家语言能力建设。

为了搞好外语战略规划，外语界应当定期开展国内外语需求调查，覆盖政府、军队、企业、文化教育诸多领域，关注贸易量及国际合作，增补或加强具有重要战略价值的语种。在主要战略语言调研预判方面，我们可以借鉴国外的相关经验。例如，英国文化委员会（British Council，2013、2017）确定优先发展语种的思路值得我国借鉴。他们的调研结果对社会和教育界有明确的指导意义，包括（1）呼吁政策制定者在教育领域增设语种，像对待科学、技术、工程、数学类课程一样重视语言；（2）建议更多学校利用本地的外语本族语者和文化机构的语言技能；（3）呼吁企业培训员工的语言，鼓励员工至少掌握一门十大语言（参见表1）的基本技能（British Council，2013）。采用同样因素进行调查分析的2017年报告提出，脱欧后的英国最需要的五种语言为西班牙语、中文、法语、阿拉伯语和德语（British Council，2017）。值得我们注意的是，中文在英国的战略地位在上升；而我国的英语水平在英国文化委员会两次调查结果中均列为低下。在五等级分类中（非常高、高、中等、低下、非常低），中国的英语水平处于倒数第二类，与俄罗斯、日本、巴西、乌拉圭、乌克兰、智利、墨西哥、秘鲁、摩洛哥等并列。这种评价对我国英语教学界不啻为一种警示。

外语教学改革最需要改变的是教师的教学理念和学生的学习理念，乃至社会关于外语的认识。如果教学改革只是部分引领者“雷声大”、一线教师“雨点小”，最终只会演变为某些群体“你方唱罢我登场”，外语教学实践依然如故，培养出的学生仍然是“大才难觅、小才拥挤”。抑或家长固化的认识（如英语等于外语、学好英语走遍天下等）没有改变，不能配合外语战略布局和外语教学改革，国家语言能力建设将步履艰难。

对于落实外语规划而言，教师、家长、学生的外语观念更新不容小觑。外语界似乎也有责任普及新观点和新理念，培养家长和学生对其他语种的兴趣，促进校内校外协调一致地实施外语战略规划。有的学校应当创造条件在基础教育阶段引入更多的语言供学生选择，以增加高校不同外语语种学习者的基数。我们可以借鉴欧美国家在义务教育阶段提供若干语种供学生选择的做法。大部分欧洲国家提供 6 种左右语言，英国提供多达 19 种语言供选择，法国甚至允许学校将欧洲其他国家的区域性语言作为外语来开设，总数达 29 种。我国高校应当培养更多英语之外的外语教师，增强中小学的语种开设能力，使家长和学生有条件选择有兴趣的语种，促成全社会合力完成外语规划的实施。

综上所述，为了增强我国的国家语言能力、提升国家竞争力，外语教育必须实施结构性改革，包括增设语种、调整语种学习人数的占比、改革教学方案等。

四、结语

国家语言能力建设需要语言政策制定者、外语教学研究者和实践者合力完成。外语政策制定者应当胸怀家国，总结取得的成绩，反思教训，做好顶层设计，以提升国家语言能力为导向，调整人才培养方案，以满足国家对语种和人才质量的要求。最近，我国教育部通知（2017 年 12 月 29 日）正式印发《普通高中课程方案和语文等学科课程标准（2017 年版）》。新方案进一步优化了课程结构。外语科目方面，在英语、日语、俄语基础上增加德语、法语和西班牙语。增设原因是这几个语种覆盖性高，在国际场合应用多。教育部门将来还会根据实际情况增加外语语种。虽然新增的三个语种不会马上进入高考，但新政策反映出我国外语教育改革的方向，是国家语言能力建设的希望。

在全球化日益增强其影响力的今天，外语界应当充分认识以下核心问题：（1）国民的外语能力是国家语言能力的重要组成部分，是国家竞争力的基础；外语教育有责任调动全社会力量为国家战略服务。（2）外语多样化比单一化更利于促进我国在全球化进程中的作用，有利于培养满足不同需求的人才，消除单一化外语学习带来的语言危机，包括语言文化安全、语种人才匮乏等。(3)研究语言教学的真问题，鼓励科学研究和教学创新，外语教学界全员参与，尊重教学规律和实际条件，不搞“一刀切”。(4)加强语种间的交流，教学传统悠久的大语种在语言研究、教学研究和人才培养方面积攒的经验和教训值得借鉴。不同语种的培养规模有差异，但学理相同。

参考文献

戴曼纯:《以国家安全为导向的美国外语教育政策》,《外语教学与研究》2012 年第 4 期。

戴曼纯、潘巍巍:《国家语言能力视角下的个人多语能力发展》,《语言文字应用》2018 年第 1 期。

戴炜栋、吴菲:《我国外语学科发展的约束和对策》,《外语教学与研究》2010 年第 3 期。

胡列曲:《国家竞争力与 90 年代以来美国提高国家竞争力的主要经验》,《世界经济与政治论坛》2000 年第 2 期。

李艳红:《美国关键语言教育政策的战略转变》,北京外国语大学博士论文，2015 年。

李宇明:《关于中国语言生活的若干思考》,《北华大学学报(社会科学版)》2011 年 a 第 5 期。

李宇明:《提升国家语言能力的若干思考》,《南开语言学刊》2011 年第 1 期。

李宇明:《“一带一路”需要语言铺路》,《人民日报》2015 年 9 月 22 日。

沈骑、夏天:《“一带一路”语言战略规划的基本问题》,《新疆师范大学学报(哲学社会科学版)》2018 年第 1 期。

魏日宁、苏金智:《中国内地外语使用情况调查分析》,《中国社会语言学》2008 年第 2 期。

魏日宁、苏金智:《中国大城市外语使用情况调查分析—以北京、上海、天津、广州、深圳、重庆和大连为例》,《外语教学与研究》2011 年第 6 期。

周庆生:《印度语言政策与语言文化》,《中国科学院研究生院学报》2010 年第 6 期。

赵世举:《全球竞争中的国家语言能力》,《中国社会科学》2015 年第 3 期。

Brecht, R.& R. Walton. National Strategic Planning in the Less Commonly Taught Languages. *NFLC Occasional Paper*, 1993.

British Council, *Languages for the Future: Which languages the UK needs most and why*, 2013. https://www. britishcouncil. org/organisation/policy - insight - research/research/languages-future.

British Council, *Languages for the Future: The foreign languages the United Kingdom needs to become a truly global nation*, 2017. https://www. britishcouncil. org/sites/default/files/languages_for_the_future_2017.pdf.

Brown, K. & S. Ogilvie. *Concise Encyclopedia of the Languages of the World*. Oxford: Elsevier Ltd., 2009.

Goldberg, D., D. Looney, and N. Lusin. Enrollments in Languages Other Than English in United States Institutions of Higher Education, Fall 2013. Modern Language Association of America, 2015.

Lambert, R. Problems and Processes in U.S. Foreign Language Planning. *The Annals of the American Academy of Political and Social Science*, 1994, No.532.

Wei, Rining & Su, Jinzhi(魏日宁、苏金智). The statistics of English in China. *English Today*, 2012, Vol.28, No.3.

(本文原载《语言战略研究》2018 年第 5 期,《新华文摘》2019 年第 3 期摘录。略有修改。另一作者为李艳红。)

中篇　外国语言政策解析

以国家安全为导向的美国外语教育政策

一、引言

美国“国家外语中心”和“应用语言学中心”的两位学者（Jackson & Malone，2009）指出，美国迫切需要英语之外的语言人才，这一需求在过去五十多年中得到了各方的认可和阐述，既有高级委员会提交报告，也有学者专门从事研究，还有政府和个人在参众两院发言论述，媒体报道，总统倡导。21世纪经济全球化和国际反恐使美国更加迫切地需要了解其他国家的人民和文化，与其进行有效的交流。

美国作为超级大国，在国际政治舞台、全球经济发展和军事领域扮演极其独特的角色。虽然英语早已成为全球性语言（Crystal，2003），同时正在成为非本族语者进行跨文化交际的主要语言（Wesche，2004），但是美国在全球范围内施加其政治、经济、军事和文化影响过程中越来越重视外语及国际问题研究的作用，国家外语能力被看作保障国家安全的重要战略资源。美国过去半个多世纪出台的教育政策、立法及立法提案体现出“国家安全高于一切”的主题，教育政策呈现出越来越重视外语教育的趋势。尤其是最近十年，美国推出的外语政策数量之多、力度之大，突出体现了提高国民外语能力的必要性和迫切性。

美国在称霸全球的过程中如此重视外语教育、外语研究和国际问题研究，值得我们认真分析，并从中获得有价值的启发。本文将全面回顾20世纪50年代以来对美国外语教育产生深远影响的教育政策、教育立法、法案、外语政策及外语教育项目等，阐述其发展变化，揭示动因和理据，分析外语政策的相关问题。

二、国家安全意识与外语教育政策

最近几十年的教育政策和法案显示，美国政府和学界越来越清楚地认识到国家外语能力在保障国家安全方面的重要性。每一项新政策的推出都无不为了美国保证自身在政治、经济、军事乃至文化领域的霸主地位、确保国家安全等。美国政府及学者对外语能力与国家安全及利益的认识在不断加深，外语政策的数量愈渐增多，表述愈渐明确，实施力度愈渐增强。根据 Edwards 等人（2008、2009）的报告，美国自 1946 年设立富布莱特这个国际交流旗舰项目以来总计推出涉及语言文化教育、对外交流、国际问题研究的立法（或法案）、计划等近 50 项，而且最近十年呈明显上升趋势，如 2001 年“9・11”事件以后就有 20 余项。50 多年中专门针对外语的法案和计划逾 14 项，其中“9・11”事件后的 8 年中推出了 8 项。为了更清楚地了解美国外语政策发展历程，下面分三个阶段对其进行阐述，揭示国家安全作为外语政策理据这一基本事实。

（一）卫星上天与教育新政

国际国内发生的重大事情常成为美国推行新政策的契机，直接影响其语言教育政策的调整。1957 年苏联卫星上天震惊了美国朝野。在此之前，美国的教育工作由各州及地方政府自行管理，联邦政府一律不加干涉。但是，苏联发射人造卫星带来的危机感使美国政府决心立法，加强国际教育交流和外语教育，提高全民教育素质，于 1958 年出台《国防教育法》（National Defense Education Act）。《国防教育法》受实用主义思想影响严重，目标相对狭窄，主要应对苏联的科技成就和意识形态的传播，外语教育所占笔墨不多。该法第六章专门针对语言发展问题，重视非通用语言的教学和研究，为教育机构和个人提供经费，资助国际教育交流和研究项目；1959 年至 1962 年三个财政年度每年为外语教育拨款 725 万美元。《国防教育法》促成了“应用语言学中心”的建立,该中心自成立以来的半个多世纪为促进国内外语言习得研究、语言运用和语言教育等领域的研究做出了巨大贡献。

国家强大,教育是关键。为了进一步加强大、中小学教育,提高国民教育质量,美国政府在60—70年代先后推出《高等教育法》(1965年)、《中小学教育法》(1965年)、《国际教育法》(1966年)、《双语教育法》(1968年)、《印第安教育法》(1972年)、《印第安民族自决及教育援助法》(1975年)等多项教育法。虽然教育法中多有加强外语教育、提高外国语言文化知识水平等表述,但是此阶段还没有出台专门针对外语教育的法案,关于外语危机的认识还在初级阶段,专项外语政策的制定仍在酝酿之中。

尽管如此,上述政策催生了一些重要的外语机构,例如1967年成立了"美国外语教学委员会(ACTFL)",作为一个全国性语言教师组织,委员会十分重视外语教学问题的研究,如今会员包括各教育阶层不同语种的教师,力图在全国范围内提高外语教育质量、扩大教学范围。从1976年开始,由8家协会(即:现代语言协会MLA,美国外语教学委员会ACTFL,美国法语教师协会AATF,美国德语教师协会AATG,美国西班牙语及葡萄牙语教师协会AATSP,美国斯拉夫及东欧语言教师协会ATSEEL,美国意大利语教师协会AATI,对外英语教学会TESOL)组成的"国家语言联合委员会(JNCL)"以论坛形式探讨重要语言政策问题,为1980年正式成立"国家语言联合委员会"奠定了基础,该委员会总部设在华盛顿特区,一年一度主办由语言专家参加的立法日暨代表大会(Legislative Day and Delegate Assembly),研究语言需求及新的方针政策,提高公众的语言政策意识等。富有社会责任感的专家学者为提高国家的语言危机意识做出了贡献,使决策层认识到国家外语能力与国家安全息息相关。

(二)危机意识与外语政策

有鉴于美国外语教学存在的严重问题,1980年时任美国众议院议员、预算委员会委员、欧洲安全与合作委员会委员等职务的Paul Simon(1980)对国家外语能力提出了严厉批评,专门撰文论述了美国的外语危机问题,批评政府没有为国民提供足够的机会学习外国语言文化。Simon的数据显示,1974年选修外语课的高中学生与 1968 年相比下降了近 50 万人,22737 所中学有 4344 所没有开设任何外语课。Simon 历数了外语教育存在的问题,如师资力量不足(有的州仅有数名外语教师)、外语教师业务能力差、教学水平低下、语种有限,且大部分外语教学集中在 5 种语言。1977 年的调查数据显示五年内高中外语课选修人数出现大幅度下滑:西班牙语下降 13.9%,法语下降 24.7%,德语 33.9%,拉丁语 44.5%,俄语 61.8%。这些现象显示美国的外语教育还存在非常严重的问题,原因极有可能是政策力度不够,没有专门的外语立法,没有足够的经费投入,缺少合格教师。多年累积下来的外语教育问题滋生了一种危机意识,并逐渐引起官方的注意。

1979 年时任美国总统的卡特任命了一个由联邦政策制定者组成的"外语及国际问题研究委员会",委员会提交的"智慧增强力量"(Strength through Wisdom)报告指出,美国外语能力之低下已经到了可耻的程度;外语无能到了影响国家安全的地步。报告直接导致一年内成立三个重要语言机构:"国家外语及国际问题研究委员会"(1980 年)——与私人基金会、企业及政府机构共同合作,加强美国对外交流,拓展外语及国际教育交流服务,推行并影响有关政策;"国家语言联合委员会"(1980 年)——由全国 65 家语言类机构的专家代表组成,与"国家语言及国际问题研究委员会"联盟,负责研究语言需求、制定并宣传新的语言方针政策等;"国家语言及国际问题研究委员会"(1981 年)——现有成员包括 60 余家全国性语言协会,与"国家语言联合委员会"联盟,负责保障并增加语言及国际问题研究项目的预算和拨款,与国会及有关部门共同处理语言及国际教育交流问题,制定相关国策和计划(Edwards 等,2008、2009)。

1980 年国会重新审批通过《高等教育法》,关注的重点似乎偏向更为重要的政治、经济和军事领域,外语在这些领域产生的支撑力没有得到足够重视。然而,不可否认的是,卡特政府为提高国家外语能力做出了很大的努力,为后来制定外语政策打下了良好的基础。然而,提高国家外语能力不是一蹴而就的事情,尤其是在没有专门制定外语政策的情况下很难短期内提高全国的外语水平。Simon 提出的外语危机不是空穴来风。

此时有一项权威调查报告强化了美国的国家危机意识,其中包括外语危机意识。里根政府的“国家优质教育委员会”(The National Commission on Excellence in Education,1983)提交了一份题为“国家面临风险”的报告,调查结果显示美国整体教育质量不佳,正文多次提及外语教学问题,指出全美仅有8个州要求高中开设外语,没有任何州要求学生必修外语课。报告针对教育质量问题提出大量教学改革建议,所提38项建议包含一项外语教学内容,即大学生入学前必须在高中阶段完成两年的外语学习(外语课属于五门主干课之一,其余四门为英语、历史、地理和经济)。该报告对美国的教育改革产生了深远影响,堪称现代美国教育史上的里程碑①。

因此,美国政府采取一系列措施,加大外语教育的支持力度,增加拨款,不断推出新政策、新计划和新项目,涵盖大中小学各阶段的外语学习。《高等教育法》的1986年修订版第六章将“国家外语资源中心”纳入其中,向高校提供拨款以促进外语教学效率的提高。1986年还成立了“国家外语中心”,负责调查美国经济、外交和国家安全等领域的外语需求,以便制定满足国家需求的外语教育政策,中心还组织召开外语需求研讨会,寻求可行的解决方案。1987年成立了“外语及国际问题研究联合促进会”,探讨高等教育国际化问题,为语言及国际问题研究争取经费支持。1988年美国国会修正《中小学教育法》,授权实施“外语援助计划”,为中小学外语教学创新提供经费支持,每年拨款总额约500万美元至1000万美元,从1998年开始增加至2500万美元。据Richey(2007)公布的数据,“外语援助计划”向州一级提供15个资助项目,向地方学区提供122个资助项目,资助范围涵盖课堂教学、职业发展、教师培养、课程开发、学生评测、课程评估、家长参与等,2007年预算总额为2378万美元。外语教学时间超出联邦经费资助范围、教学方法对他人有指导意义的地方教育机构可申请“外语援助计划”,每年经费从5万美元到30万美元不等,州教育机构能系统改进美国外语教学的,经申请每年可得5万美元到40万美元不等的经费。

国家安全和国防需要是左右美国近20年外语政策的主要因素。1991年沙漠风暴行动后,参议院情报委员会主任、参议员Boren就“沙漠风暴”有关军事

① 参见 http://en.wikipedia.org/wiki/A_Nation_at_Risk。

行动、战力、后勤、通讯及整体实施情况举行了一系列听证会，针对存在的问题经过数月的磋商和协调，出台了《国家安全教育法》(National Security Education Act)。该法确定实施“国家安全教育方案”(National Security Education Program)，为大学生、研究生和研究机构提供经费，以便培养出数量更多、质量更高、懂外语、具备涉外知识与技能的人才，以满足国家安全有关重要部门的需求。由于“国家安全教育方案”归属国防部，由情报部门出资，起初引发不少争议，但是实施效率高。“国家安全教育方案”与《高等教育法》等推出的外语教育及国际问题研究项目不是重复关系，而是互补关系；前者包括要求接受资助者为国防部服务，服务期限通常为资助年限的 1 至 3 倍；“国家安全教育方案”的资助范围均与关键语言有关，且战略重心出现了变化，推出“国家旗舰语言计划”，国会授权将其作为《2003 财政年度情报授权法》的一部分，专门资助国家安全最关键语言的高级研究项目(Kuenzi & Riddle,2005)。“国家安全教育方案”目前主要包含三部分：1. Boren 奖学金，用于资助本科学生前往涉及美国关键利益(且留学项目覆盖不够充分)的地区学习；2. Boren 研究奖学金，用于资助研究生从事区域研究、语言研究，或提高国家安全关键语言能力；3. 语言旗舰项目，资助阿拉伯语、中亚语言、韩语、汉语、波斯语和俄语的高级培训(Edwards et al.,2008、2009)。“国家安全教育方案”覆盖面广，例如 2005 年 5 月宣布“国家旗舰语言计划”(National Flagship Language Initiative)增设“汉语 K-16 一条龙项目”。这一以国家安全为导向的语言教育方案在 2006 年布什总统于大学校长国际教育峰会上宣布的“国家安全语言计划”(National Security Language Initiative)中得到进一步加强。

1992 年美国国会通过《高等教育法》第六章修正案，批准建立多家美国海外研究中心，以促进语言研究、地区问题研究及学术交流；同年推出作为“外语援助计划”第二部分内容的“外语激励计划”，每一个财政年度为小学教育提供经费，鼓励学生提高外语交际能力。但是，此时的外语能力标准还不甚明确。

1994 年克林顿总统签署通过的《美国 2000 年教育目标法》明确指出了外语能力目标，提出通过高质量的双语教育方案使学生掌握包括英语在内的两门语言。由于“国家语言联合委员会”与“国家语言及国际问题研究委员会”

的努力，外语排在了知识学科目录的第四位，外语界终于获得了研究国家外语能力标准的动力。1996 年，代表 9 家全国性外语协会的专家组在美国教育部和美国国家人文学科资助会的支持下完成了一项“面向 21 世纪外语学习标准”的报告，确立了外语学习五大标准，涵盖交际、文化、关系、比较和社区的具体语言要求；外语教学、管理和课程也必须依据这些标准实施。1998 年克林顿政府和国会通过的《高等教育法》第六章修正案指出，美国的安全稳定和经济发展要求国民具备外语知识，该修正案促成了数家语言资源中心的建立，为提高外语教学水平提供资源保障。

然而，随着政府换届，国家政策出现了一些变化，优先实现的目标有所不同。虽然 2001 年通过的《不让一个孩子落后法》修订了《中小学教育法》，将外语设置为教育的核心课程，但是没有明确提出年度成绩考核要求，因此有人认为《不让一个孩子落后法》非但没有重视外语教育反而产生危害作用（Maxwell，2003）。同年四月美国参议院通过一项决议（即“参议院国际教育政策决议”），提出美国应当制定国际教育政策，以满足国家安全、外交政策、经济竞争需求，促进国际合作与相互理解。这项决议的实施需要外语教育作为基础，所以对国家外语教育政策产生了一定的影响。

综上所述，20 世纪 80—90 年代，国家外语危机意识对美国产生了深远影响，不但使美国在政策层面上进一步重视外语教育，而且为提高外语教学水平采取实际措施。然而，美国此时依然没有专门的外语立法，对于外语重要性及外语危机的认识还不到位，外语教育力度似乎不够，外语人才的培养还存在严重的问题。据估计，“9·11”事件发生之时全美仅有不到 200 名美国人精通阿拉伯语（世界第五大语言），不到 10 人学习乌兹别克语、土库曼语和塔吉克语，全美学校无人学习阿富汗的任何一门小语种语言（Edwards，2004）。“9·11”事件显示出美国情报部门外语能力严重匮乏，没有足够的阿拉伯语和普什图语人才处理与国家安全有关的情报材料（Edwards，2004）。虽然美国拥有强大的经济实力和丰富的外语资源，例如使用英语之外语言者截至 2000 年已上升至 4690 万（U.S.Census）（Wiley，2007），2007 年统计结果显示，5 岁以上在家庭生活中使用非英语者增至 5544 万多人（Shin & Kominski，2010），语种数多达 300 余种（Wang，2000），但是外语人才依然短缺。这就说明美国的外语教育还存在严重的短板现象,国家外语能力不能真正满足国家安全的需求。这不能不说明美国外语教育政策存在严重失误,Simon(1980)的警世之言并非危言耸听。

(三)"9·11"事件与外语教育立法

2001年9月11日世贸中心被炸后,全美广播电台播放联邦调查局紧急招人通知,征招会说阿拉伯语的人员,结果令人大失所望:经考察,数千名应征者中仅有几位具备工作所需的语言能力。这一结果使语言需求变得更加明确、呼声更高更迫切。当美国以反恐为目的锁定阿富汗后,竟发现美国高校无人学习阿富汗地区的主要语言普什图语。战场上没有普什图语和英语双语人才,成了无法抓捕本·拉登的主要原因(Pratt,2004)。虽然英语广为使用,但是似乎美国单靠英语无法独步天下。Pratt(2004)认为美国百多年来钟爱单语制,向移民后代兜售英语语言文化,摧毁了原有的语言文化多样性。单语政策、公众态度、电视媒体等结合在一起,使移民的语言在两三代之内化为无形,外语学习在单语教育体制内被严重边缘化。"9·11"事件改变了人们的态度。唯英语运动暂时偃旗息鼓,高校外语选课者明显增加,人们重新投入外语学习。

"9·11"恐怖袭击使美国政府更加清醒地认识到国家外语能力的重要性,先后提出了多项提高国家安全和国际交流水平的法案、立法或政策,尤其是针对关键语言学习和国际问题研究的政策,例如与外语教育有关且获得批准的有《2003财政年度情报授权法》(2002年)、《2004年情报改革及防恐法》(2004年)、《2005年财政年度情报授权法》(2004年)、《美国国防部外语改革指导方针》(2005年)、"国家安全语言计划"(National Security Language Initiative)(2006年)、"国际教育与外语:保障美国未来的关键"(2007年3月根据《公法》108—447制定的政策)、《2008年高等教育机会法》(2008年)等,此外还有大量尚未获得国会通过的立法提案,如《国土安全教育法案》(2001年)(该法案随后几年多次提出)、《国家安全语言法案》(2003年至2007年多次提出)、《2004年国际问题研究及外语研究法案》(多次提交)、《2005年国家外语协调法案》(2005年、2009年多次提交)、《美中文化交流法案》(2005年,未获通过)、《2008年外语教育伙伴计划法案》(2007年,未获通过)、《2008年国际教育领导法案》(2008年,未获通过)等,这些虽未成为法律,但是产生了一定的影响。

即便如此,也有人对政府的作为不甚满意。Edwards(2004)认为,虽然美国国会在“9·11”事件发生后的两年中举行了几十次涉及国家外语需求的听证会,但是对提高经费、设立新项目及制定国策方面影响甚微。毕竟有不少法案没有获得国会通过。Allen(2004)指出,如果“美国教育委员会”(American Council on Education)关于高校国际化现状的最新报告内容准确,那么情况不容乐观。虽然本科教学大纲设置外语课程的大学增加了,但是大多数学校并没有为学生提供真正国际化的教育,且开设的外语语种不够。64%的外语课为西班牙语,很少有本科学生选择亚、非、中东地区的语言,而这些地区恰好是美国人最需要学会沟通的地方。这一调查的结果只能说明外语政策的有效实施还有其他制约因素,好的政策产生实际效果需要自上至下多方支持。

然而,单纯从外语教育政策角度看,美国政府(尤其是关注语言与国家安全的议员)对外语教育的认识愈渐明确,国防部更加积极地参与和资助外语教育和国际教育交流。2001年以后的政策和法案所涉内容表明,美国的教育政策一如既往以保卫国家安全为宗旨,且有明显的超越。以往教育立法仅仅把外语教育当作法案的内容之一,没有放在突出的位置上。如今的外语教育在立法提案中占有显著的地位。例如《国土安全教育法案》以提高大中小学教育水平为目标,以保障国家安全为目的,不但修正《中小学教育法》,确定儿童外语教育方针,还修正《高等教育法》,增加科技教育经费投入,为某些语言类大学本科生及其他某些专业的学生提供无息贷款。《国土安全教育法案》(*Homeland Security Education Act*. 109th Congress, 2D session. S. 2450. March 16, 2006.)明确指出外语教育对保障美国的竞争优势和国家安全必不可少,而美国的外语能力落后于欧洲,欧洲有百分之五十的人士能说两门语言,而美国只有百分之九的人能说第二门语言。《国土安全教育法案》提出资助高等教育机构进行外语教学创新,资助培养国家安全语言高端人才等。

为了获得制定外语政策的依据,美国会计总署调查了军队、国务院、商务部海外商务署及联邦调查局四大部门的外语水平,于2002年发布报告。结果显示,外语技能非常重要的工作岗位确实缺少语言人才,这就导致情报分析和翻译滞后;外交和情报人员的外语技能短缺削弱了国际反恐和反走私行动,损害了美国的海外利益。因此,国会通过了《2003 财政年度情报授权法》,资助情报活动,批准"国家安全教育方案"实施"国家安全语言计划",研究建立一支民间高级外语(对于国家安全至关重要的语言)人才后备队伍的必要性和可行性,以备不时之需。

美国教育部制定的 2004 财政年度计划提出一系列目标,其中包括增进学生对世界语言的了解,以及加强高校外语教学和地区问题研究目标等。"州教育委员会全美联合会"于 2003 年 10 月发布一项关于完善课程设置的报告,提出将外语作为中小学的核心课程,以便消除外语课边缘化、甚至被取消的现象。其他课程时有挤掉外语课的现象,恰好说明外语教育在中小学仍然落实不力。外语是促进国家安全、提高就业的资源,但是立法机构从没有认真考虑过专门为未来的外语教育立法(Byrnes,2005)。外语教育立法呼之欲出。

第一个专门针对外语教育的法案《国家安全语言法案》(the National Security Language Act)于 2003 年 12 月由众议员 Rush Holt 提出,旨在通过拓展外语学习、提高教学质量,达到加强国家安全的目的(但该法案多次提交国会讨论,未获通过)。《国家安全语言法案》修正了 1965 年的《高等教育法》,鼓励儿童外语教育。法案规定为推广外语学习、调查传统语言社团提供资助,为学习关键外语、毕业后担任教师或为联邦机构服务的学生提供贷款豁免。2004 年,第二个外语法案《2004 年国际问题研究及外语研究法案》由参议员 Dodd 提出,再一次修正《高等教育法》第六章有关国际问题研究及外语研究的规定,为从事外语学习、地区问题研究和国际问题研究(尤其是非通用语种)的本科生提供资助。《2004 年情报改革及防恐法案》要求联邦调查局和中央情报局开发、制定语言教学计划,要求国务卿提高精通外语的外事工作人员数量,尤其是掌握伊斯兰国家语言的人员,以增进伊斯兰国家的交流和学习。这两个外语教育法案将面向社会和政府机构的政策融在一起,外语教育目标非常明确,即鼓励学习关键语言。

另有两个外语立法专为情报部门和国防部门而设。2004 年布什总统签署的《2005 年财政年度情报授权法》除为情报部门拨款外,还授权国防部长和国家情报总监实施关键语言培养计划。《美国国防部外语改革指导方针》(2005年)得益于马里兰大学举行的国家语言大会,也是主管人事及战备的国防部副部长落实"2006至2011财政年度战略规划指南"的结果。该指导方针为实现语言目标、实施国防战略提供综合指南,共有四个目标:加强国防部及军事人员的语言文化知识学习,培养利用外部语言资源的能力,建立民间外语后备队伍,确立民间外语人才使用机制。

2005年是美国提出外语教育政策或法案最多、举行重要外语活动最多的一年。除国防部推出外语改革指导方针外,还有"国家安全教育方案"之"K-16一条龙项目""国家语言政策峰会:美国行动计划""外语学习年/语言年""海外学习年"以及未获得国会通过的《美中文化交流法案》《2005年国家语言协调法案》、《2005年国际问题研究及外语研究法案》等。已经贯彻实施十多年的"国家安全教育方案"发布"汉语K-16一条龙项目",要求美国的国际高等教育部门与开设汉语课程的中小学合作,推出汉语旗舰项目,以便通过"一条龙"教学培养出汉语高级人才。此外,《美中文化交流法案》的提出也表明美国政界极其重视中国在国际政治舞台的地位。这个由参议员Lieberman和Alexander提出的法案为大中小学的中国语言文化学习提供经费,资助语言、艺术及文化研究,支持教育交流项目及政府交流项目,协助非政府机构进行交流等,目的在于加强美中外交关系、修改签证要求、拓展交流范围。《2005年国家语言协调法案》后来改名为《国家外语协调法案》,由参议员Akaka提议。这一法案提出设立一个由总统任命的国家语言总监职位、成立国家外语协调委员会,以便监督国家外语政策的实施,但是该提案未获国会通过。参议员Dodd继2004年后再次提出《2005年国际问题研究及外语研究法案》。

"美国外语教学委员会"于2005年1月召开的"国家语言政策峰会:美国行动计划"很能说明美国学界、政府及其他社会各界对语言问题的关注程度,与会者除学者外还有商界、政府部门、慈善界人士。会议为未来十年的语言政策和计划确定优先发展目标、制定规划。其中多项优先发展目标涉及提高语言教学质量,包括增强美国民众学习外国语言文化知识的意识、在联邦政府设立国家语言顾问职位、调查企业的语言文化需求、以汉语为试点从幼儿园到大学推广汉语教学并将此模式拓展至其他语言、开发有效的语言评测方法、建立民间语言后备队伍、推行语言立法工作等。同年2月，参议员通过决议，将2005年确立为“外语学习年/语言年”，以促进大中小学、企业和政府部门的外语教学。11月，参议员通过决议，将2006年确立为“海外学习年”，鼓励出国留学。

在接下来的几年中，美国政府为加强外语教学和国际交流所做的努力没有出现松懈，资助的项目数量多，资助强度大。2006年1月，布什总统在美国大学校长国际教育峰会上正式宣布实行“国家安全语言计划”，作为“K-16+教育项目”的重要组成部分，“国家安全语言计划”的目标是大量培养关键语言教师、关键语言学习人数、提高他们的外语水平，以保障国家安全。国务院、国防部、教育部和国家情报总监办公室协同实施“国家安全语言计划”，外语教育时间从儿童时期延续至工作单位(Richey,2007)。布什总统为关键语言及文化学习项目拨款11400万美元(Edwards et al.,2008、2009)。据美国教育部公布的资料，“国家安全语言计划”针对“外语援助项目”的拨款出现增长趋势(2007年拨款数为2.4千万美元，2008年达2.6千万美元)，2007年和2008年“外语援助项目”和其他各类语言项目的年度实际拨款总额均超过1亿美元，大幅度超出预算金额。“国家安全语言计划”优先支持包括阿拉伯语、汉语、俄语、日语、韩语、伊朗语、印度语系语言、突厥语系语言等在内的关键语言，涵盖外语教学、教师发展、出国留学、关键语言拓展等。大多数资助项目面向关键语言，2006年70个项目中占58项，2007年52个项目中占31项。相当部分关键语言项目针对汉语教学，例如“朋友工程(*Peng You* Project)”，也有不少阿拉伯语和俄语项目(Richey,2007)。此外，2007年通过的《高校学费减免机会法》还为毕业后从事外语教育工作的申请者减免学费。

全球金融风暴来临之前，美国仍在努力加强外语教育，寻找提高外语教学质量的手段。例如，美国科学院(National Academy of Sciences)的国际研究理事会2007年3月向国会提交了一份研究报告，题为“国际教育交流与外语：保护美国未来的关键”。该报告回顾了国际教育交流和外语教学项目的执行情况，认为包括富布莱特项目在内的国际交流项目对美国的外语教育和国际教育交流做出了重要贡献，报告还提出了高等教育改进建议。这些建议包括1.语言资源中心与高校合作开发课程和教材、合作进行教师培训;2.维持国家的通用语言和非通用语言水平;3.在教育部增设一个由总统任命、参议院批准的职位,专门负责监督国际教育交流项目、外语教育项目的实施,并提供战略指导;4.教育部长两年汇报一次国际教育交流及外语教育的进展、战略和需求情况;5.开发新的外语测试技术等。

2007年众议员Holt提出《2008年外语教育伙伴计划法案》,直至2011年5月还在向参众两院提出《外语教育伙伴计划法案》,要求修改《中小学教育法》,修正《不让一个孩子落后法》的"外语援助计划",提出每一财政年度提供五千万外语教育经费,使外语学习贯穿小学至大学的教育过程。Holt指出,由于外语教育质量差,美国的公司丢失了一部分国际合同,科技工作者失去重要的合作机会,涉及国家安全的重要信息无人翻译(参见http://www.nhalliance.org/news/foreign-language-education-partnership-program-act.shtml)。2007年8月布什总统签署通过的《美国竞争法》旨在增加创新投入和教育投资,以便提高美国在全球经济领域的竞争力。在强调增加科技研究投入的同时没有忘记支持关键语言的本科及硕士学位教育,支持扩大中小学关键语言教学点。可见,美国政府把培养外语人才,尤其是关键语言人才,看作提高国家竞争力的基础。

2008年1月,众议员Holt提议《2008年国际教育领导法案》,试图在教育部设立负责国际教育交流和外语教育的教育部助理部长职位,以便管理国际教育交流和外语教育研究,协调联邦政府其他部门的国际教育交流与外语教学等,提高大中小学的外语教学水平,但是该法案未获国会通过。同年8月,国会通过了《2008年高等教育机会法》,扩大招生,巩固未来,该法内容丰富,涉及外语的主要内容如下:扩大了关键语言界定范围,豁免急需语种师资的大学生贷款,在教育部增设一个负责国际教育交流和外语教育事务的副助理部长职位。

(四) 金融风暴与外语教育经费削减

2008年下半年爆发的金融危机严重影响了美国经济,联邦政府将关注重点放在经济复苏和医疗改革及教育协调方面,推出了《美国复苏及再投资法》(ARRA,2009年2月获国会通过,17日奥巴马总统签署)、《卫生保健与教育协调法》(2010年)。由于经费锐减,近两年未再推出任何有利于发展外语教育的新政策，外语教育受到严重冲击。

从 2010 年 3 月美国教育部向地方教育机构和高等院校发布的“外语援助计划”申报通知可以看出，联邦政府为外语教育注入的资金非常有限。“外语援助计划”追加经费的通知鼓励中小学与高校一并申请外语教学资助项目，2010 年财政年度仅设立 30 个项目，经费总额为 616 万美元(Department of Education,2010)。“国家人文学科联盟”(National Humanities Alliance,2011)公布了“国际教育联盟”有关“外语援助计划”的资料。资料显示，国会 2010 财政年度为“外语援助计划”拨款约 970 万美元，相当于地方教育机构与高校合作开发国家安全关键语言(为期 5 年)项目所需经费的 35%；2011 财政年度“持续决议”(3 月 4 日到期)为“外语援助计划”拨款 2,690 万美元，而众议院通过的决议试图取消所有“外语援助计划”的拨款。对于 2012 财政年度，奥巴马总统再次提议取消单独拨款的“外语援助计划”，将外语和其他六类科目(包括经济、历史、公民教育和艺术等)一并放入“提高教学效果、促进全面发展”的项目。

2011 年 4 月奥巴马总统签署的联邦预算计划削减了教育经费，国际问题研究与外语教育未能幸免，《高等教育法》及《富布莱特—海斯法》确定的海外研究、外语研究、地区问题研究、国际教育交流项目经费缩减 40%，联邦教育部所受冲击最大。但是，并非所有外语项目和国际研究项目被压缩经费，国务院的教学项目基本未受影响，国防部的有关项目影响不大。经费缩减将对外语教学及国际研究产生多大的负面影响，还有待时间的检验(Wright,2011)。2011 年 12 月，美国外语教育委员会发布 2012 版《美国外语教育能力指南》，就真实情境下个人外语能力做了五个级别的划分：初级、中级、高级、优秀及卓越。其中前三个等级细分为初、中、高三个等级。自 1986 年以来，这一指南对美国外语教学产生了深远影响。

三、余论

本文全面系统地分析了美国近 50 多年外语政策的变迁及动因。从数十项政策、法案和外语教育项目的文字表述看,保障国家安全是一切相关政策的基本目标,即“国家安全高于一切”。由于外语人才的缺乏使美国遭受本可避免的恐怖袭击,美国政府逐渐清楚地认识到外语教育在保障国家安全方面的重要性,并不断加强外语教育,由过去忽视中小学外语教学,到各教育阶段全程重视外语教育,鼓励外语教学创新、外语研究、国际教育交流及国际问题研究,甚至提出建立民间外语人才后备队伍。毋庸置疑,美国外语政策的制定和实施也存在一些问题。

虽然美国加大了对外语的投入,但是正如 Pratt(2004)指出的那样,这种投入还存在一个严重的问题,外语教育资源主要集中在与国家安全有关的领域,如情报搜集、审讯、军事通讯等,优先开发“战略语言”翻译机。即使是附属于马里兰大学的外语研究中心,其使命也是为了确保美国联邦政府机构拥有高水平的语言人才,强调军事和情报搜集能力。这种典型实用主义的做法能带来短期效益,从长远看仍然存在一定的隐患。由于语言学习没有捷径,通常耗时多、进度慢,再成功的学习者也会跨越多个教育阶段,外语人才的培养和储备需要调动多方资源。这也是为什么美国非常重视“K-16 一条龙外语教育项目”。如何搞好不同教育阶段的外语教学衔接问题是提高外语教学质量的关键之一。Maxwell(2003)指出,一直以来阻碍美国外语教学成功的因素就在于各方存在脱节现象:国家需要与国民态度脱节(如老百姓愿意说单语),国家需求与教育部门脱节(如学校财政紧张时就免掉外语课),高校与中小学脱节(如高校没有培养足够的合格外语教师),高校的办学目标与教学实践脱节,学生的学习目标与课程设置脱节,教学目标与教师水平脱节,等等。

此外,美国的外语教育与英语教育存在一定的矛盾。学校教育出现怪现象,一方面,学校成功地将会说外语的移民后裔转化为英语单语者,另一方面学校艰难地培养英语单语学生说外语,且往往不甚成功(Cummins,2005)。有人指责小学教育在消灭其他语言(Pratt,2004)。换言之,美国社会明显的英语单语化倾向抵消了外语政策的部分积极作用,因此,保护好移民从各国带来美国的传承语言(heritage language)使用者等于增加外语使用者人数。

最后,有学者(Byrnes,2007)认为,学术研究成果在政策与政策实施之间占有极其重要的位置,研究者肩负着极大的责任,因此建议外语政策的制定在考虑了社会和政治因素的情况下应当考虑外语教学及研究者的成果。

美国外语教育体现的国家安全理念值得我们借鉴。第一,我们需要认真研究,确定国家安全关键语言种类,根据美国目前的关键语言种类结合我国实际情况扩大范围。外语教育政策应考虑优先支持英语、俄语、日语、阿拉伯语、韩语、伊朗语、印度语系语言、突厥语系语言等在内的关键语言,以及我国边境邻国的语言(包括我国的跨境语言)。第二,教育部门应规定资助几年一度的外语教育质量调查,真正做到了解我国外语能力的整体情况和存在的问题。第三,切实搞好外语"一条龙"教学,消除各阶段无衔接带来的问题。第四,大力支持高水准、有推广价值的外语教学创新,包括新方法、新材料、新手段等。以国家外语重点研究基地为龙头,带动相关领域的研究工作。第五,国家社科、国家语委及教育部应当重点资助国家安全关键语言及其方言的研究。第六,培养关键语言高端人才。高端人才必须具备关键语言国家的文化知识,掌握地方方言(语言)和文化。搞好关键外语高端人才的摸底,建立外语人才后备队伍及用人机制。第七,成立负责统筹、协调、管理全国外语研究及外语教育工作的机构,职责包括:组织相关调研工作、组织制定外语政策、确定外语项目并监督实施、筹措外语项目经费、负责向上级汇报相关工作等。

参考文献

Allen, W. Teaching Languages and Cultures in a Post - 9/11 World. *The Modern Language Journal*, 2004, No.88.

Byrnes, H. Reconsidering the Nexus of Content and Language: A Mandate of the NCLB Legislation. *The Modern Language Journal*, 2005, Vol.89, No.2.

Byrnes, H. Developing National Language Education Policies: Reflections on CEFR. *The Modern Language Journal*, 2007, Vol.91, No.4.

Crystal, D. *English as a Global Language*. Cambridge: CUP, 2003.

Cummins, J. A Proposal for Action: Strategies for Recognizing Heritage Language Competence as a Learning Resource within the Mainstream Classroom. *The Modern Language Journal*, 2005, Vol.89, No.4.

Department of Education. Foreign Language Assistance Program—Local Educational Agencies with Institutions of Higher Education. *Federal Register* 75/49:12221-12226,2010. (March 15,2010. Notices from the Federal Register Online via GPO Access [wais.access.gpo.gov] [DOCID:fr15mr10-40]).

Edwards,J.,A.Lenker,& D.Kahn. National Language Policies: Pragmatism, Process, and Products. *The NECTFL Review*, 2008/2009, No.63.

Edwards,V. *Multilingualism in the English-speaking World: Pedigree of Nations*. Malden, MA: Blackwell Publishing, 2004.

Jackson,F.& M.Malone. Building the Foreign Language Capacity We Need: Toward a Comprehensive Strategy for a National Language Framework. Ms. 04/06/2009.

Kuenzi,J.& W.Riddle. National Security Education Program: Background and Issues. CRS report to Congress, 2005.

Maxwell,D. The Leadership Vacuum. *The Modern Language Journal*, 2003, Vol.87, No.4.

National Academy of Sciences. *International Education and Foreign Languages: Keys to Securing America's Future*. Washington, D.C.: The National Academies Press, 2007.

National Commission on Excellence in Education. *A Nation at Risk: The Imperative for Educational Reform*. Washington, D.C.: U.S. Government Printing Office, 1983.

National Defense Education Act of 1958. *U.S. Statutes at Large, Public Law* 85-864, pp. 1580-1605.

National Humanities Alliance, 2011. Foreign Language Assistance Program. http://www.nhalliance.org/advocacy/funding-priorities/FLAP/index~print.shtml.

Pratt,M. Language and National Security: Making a New Public Commitment. *The Modern Language Journal*, 2004, No.88.

Richey,R. The Foreign Language Assistance Program. *Learning Languages*, 2007, Vol. 13, No.1.

Shin,H.& R.Kominski. Language Use in the United States: 2007. *American Community Survey Reports*, 2010. http://www.census.gov/hhes/socdemo/language/data/acs/ACS-12.pdf.

Simon,P. The U.S. Crisis in Foreign Language. Annals of the American Academy of Political and Social Science, No.449, 1980.

Wang,X. Forging a Link: Tapping the National Heritage Language Resources in the United States. In R.Lambert & E.Shohamy (eds.). *Language Policy and Pedagogy: Essays in Honor of A.Ronald Walton*.Amsterdam:John Benjamins,2000.

Wesche,M.Teaching Languages and Cultures in a Post-9/11 World.*The Modern Language Journal*,2004,Vol.88,No.2.

Wiley,T.Heritage and Community Languages in the National Language Debate.*The Modern Language Journal*,2007,No.91.

Wright,S.How Budget Cuts Will Impact Language and International Studies,2011.

http://education-portal.com/articles/How_Budget_Cuts_Will_Impact_Language_and_International_Studies.html.

（本文原载《外语教学与研究》2012 年第 4 期,《教育科学文摘》2012 年第 5 期转载。）

欧盟多语制与机构语言政策

一、引言

欧洲在人们眼中是一个充满异质特征却又正在经历一体化过程的地区。欧洲联盟的特点是异质与统一相伴，既有丰富的文化传统和多样性，也有因此给提倡多样性与追求统一性带来的冲突（Crepaz，2009）。人们在多语环境中使用何种语言进行交往、不同语言的社会功能及地位变化等，均有可能给语言意识形态和语言生活实践（包括语言选择、语言习得、语言态度、语言教育、语言运用诸多方面）带来困惑，乃至冲突。

欧盟成员国语言生活状况复杂，社会多语现象普遍存在，个人多语能力分布不均，成员国语言政策微妙。因此，欧盟历来推崇多语制。然而，在多语制政策下追求一体化本身就是包含内在矛盾的，不可能一帆风顺。欧盟在这方面遇到哪些问题，欧盟机构在落实多语制过程中对其他国家和国际组织有何示范作用，他们有何经验和教训，都非常值得我们研究。本文将结合上述问题，围绕欧盟层面多语政策的立法及欧盟机构语言政策问题展开讨论，揭示欧盟多语制实施过程中存在的问题，探讨有益的启示。

二、欧盟语言多样性及难题

当前的欧盟是一个处于扩盟状态的政治体，语言文化异质性系其特点之一。欧盟的语言生活多样性和多语能力差异性可从以往的调查结果中窥见一斑。欧盟2012年的一项调查报告称,欧盟除24种官方语言外,境内还有60多种区域语言或小族语言,此外还有移民群体使用的诸多非欧盟本土语言。按照母语使用人口比例排序的话,前6种语言为德语(16%)、意大利语(13%)、英语(13%)、法语(12%)、西班牙语(8%)、波兰语(8%)。欧盟的多数人(54%)除母语外还能使用至少一门其他语言进行交流,25%的人能使用两门母语之外的语言,10%的人能说三门母语之外的语言。从要求欧盟个人掌握至少两门外语的远期目标看,只有8个成员国的多数人能做到这一点,这些国家分别为卢森堡(84%)、荷兰(77%)、斯洛文尼亚(67%)、马耳他(59%)、丹麦(58)、拉脱维亚(54%)、立陶宛(52%)和爱沙尼亚(52%)①等人口小国。这些数据显示,仅少数国家过半数人口为多语人,且多语人口比例较高国家并非在政治、经济、军事、教育、文化等方面起引领作用的大国。英国、德国、法国等经济和人口大国在个人多语能力发展方面离欧盟的目标还存在相当大的距离,比如英国只有14%的人能使用两门外语。当前欧盟的整体语言能力状况是,占欧盟四分之三的人口尚未成为多语人。

一般认为,欧盟的语言多样性是重要财富,人们需要学会跨语言交流,以加强人民之间的团结;语言承载并传递着思想观念和社会习俗,是民族文化的重要组成部分,欧盟必须尊重每一种文化(Timmerman,2014)。1996年巴塞罗那通过的《世界语言权利宣言》(Universal Declaration of Linguistic Rights)宣称所有语言社团享有平等权利。这一平等原则在2002年欧盟关于促进语言多样性及语言学习的决议中得到进一步诠释,即从文化视角看,所有欧洲语言有平等的价值和尊严,都是欧洲文化和文明不可缺少的组成部分。有学者认为,这一决议表面上似乎令人满意,但是它隐含的问题多、解决的方法少。比如,"从文化视角看"的表述语意含糊,决议似乎在暗示其他重要层面可能存在语言不平等现象(Craith,2006:174-175)。从下文关于机构语言使用的分析看,

① 参见"Europeans and Their Languages"。Special Eurobarometer 386,June 2012. Conducted by TNS Opinion & Social at the request of Directorate-General Education and Culture, Directorate-General for Translation and Directorate-General for Interpretation. Available from: http://ec.europa.eu/public_opinion/archives/ebs/ebs_386_en.pdf.

欧盟语言的实际地位呈金字塔状,重要性顺序为工作语言、官方语言、区域语言、小族语言和方言等。塔顶为极少数大语种,底部是数量众多的地方语言和方言。欧盟文件中给语言的分类界定似乎已经决定了语言的地位。正因如此,欧盟极力推崇多语制和个人多语能力,其重要性被反复强调。

欧盟委员会负责语言文化类事务的委员瓦斯里奥(Vassilliou)①在2014年9月25日举行的欧洲语言日大会上发言时,专门谈到多语制的重要性,指出语言是人生的宝贵工具,是学习和工作的基本技能,推行多语制、改进语言教学是欧盟政策的基石。尽管教育和语言政策由各成员国自行负责,欧盟对语言和文化的影响力非常有限,但是欧盟一直致力于保护语言多样性,推行多语政策。这一决心的动因主要出于对文化身份和社会整合及团结的考量,因为一体化的欧洲创造的经济、教育和工作机会更利于多语人,劳动力的流动对提升欧盟经济竞争力至关重要。

然而,欧盟公民在交际中应当使用何种语言、而实际上使用什么语言,是一个非常棘手的核心问题。换言之,欧盟的多语制在维护多样性中的统一(即多元一体)方面存在诸多问题,包括Phillipson(2003)指出的那些难题。欧盟及成员国语言政策的制定和实施必须解决,或至少引导解决这些问题。

Phillipson(2003:11-12)在论证欧盟维护多语制时指出,欧盟语言政策面临许多未解的困惑和难题,例如:(1)民族国家、民族利益和语言,与欧洲一体化及诸多领域(如社会、政治、金融、商业、教育、科技)国际化形成张力;(2)成员国及语言名义上的平等与实际上的等级关系(如欧盟机构内部偏向使用英语和法语)存在矛盾;(3)英语霸权及美国文化冲击、文化同质化,与欧洲语言文化多样性、多语制、小族语言权利保护发生冲突;(4)语言作为实用工具与身份象征之间存在矛盾;(5)德国在欧洲的人口数量及经济大国身份与德语不断被边缘化不相称;(6)英语母语群体在欧盟并非最大,却被推广为解决现实交际的通用语,与德语和法语被消减的处境形成鲜明对照,也引起德语国家、法语国家及其他国家更加关注本土语言的保护;强势语言与相对弱势语言

① AndroullaVassiliou.Why languages matter: European and national perspectives on multilingualism.European Day of Languages,2014.Florence,25 September 2014.

之间存在紧张关系。只有解决上述矛盾和冲突、化解各种张力，欧盟才能实现多样性中团结统一的政治目标。

多语制政策、语言多样性的客观现实、语言平等的政治原则貌似协调一致，但是三个概念的侧重点有很大的不同。多语制提倡母语之外学习两门外语，很容易演变为倾向于学习某些大语种，有利于主流语言的传播。语言多样性意在尊重并保护小族语言，而基本上只有小族语言群体学习自己的语言，大族语言母语者鲜有学习小族语言的情况，小族语言的传播远没有大族语言的优势条件。面对这严酷的现实，语言平等原则纯属政治理念，就像一直提倡的“人人平等”那样，很难得到落实。正如一项大型研究报告显示的那样，欧盟落实共同市场原则的过程中所起的最大作用是，强化了英语的统治地位，使其成为欧洲事实上的“共同语”（lingua franca）。至于语言政策应当主要用于削减英语的影响，还是支持英语作为增强人口流动性和竞争力的平台，大家的看法大相径庭（MENON Network EEIG，2008：iii）①。从政治角度讲，多语制、语言多样性和语言平等原则为欧盟创造了一个能被人接受的一体化机制。

三、欧盟多语制的政治基础

作为一个公开大力推崇多语制的政体，欧盟有别于美国，不视己为熔炉，而是把多语制作为联盟的基本原则之一，保障所有语言和文化在其土壤繁荣发展。欧盟几乎将所有成员国的官方语言确立为联盟层面的官方语言，欧洲议会的议员均有权使用母语表达自己的观点，倾听他人意见。欧盟立法必须翻译成所有欧盟官方语言（Crepaz，2009），不仅为了思想的上传下达，而且体现对不同语言的尊重。多语制的构想由来已久。自1957年欧洲经济共同体建立之初（创建欧共体的《罗马条约》1958年1月1日正式生效）到当前的欧盟，一直视多语制为联盟的重要目标，具有法律地位和约束力，是行政和组织架构上系统执行的基本原则，这一思想业已全面渗透至欧盟各核心机构的日常运作。

---

① 报告作者为 Joe Cullen，Clare Cullen，Véronique Maes 和 GigliolaPaviotti 等人。

欧盟多语制政策的源头可追溯到欧共体创建之初有关成员国签署的条约。欧共体条约第217款为建立多语制这一语言体制(language regime)确立了法律基础,条款要求欧洲理事会一致推行多语制。1958年4月15日,欧洲理事会采纳第217款第1条规定,将成员国的官方语言确立为欧共体的官方语言,因此初期共有法语、荷兰语、德语和意大利语四种官方语言。这一决定改变了以往欧洲煤炭钢铁共同体的单语制做法(即法语作为条约立约、内部交流及管理语言)。1号规定的前言部分指出,四种语言的任何一种在欧共体成员国均视为官方语言。1号规定有时被称作欧盟语言宪章,为后来欧共体扩大时语言体制的相应变化确立了法律基础。这一规定要求文件的起草、官方刊物的出版、欧洲法院的司法必须使用所有官方语言。1号规定第6条允许欧共体机构自行制定何种情况使用何种语言的规则,第1条还宣称官方语言和工作语言具有同等地位(Crepaz,2009;Locatelli,2010)。多语制与后来的《欧盟基本权利宪章》完全吻合,宪章第5章第41款第4条明确规定,欧盟公民可以使用《欧洲联盟条约》规定的任何语言与欧盟机构进行书面交流,且机构的回复必须使用相同的语言①。这些文件为推行多语制奠定了基础。

由于语言象征着权力(Bourdieu,1991),欧盟成员国的官方语言进入国际交流空间意味着享有更高的地位及更大的发展空间,也意味着更强的政治权力。欧盟的多语制采取一种自上而下的推行方式,不只是关注机构内部多语言的使用,而且还将多语理念推广至成员国及其公民,提倡个人多语能力,以便个人获得更大的发展空间。欧盟于2007年设立多语专员(Commissioncr of Multilingualism)职位,专职负责在成员国推行并保障多语制。奥本(Leonard Orban)专员的言论显示其实用主义态度,他特别强调掌握多门语言对工作和事业的积极影响。欧盟如果能向人们证明学好外语有益于未来,将有助于繁荣欧洲的多语现象和文化交流(Crepaz,2009),不论是在个人层面还是到欧盟整体层面,都会促进欧洲的团结和统一。

多语制作为欧洲一体化的基本政治原则发挥着重要作用,欧盟通过多语制创建新的公共空间,树立自己的公共权威。欧盟提倡社会流动自由,通过教

---

① 参见 Charter of Fundamental Rights of the European Union。

育及文化交流培养真正的归属感(Timmerman,2014),使欧盟实现真正意义上的一体化。

推行多语制不但符合欧盟的利益,而且有利于许多成员国在英语全球化的大环境中维护本国语言的权益,包括官方语言和地方语言。因此,法国极力维护其法语地位是正当合理的。欧盟成员国的政府负责制定自己的语言政策,许多国家(如法国、波罗的海国家)积极推行单一的国语政策,一方面试图通过语言同质化达到国家和民族统一的目的,另一方面在全球化语境中保护自己相对弱小的语言。有的国家担心英语对本国语言造成冲击,采取措施对其进行保护。例如,波兰和匈牙利政府通过立法限制英语的传播,瑞典议会也提议通过立法积极维护瑞典语在瑞典、乃至欧盟的地位(Phillipson,2003)。欧盟成员国在入盟之前早已通过宪法或其他立法手段制订了本国的语言政策,因此欧盟多语制有利于保护影响力相对较小的语言,包括法国历史上因推行"一国、一族、一语"政策受到排挤或边缘化的地方语言。可以说,语言文化平等是一种通俗易懂的政治原则,多语制既是实现这一原则的政策又是其目标。

四、欧盟机构语言政策

欧盟堪称现代社会中一块多语制的新型试验田,可能为多语国家语言政策的制定和实施提供有借鉴价值的经验教训。欧盟的多语制政策和语言文化平等原则在实施过程中容易产生矛盾冲突。政策的实施可能出现很大的偏差。一是语言使用者容易受地域和传统的影响,往往偏爱使用自己认同的语言。二是多语制和语言多样性有时会出现政策冲突。有调查报告的分析显示,语言学习政策一般深受经济竞争、劳动市场流动等首要因素的影响,语言多样性则容易受包容和人权等软问题的影响。因此,在具体实施过程中,多语政策大大优先于语言多样性政策(MENON Network EEIG,2008:iii)。

欧盟机构是实施多语政策的示范场,理应严格遵守多语政策。然而,其工作人员来自不同语言文化和教育背景,不由自主地把本国的语言政策及语言偏好带进了欧盟机构,他们的工作性质也决定了语言使用,使语言政策的实际执行与文件规定出现明显的差异。例如，欧盟机构由于工作性质不同形成了自己的语言使用习惯，偏离多语制和语言平等原则，总部设在德国的欧洲中央银行对内对外交际均使用英语就是一个典型例证。

虽然欧盟规定每一位欧盟公民原则上均有权使用本国语言与欧盟机构进行口头和书面交流，但是欧盟机构落实这一原则的情况并不统一，偏离多语原则的方式和程度取决于具体的欧盟机构。例如，欧盟（部长）理事会处理事务时，议事日程上的所有文件提供各语言版本，同时提供同传服务；欧洲议会的正式会议也提供同传服务。而欧盟理事会非正式会议往往只使用英语、法语和会议主席的语言。各委员会的会议也出于实际原因限制语言种类（虽然往往加上一句"这次情况特殊"违反了多语原则），官员之间的交流几乎全用英语和法语，偶尔使用德语（van Els，2005：269）。

根据欧盟建盟宗旨，如今欧盟 28 个成员国的 24 种官方语言皆为工作语言。而在实际操作中，官方语言和工作语言的区别取决于机构与个人使用者。换言之，欧盟文件界定了官方语言，即欧盟机构与外界沟通使用的语言；机构内部、机构之间的交际，以及欧盟机构召开的内部会议使用的语言被视为工作语言（Gazzola，2006）。与官方语言相比，工作语言的使用更容易受机构工作性质、语言政策的不同解读及个人因素的影响。下文将对此展开阐述。

欧盟有三个负责法律和政策制定的重要机构：代表欧盟公民的欧洲议会（EP）、代表成员国政府的欧盟理事会（Council of the EU，或 the EU Council）和代表欧盟的欧盟委员会（European Commission）。欧盟委员会负责起草法律，欧洲议会和欧盟委员会负责审议通过法律。欧盟委员会和成员国负责实施，前者还负责监督法律的执行。

欧盟还有一些其他重要机构，包括欧洲理事会（European Council，不是非欧盟机构 Council of Europe）、欧洲法院、欧洲央行、欧盟审计院、欧洲经济和社会委员会等数十个机构①。我们不可能对几十个机构一一进行分析讨论，仅针对几个主要代表性机构的职能和构成进行简要介绍，阐述机构内部语言

① 关于欧盟的机构设置及职能，可参见欧盟官网 http://europa.eu/about-eu/institutions-bodies/。

政策。

欧洲议会(EP)的议员代表成员国人民,五年一次直选,作为主要立法机构,与欧盟理事会(Council of the EU)审议并通过欧洲法律,审查其他欧盟机构的工作,尤其是欧盟委员会的工作,以保证其工作代表民意。欧洲议会还与欧盟理事会共同讨论通过欧盟的预算。欧洲议会的议员人数根据人口数决定,每个国家不少于6人,不多于96人;议员总数(包含议长)不超过751人。议员群体不以国分,而以政治立场划分。欧洲议会的议员总体上代表民意,在维护欧洲语言文化多样性、保护小族语言方面起着重要作用。令人遗憾的是,欧洲议会所做的决议不一定能得到很好地贯彻。例如,关于欧盟语言政策及其实施的调查报告(MENON Network EEIG,2008:iv)显示,欧洲议会一直致力于将保护小族语言、维护语言多样性纳入正轨,自20世纪70年代以来做出一系列指示和决议,要求欧盟委员会采取行动提倡使用小族语言、审议所有歧视小族语言的欧盟(欧共体)立法和做法。这一切面临的主要问题是,欧洲议会的这些提议对成员国没有约束力。

欧洲理事会的性质完全不同于欧洲议会,成员由欧盟各国政府首脑和欧委会主席及主持会议的欧洲理事会主席构成。欧洲理事会一年举行四次会议,决定欧盟大方针政策,处理下级机构无法解决的复杂问题和敏感问题。在表决时,欧委会主席和欧洲理事会主席均无投票权。由于各国首脑代表各成员国的国家利益,即使付出高昂的翻译成本,多语制原则也必须得到充分体现。

欧盟还有另一个理事会,即欧盟理事会(Council of the European Union),成员并不固定,均为各欧盟成员国派出参加理事会会议的部长、大臣。如果会议涉及环保问题,各国一般派出环保部长参加,因而会议也相应称为环境理事会。除外长理事会由欧盟外长和安全高级代表担任长期主席外,其余欧盟理事会的主席均由欧盟轮值主席国的有关部长担任。欧盟理事会职权很大,与欧洲议会共同分担欧盟委员会所提欧盟新法律的最终决定权。欧盟理事会除审议通过欧盟法律外,还广泛协调欧盟成员国的经济政策、签署欧盟与其他国家间的协议、审批欧盟年度预算、制定欧盟外交政策和防务政策、协调成员国司法和执法合作等。这样的工作需要大量的口笔译员协助完成。

欧盟委员会(简称"欧委会")作为一个重要欧盟机构,代表整个欧盟的利益,负责新法律的起草、管理欧盟政策的执行和经费的使用。欧委会的28位专员由每一个成员国派出一位,是任期5年的欧委会政治领导集体。在获得欧洲议会批准的情况下,欧洲理事会任命欧委会主席,并与其共同任命专员。欧委会主席指派每一位专员的责权范围。欧委会必须对欧洲议会负责,后者有独立解散欧委会的权力。欧委会包含28位专员和数量庞大的职员,其日常运行由职员负责。欧委会职员由官员、律师、经济学家、翻译和秘书等构成,在各总司(Directorates-General)领导下完成工作。具体工作包括:向欧洲议会和欧洲理事会提交新拟定的法律、管理欧盟预算及经费划拨、(与欧洲法院共同)执行欧盟法律、代表欧盟与其他国家处理国际事务。欧委会设有负责教育、文化、多语及青年事务的专门机构。

总体而言,欧盟各机构自身的语言政策有其特殊性,不是每一个机构都适合采用同样的多语政策。多语政策在机构中的实施受多种因素影响,特别是政治因素和工作效率制约多语政策的具体执行。而对于不同机构而言,这些因素的权重有大小之分,机构似乎有自己的权重排序。

欧洲议会一直走在推行多语制的最前端,这是政治因素所致。代表欧盟公民利益的政治家必须以维护语言文化多样性为宗旨,议员使用什么样的语言有非常明显的象征意义。根据Gazzola(2006:396-398)的调查,欧洲议会、欧洲理事会、欧洲经济和社会委员会、欧洲地区委员会能较好地体现多语制原则,官方语言和工作语言数量一致。欧盟理事会(即部长级会议)也能做到官方语言和工作语言同等。

但是,欧盟委员会和欧盟审计院的工作语言为英语、法语和德语;欧洲央行偏用英语,欧洲法院使用法语。很显然,这些机构的多语制管理方式存在很大差异。工作语言的选择很大程度上取决于个人使用习惯和工作性质,英语、法语、德语只是机构内部最常用的语言,并不代表他们获得了"官方"工作语言地位。尤其需要注意的是,压缩工作语言数量的机构都是欧盟日常运行必不可少的常设机构,工作人员每天面临工作效率问题,集中使用少数几种(甚至一种)语言可以大大提高交际效率。有的学者(van Els,2005)①甚至认为欧

① van Els是荷兰人,属于小语种群体,Ammon则属于德语这一大语种群体。

盟机构应当进一步压缩工作语言数量,将英语作为唯一的工作语言。也有学者(如 Ammon,2006)提倡维持多种机构工作语言,建议根据欧盟范围内某语言的母语使用者和非母语使用者人数、语言在欧盟的国际地位这两个标准确立工作语言。根据这两条标准,欧盟机构的工作语言将有以下三类五种:英语,法语和德语,意大利语和西班牙语。Ammon 声称,这是作为学者站在客观中立的角度提出的建议,符合欧盟的整体利益。

五、机构语言政策差异探究

以上阐述表明,欧盟机构实施多语制存在很大差异是一个不容置疑的事实。欧洲议会、欧洲理事会、欧盟理事会等机构每年只召开几次会议,可以做到为每次会议提供充分的翻译服务,为政治目的付出高成本,情有可原。如果每天为欧盟委员会等机构提供同样的翻译服务,工作量之大超出想象,为日常工作付出高成本,将成为机构难以承受之重。例如欧洲议会 2002 年执行多语政策的成本高达 2.739 亿欧元(Gazzola,2006:412),而当时的官方语言数远低于现今的 24 种。Gazzola(2006:399)指出,同时使用不同语言从事日常工作(尤其是将文件翻译成不同官方语言)必然大大降低效率。欧盟的主要工作由国际官员(international officials)而不是由政治代表们完成。国际官员包括欧盟的专员群体、欧洲法院的法官,欧盟审计院及欧洲央行的官员,成员国的欧盟常驻代表,从事欧洲委员会前期准备工作的专家等。很显然,当突出各国政治利益时,尊重多语成为首选,以保证语言文化的平等和交际的准确性(而实际上翻译往往成为信息传递不准确之源)。当强调工作效率时,高效交际成为首选,压缩工作语言数量不可避免。

Crepaz(2009:14)指出,欧盟机构当前显而易见的不同内部语言政策是欧盟各项有关条款规定造成的结果。例如,欧洲议会在其程序规则的第 15 条指出,一切议会文件将采用所有官方语言起草,一切发言均需使用官方语言并同时翻译成其他官方语言(Wright,2000:163)。但是,机构内部的具体工作可能不会严格遵守这条规则,官方语言与工作语言也存在地位差异。欧盟理事会和欧盟委员会更不严格遵守多语制政策。用一门主要工作语言（如英语或法语）开会是他们的惯常做法，他们只在整个过程的某一时段才将文件翻译成所有官方语言。也就是说，政令制定过程中，只有绿皮书、白皮书和提交欧洲议会和欧盟理事会的终稿才会翻译成所有官方语言，在此之前一般有选择性地使用某一种语言。而成员国针对政策的反馈、关于政策的独立研究成果及公开发言、立法起草阶段、咨询委员会的讨论记录、欧盟委员会的答辩记录等，往往是谁负责此项工作就使用谁的语言，只在必要的时候才翻译成 1—3 种其他也在场使用的语言（Wright，2000：164）。在此，多语政策与个人语言能力及偏好形成了矛盾，欧盟层面的多语政策往往被个人解读为自己的语言权利自由。

虽然欧盟没有正式文件规定英语、法语和德语作为工作语言，但是这三种语言是日常使用最频繁的工作语言，已成为诸多机构内部实际上的通用语。这一结果与多年来机构内部的语言使用习惯和传统密不可分，也是这几个主要成员国斗争的结果。

欧洲经济共同体机构在早期充分利用机构自行决定语言使用的权利自由，将法语和德语作为日常工作的主要语言。虽然法语有更大的国际影响，法语和德语并列意在体现语言平等原则。随着欧盟逐渐扩大，官方语言数量不断增加，法语和德语一直维持其机构语言的地位，这种状况一直延续至英语国家的加入。1973 年，英国、爱尔兰和丹麦的加入使欧共体的官方语言增添了英语和丹麦语。英语的特殊国际影响奠定了其机构语言地位，成为欧盟机构工作语言之一。欧共体最终扩大为欧盟，语言问题更趋复杂。2004 年扩盟吸收中东欧 10 个国家加入欧盟，官方语言总数此时达到 23 种。拥有如此多官方语言的语言体制给机构的运行带来诸多不便。由于翻译工作耗时费力，简化翻译工作势在必行。这样的简化产生了令法语始料未及的后果：英语后来者居上，在欧盟的重要性逐渐增强。有人（Krizsan & Erkkilä，2014）调查了设在布鲁塞尔的欧盟委员会、欧洲理事会、欧洲议会公务员语言使用情况，发现 96. 7%的受访者在工作中使用英语，其中 80. 1%表示首选英语；83. 4%的受访者使用法语，其中 6. 1%表示首选法语，67. 1%将法语作为第二工作语言；25. 6%的受访者经常使用德语（其中 25. 5%的受访者母语为德语）。调查还发现,英语是非母语使用者最常用的中立语言。

英语、法语和德语能成为欧盟的工作语言有其历史渊源和必然性。首先,法国、德国、比利时、意大利、荷兰和卢森堡是1958年入盟的创始国,英国和爱尔兰是1973年第二批入盟国家。很显然,法语自欧共体开始就具有特殊的传统地位,一是法国曾为欧共体的主要倡导者,二是因为6个初创国有3个国家以法语为官方语言。其次,德语虽然使用不太频繁,但毕竟是欧洲本族语者最多的语言。德语的使用之所以受到冷落,是因为德语在二战后失去了国际地位和科技语言地位,而且以德语为官方语言的国家数也明显少于英语和法语。最后,随着更多国家的加盟,英语日渐得势,几乎成了欧洲通用语的地步。2004年及2007年扩盟使一些中东欧国家的专员和职员进入欧盟委员会,他们首选英语作为交际语,起草文件甚至只采用一种语言。虽然欧盟致力于推行多语制,提倡语言平等,但是机构内部交流往往为了加快工作进程而不顾欧盟语言政策。例如,总部设在德国法兰克福的欧洲央行只使用英语,这一做法不是政策决定的结果,而是人们形成的默契(Seidlhofer et al.,2006)。这种在德国使用英语的偏向说明了欧盟对待机构内部交流的态度和方法,也反映了主流语言的霸主地位。

英语、法语和德语三种语言的相对地位在过去几十年发生过变化,还将继续出现微妙的变化。有人(Crepaz,2009)介绍,20世纪90年代的有关研究表明,法语和英语在欧盟的使用呈上升趋势;由于地理位置和传统的影响,法语似乎是欧盟机构最受偏爱的工作语言,与外界交往中则使用英语;但是,英语在机构内部正逐渐侵蚀法语的地位。

欧盟机构的语言使用格局受地域及个人偏好因素的影响。比如,来自南欧国家的罗曼语系欧洲议会议员及欧盟官员倾向于使用法语,而来自中欧和北欧国家的日耳曼语系议员和官员则偏向英语。这一语言分歧不但和语言有关,而且和文化差异及工作方式有关。如今,随着英语取代法语成为教育系统的第二语言,南欧国家议员和官员甚至出现从法语转用英语的明显变化(Wright,2000:170)。这些变化对法国的语言政策产生了影响。法国语言政策在20世纪90年代做出了相应的调整,由过去试图将法语推广为欧盟通用语言的政策转变为多语政策,其真实目的是为了维护法语在欧盟的地位。但是，法国多语政策排斥地区语言，利用法语身份战略挑起的语言民族主义有可能使法语在欧洲和世界的地位雪上加霜（Oakes，2002）。

与法语相比，英语在欧盟（尤其在教育、科技领域）无处不在的客观现实巩固了其在机构交际中不断攀升的地位。例如，早在2001年欧盟的统计数据就已显示，欧盟国家的中学生有90%把英语作为第一外语来学习；2005年的统计数据更是如此。英语从小学开始就已经占有重要地位，是中学教育中占主导地位的外语，高等教育阶段甚至有些课程和学位教育完全采用英语授课（Seidlhofer et al.，2006）。而欧盟机构的许多雇员正是这种强调英语教育的制度培养出的人才。英语地位在欧盟的节节攀升既得益于自上而下的语言（教育）政策及实施，又得到民间欣赏流行音乐、舞蹈、体育等自下而上的语言生活的支持。

六、结语

本文探讨了作为欧盟多语制、语言文化多样性及语言平等原则涉及的立法和政治问题，分析了欧盟主要机构实施多语政策的具体差异及原因。多语制是欧盟保障语言文化平等的政策措施，是增强欧盟公民流动和经济竞争力的重要手段。经过多年的努力，欧盟公民多语人比例依然不高且分布不均。作为多语制示范场的欧盟机构出于不同原因无法真正实现语言平等和多语制。正如Krizsan和Erkkilä（2014）指出的那样，欧盟机构从未实现过语言平等，布鲁塞尔的语言环境越来越趋向单语化。政治考量、机构性质、地域及个人因素均对多语政策的实施产生制约作用。欧盟机构语言政策是否对欧盟成员国落实多语制带来不良影响，依然很难预料，虽然有的学者（如van Els，2005）认为不会产生负面影响。

欧盟的多语制政策并非提倡所有语言绝对平等。从机构语言使用状况看，欧盟境内的语言存在明显的等级差别，英语、法语和德语是欧盟机构最常用的语言，且英语已经占据统治地位；欧盟承认的其他官方语言无法在机构语言使用中与这三种语言匹敌；欧盟其他语言更无缘成为机构的常用工作语言。

Phillipson(2003)提出的那些问题(参见本文第二节)依然没有得到很好的解决。

参考文献

Ammon, U.Language Conflicts in the European Union: On Finding a Politically Acceptable and Practicable Solution for EU Institutions that Satisfies Diverging Interests.*International Journal of Applied Linguistics*, 2006, Vol.16, No.3.

Bourdieu, Pierre.*Language and Symbolic Power*.Cambridge: Polity Press, 1991.

Craith, M.*Europe and the Politics of Language: Citizens, Migrants and Outsiders*. New York: Palgrave Macmillan, 2006.

Crepaz, K.The EU Language Policies: Between Multilingualism, Minority Language Protection, and English as the New Lingua Franca.Diplomstudium(Mag.Phil.)der Politikwissenschaft, Universität Innsbruck, 2009.

Gazzola, M. Managing Multilingualism in the European Union: Language Policy Evaluation for the European Parliament.*Language Policy*, 2006, Vol.5.

Krizsan, Attila & Tero Erkkilä.Multilingualism among Brussels-based Civil Servants and Lobbyists: Perceptions and Practices.*Language Policy*, 2014, Vol.13.

Locatelli, S.Balancing Diversity and Efficiency in the EU's Language Regime: *E Pluribus Tres* for the EU Patent? Documenti IAI 1015.Paper prepared for the Istituto Affari Internazionali(IAI), August 2010.

MENON Network EEIG.*Multilingualism: Between Policy Objectives and Implementation*. Policy Department B: Structural and Cohesion Policies European Parliament, B-1047 Brussels, 2008.

Oakes, L.Multilingualism in Europe: An Effective French Identity Strategy? *Journal of Multilingual and Multicultural Development*, 2002, Vol.23, No.5.

Phillipson, R.*English-Only Europe? Challenging Language Policy*.London & New York: Routledge, 2003.

Seidlhofer, B, A.Breiteneder, & Marie-Luise Pitzl.English as a lingua franca in Europe: *Challenges* for applied linguistics. *Annual Review of Applied Linguistics*, 2006, Vol.26.

Timmerman, V.What language(s)for the European Union? *Synthesis*, Nortre Europe-Jaques Delors Institute, 23 September 2014.

van Els, T. Multilingualism in the European Union. *International Journal of Applied Linguistics*, 2005, Vol.15, No.3.

Wright, S. *Community and Communication: The Role of Language in Nation State Building and European Integration*. Clevedon: Multilingual Matters, 2000.

（本文原载《语言政策与规划研究》2017 年第 1 期。）

语言与国家安全:以苏联语言政策为例

一、引言

语言涉及国家安全问题,近些年引起了国内学界的关注。有关研究主要围绕语言政策、国家语言能力对国家潜在安全的影响。例如,戴曼纯(2011)分析了语言规划的安全价值,从国家安全角度论述提高国家语言能力的理据并提出建议。王建勤(2011)以语言问题安全化为切入点,阐述了美国关键语言政策对我国军事利益、经济利益和意识形态带来的威胁,探讨我国外语能力不足可能造成的潜在威胁,并就此提出了语言规划对策。黄德宽(2014)探讨了国家安全语言战略、国家语言能力、母语和外语教育以及民族语文教育等对国家安全的影响,从维护国家安全的角度指出了我国语言文字工作当前存在的问题,对全球化、信息化背景下加强我国语言文字工作提出了诸多建议。这些研究主要揭示国家安全受到外部因素或语言能力缺乏这一内部因素的制约或威胁,没有以具体事例论述语言规划不当可能带来的国家安全问题。

语言在多民族、多语言、多文化国家属于涉及民族团结、政治稳定和国家安全的重要问题。语言常被带有分裂倾向和意识的民族主义分子利用,成为分裂型民族主义的发酵剂,例如,苏联解体前许多加盟共和国抢占先机,首先通过语言立法确立国语,掀开解体大戏的帷幕。语言与国家安全的现实例证不胜枚举,应当引起我们的重视。

本文以苏联不同阶段反复善变的语言政策和规划为例,论述语言政策及规划与国家安全的关系。文章首先介绍苏联语言政策的任务及实施成效,然后阐述语言政策变迁及其动因,揭示苏联语言政策在民族整合过程中的得失,寻找可资借鉴的启示。

二、语言的政治价值

语言具有政治价值,是民族整合、提高全民素质、促进经济和社会发展等国家建设工具。国家建设是一个形成认同的过程,其中包括通过语言和教育政策来培养教育公民(Robinson,2012),语言在国家建设中占有重要的位置。但是,如果语言的政治价值被放大或夸大,就有可能出现或带来严重的后果。

语言在苏联乃至解体后的许多独立国家承载了极重的政治负荷。以苏联时期的立陶宛为例,语言意识形态一直服务于政治意识形态,政府用语言政策动员各阶级和民族从事国家建设。语言在苏联承载政治价值观和道德价值观,用于社会关系和语言关系的再生产,创造社会主义新文化和新的劳动阶级。例如,20 世纪 60 年代的语言政策旨在调节国家和公民之间的社会关系和语言关系。70 年代语言政策转向调节公民之间的社会、语言关系。80 年代,立陶宛开始重新评价日常语言,老百姓的语言获得至高无上的地位,政治关系出现了深刻的变化。然而,苏联时期赋予语言的政治价值并不稳定,宽松或严苛语言政策交替反复,造成思想混乱,甚至滋生分裂型民族主义思想。

语言是民族主义运动最有效的政治工具。语言民族主义有两大类别,功能不一。整合型语言民族主义以统一民族语言为手段谋求民族解放或超民族共同体的建立;而分裂型语言民族主义在多语言多民族国家带来政治危害,个别族群以语言为借口发动民族运动,谋求自治或独立(戴曼纯、朱宁燕,2011:118)。分裂型语言民族主义是苏联解体的思想准备。

有学者指出,苏联解体是民族主义和民族自我意识觉醒的结果(Khilkhanova & Khilkhanov,2004)。由于语言在滋生民族主义思想、促使民族自我意识觉醒方面扮演了极为重要的角色,语言政策往往是探讨苏联演变、苏维埃思想与社会实践之间关系的重要内容之一(Safran,1992)。因此,研究苏联语言政策及其对民族关系与社会政治的影响有着非常重要的意义。

三、语言政策和规划的任务与成效

语言政策和规划是政府、机构、家庭或个人改变语言行为的所作所为，带有语言目标、政治目标和社会目标（戴曼纯，2014）。在这一社会文化过程中，社会发展对语言的要求起着极其重要的作用。政府根据专家学者关于语言的研究，研制适应时代变化和社会发展的语言政策和规划方案。建国后的苏联经历巨大的社会变革，语言、民族、国家、人民等形成新的关系。国家试图通过自上而下的方式调节这些关系，力图使其为建设新社会发挥出最大的积极作用。

关于苏联语言政策的早期研究往往缺少实证数据和档案材料，一般倚重本身存在问题的普查数据。苏联解体后，不少历史档案和数据解密，学者们充分利用这些材料解读其语言政策及规划实践，证实了前期研究所得结论，即1917年建国以后实施语言政策的目标均围绕小族语言本土化（nativization）和语言自主权（linguistic autonomy）两大问题，俄语则作为通用语在中央政府和军队中广为使用。为了创造新的国家形象、建设新国家，布尔什维克需要将自己的思想快速传播给使用着百余种不同语言、有着不同文化和生活方式的人民（Pavlenko，2006）。建国之初，9—49岁的人口中七成以上是文盲，个别地方几乎全部人口目不识丁（Grenoble，2003）。因此，苏联早期语言政策的近期目标旨在为半文盲、多方言、多语言的苏维埃社会提供一个可靠的交流手段，提高革命思想的传播速度，为将来建设以俄语为唯一国语的社会主义打好基础（Chown，2010）。早期发展民族语言与后来主推俄语的政策迥异，但是政治目标相同。早期的小族语言本土化掩盖了背后的俄罗斯化这一政治主题。当主推俄语成为显性目标时，冲突不可避免。

20世纪20年代的苏联语言政策出于政治需要而支持、发展民族语言，因为使用各自熟练的语言有利于充分理解和接受新生政权的各项法令和政策，便于沟通交流。支持和发展小族语言工作主要通过语言工作者进行文字改革，实施语言标准化，翻译世界文学作品，提高民众读写能力，以保证地方政府、法院、学校能使用地方语言(Pavlenko,2006)。苏联此时的语言选择、是否维护或阻碍小族语言发展,实质上超越了政治整合(political integration),涉及民族文化的合法性和政治制度存亡的意识形态问题;此阶段影响苏联语言政策的因素不是担心政治主权,而是对意识形态缺乏安全感(Safran,1992)。就新政权建立统一国家形象这一政治目标而言,少数民族语言的本土化与语言自主权似乎与他们后来不得不接受俄罗斯化的语言社会实践产生了矛盾。

苏联的语言政策经历过巨大的变化,20 世纪 20 年代实行多元政策,30 年代转向同化和俄罗斯化(Pavlenko,2006)。这种富含政治目标和任务的语言政策既有瞩目的成绩,也有由于操之过急而给社会政治带来的负面影响,致使不利于团结的民族主义借势抬头。

苏联语言政策及规划成绩主要表现在扫除文盲方面。识字运动取得了令人瞩目的成绩。1897 年沙皇时期仅有 24% 的人识字,1939 年大幅上升至 81.2%,其中农村地区的识字率升幅更大(Grenoble,2003:46)。与扫盲成绩相比,语言政策对于整合民族、培养苏维埃国族所起的作用则不如人意,可以说语言政策没有达到整合民族的目的,更不用说培养团结一致的苏维埃人民。

从语言政策与民族团结历史角度看,列宁时期相对宽松的多元化语言政策(各民族语言文化得到生存和发展空间,民族语言文字改革为语言发展提供了条件)转变为斯大林时期相对严苛的政策(在大力推广俄语的环境下,部分民族语言受到压制),再到后斯大林时期的单边双语制(即少数民族除学习本族语言外还需掌握俄语,而俄族无须学习少数民族语言),最终演变成 20 世纪 80 年代末与 90 年代初十几个加盟共和国(如爱沙尼亚、立陶宛、拉脱维亚、塔吉克、摩尔达维亚、哈萨克、吉尔吉斯、乌兹别克、乌克兰、白俄罗斯、土库曼、俄罗斯等)在中央政府尚未正式颁布语言法的情况下竞相为各自共和国进行语言立法。

虽然 1991 年 10 月中央政府也颁布了语言法,提出保障各民族使用本族语言的权利,但是没有首先掌握话题权,“各加盟共和国的语言法已经先入为主,中央政府制定颁布的语言法根本没有产生什么大的影响。从政治意义上讲,各加盟共和国的语言立法是苏联民族分离运动中的一个重要环节,它为之后展开的共和国主权运动做了很好的铺垫”(周庆生,2011:91)。这种铺垫早已有之，苏联的小族语言复兴与始于20世纪60年代的全球性民族复兴运动有着密切的关系（Khilkhanova & Khilkhanov，2004），语言成为民族主义者确立民族身份和地位的政治手段，给苏联的民族整合带来极大的困难，致使数十年的努力也未能使各族人民形成真正意义上的国族身份。

四、语言政策的变迁及其动因

列宁在苏维埃国家建立之前就论述了自己的民族政策，强调民族绝对平等，包括语言自由和平等；他在多次论述中指出，虽然民族主义和马克思主义不可调和，但是苏联各民族拥有自决权，政府必须极其谨慎地处理民族问题。1917年11月的《俄国各族人民权利宣言》正式颁布了各族人民享有平等权利的政策，赋予人民自决权（Grenoble，2003：36）。从历史和宪法的角度看，苏维埃新社会政策曾以各民族和语言平等为宗旨，充分体现列宁的民族及语言政策。就民族关系而言，最明显的一点就是语言平等。首先，新建立的苏维埃国家不规定官方语言，宪法没有规定俄语为官方语言或官方语言之一，各加盟共和国也没有规定官方语言；其次，每个人都有权利在私人和公共领域使用自己的语言，如会议发言、通讯、法庭呈堂证供；最后，每个人都有权利接受母语文化教育。由于这一政策过于理想化，在实际实施过程中遇到许多困难，致使在某些情况下不得不部分放弃这一目标（Comrie，1981）。下面分四节就苏联语言政策变迁及其动因进行解读。

（一）初期文字改革及拉丁化尝试

苏联疆域广袤，语言众多，民族差异大，同一语言政策很难符合所有人的要求，或取悦所有人，所以初期语言政策有一定的普适性和宽容度，大族语言和绝大多数小族语言均经历了文字改革。例如，1918年俄语书写稍作简化，清除某些不反映发音差异的拼写成分。又如，建国初期中亚地区突厥语言主要使用阿拉伯字母。由于阿拉伯字母不能适应突厥语言和东北高加索语言的发音差异，语言机构试图设计出简化的阿拉伯文字。但是，简化的阿拉伯字母很快被放弃,有关机构决定为苏联所有语言(除已具备有效书写手段的东斯拉夫语言、亚美尼亚语、格鲁吉亚语及其他少数语言外)引入拉丁字母,理由是此举不会造成语言、文化及宗教上俄罗斯化的印象。因此,选择拉丁字母是无法选择阿拉伯字母或西里尔字母而妥协的结果。期间也曾有过关于用拉丁字母代替俄语西里尔字母的讨论,但是没有拿出任何具体方案(Comrie,1981)。1926 年在阿塞拜疆巴库举行的第一届突厥语言学大会(the First Turcological Congress)宣布所有突厥语言使用拉丁字母,1928 年至 1929 年间,伊斯兰民族的语言完成拉丁化。至 30 年代初期,拉丁化几乎涉及苏联境内的所有语言,使用阿拉伯文字者被视为反动的阶级敌人(Grenoble,2003:49)。此时语言政策放大了语言的政治功能。

书写字母拉丁化并不是一个平顺的过程。十月革命胜利后,关于是否保留、修订阿拉伯文字,或实行拉丁化,曾有过相当大的争议。例如,穆斯林教士和地方知识分子要求保留阿拉伯文字,认为西里尔字母使人联想到沙皇俄罗斯化政策和皈依基督教,因此不能用西里尔字母作为突厥语言的书写系统;地方新闻出版也经常强调俄文字母有俄罗斯化的联想,而拉丁字母无此感情色彩。也有人围绕阿拉伯字母是否适合突厥语展开争论,指出其缺少足够的辅音符号。还有人以语言国际化为由推崇拉丁字母,认为拉丁字母方便俄族和其他民族学习突厥语,这样有助于增进各民族间的相互理解。历时八天的第一届突厥语言学大会还专门就保留阿拉伯文字的好处与改用拉丁字母的益处及成本展开辩论,最后拉丁化支持者获胜,苏联正式宣布实施突厥语言书写系统拉丁化政策(Sebba,2006)。选择拉丁化的理由除官方宣称满足人民意愿之外,还包括以下几条:1. 俄语是沙皇压迫阶级的语言,有必要消除这种压迫感,从阿拉伯字母直接转向西里尔字母可能被解读为赤裸裸的俄罗斯化;2. 拉丁字母的实际用途和教学价值优于西里尔字母;3. 学者马尔(Marr)认为社会主义发展与采用拉丁字母有关系;4. 拉丁字母便于国际交流(Grenoble,2003:50)。很显然,从今天的角度看,有的理由比较牵强或是臆想出来的说辞。

半数以上的苏联语言受过拉丁化的直接影响,但也有许多小族语言的书写系统无疾而终,有的甚至从未付诸实践。由于有的小族语言使用群体小,语言失去社会功能,使用者逐渐融入俄语群体。虽然苏联语言教育的基本特点是父母有权为子女选择学习的语言,但是推行双语制产生的结果是,非俄族双语者比例(42.6%)远高于俄族双语者(3.1%)(Comrie,1981)。虽然拉丁化统一了不少语言(如突厥语言)的文字,便于交流,以便形成团结意识,但是,理想目标与语言生活实践及政治目标存在相当大的距离。实施语言绝对平等的政策很难克服多语社会语言复杂性问题,不利于提高交际效率。

(二)拉丁化的终结与西里尔化的缘起

由于语言政策受政治因素的影响,特别是政府担心鼓励语言平等和民族自决有可能给语言带来毁灭性影响,滋生资产阶级民族主义思想,因此,20世纪30年代初期,苏联政府宣布拉丁字母是反无产阶级的书写系统,废除拉丁字母,改用西里尔字母(Ornstein,1959:2-3)。推行西里尔字母和当年推行拉丁化的理由异曲同工,语言文字改革以政治为导向。俄罗斯化再一次成为语言政策的主旋律。从国内语言生活及社会政治角度看,为了便于民族交流,苏联人民需要一种通用语。在各民族语言中,俄语占有明显的优势,文学著作丰富,科技文化词汇健全,影响面大。因此,培养人民掌握好俄语成为苏联的主要教育目标之一;对个人而言,掌握俄语是走向成功的钥匙。俄语影响之大,致使苏联境内绝大多数语言(除波罗的海三个共和国的语言外)转向使用西里尔字母(Comrie,1981)。这一政策导向早在20世纪20年代后期就已露出端倪,苏联将俄罗斯语言及文化作为创建苏维埃社会的最佳手段来推广。民族语言本土化不再视为最终目标,政府大幅缩减这方面工作,并最终彻底放弃本土化。这样的政策转向与苏联国内的政治形势变化密切相关。随着30年代初期斯大林巩固了自己的权力地位,国家政策发生了根本性变化,由关注民族自治转向政府及经济方面的中央集权(Grenoble,2003:44-45)。语言政策转变还与国外的语言规划形势有关,有着文化渊源的土耳其与中亚地区加盟共和国同时实施拉丁化,引起了莫斯科的警觉。语言政策的转变与土耳其成功实现拉丁化有一定的关系,因为在20世纪30年代初土耳其成功推行拉丁化后,苏联就正式决定境内突厥语采用西里尔字母。

国内外的政治因素致使拉丁化刚刚结束,随即推行字母西里尔化政策。

西里尔化速度之快令人吃惊,从1935—1936年少数语言试行,到1937年全面推广,截至1940年,苏联境内几乎所有语言(亚美尼亚语、格鲁吉亚语、卡累利亚语、意第绪语等除外,波罗的海国家此前尚未成为苏联一部分)全部使用西里尔字母,统一各民族的政治意图十分明显(Grenoble,2003)。

西里尔化的目标和理念、群众的参与程度与拉丁化不同。拉丁化旨在统一突厥语书写系统,而西里尔化意在帮助中亚人民学习俄语、接受俄罗斯文化;拉丁化使用了统一的字母表,突厥语的西里尔字母表却不十分统一;西里尔化使中亚地区的不同方言变成了不同语言;虽然拉丁化备受争议,不无问题,但地方知识分子和民众自愿参与其中,而西里尔化几乎总被人形容为一种强加的政策(Sebba,2006:103-104)。

废除拉丁化、改用西里尔字母带来了一定的语言和政治影响。从语言发展角度看,采用西里尔字母的突厥语言更便于吸收俄语词汇,况且政府有规定要求小族语言中的俄语借词必须保留俄语原文拼写。其结果是大量俄语词汇涌入突厥语言。这种语言接触结果与俄语的发展及强势地位有相当大的关系。从政治角度看,涉及拉丁化和西里尔化的语言政策无不反映支持者与反对者的民族意识及民族团结意识、文化意识和政治理念。使用拉丁字母的突厥语言便于境内外相同民族的沟通而不利于国内的跨民族文化交际,与之相反的是,使用西里尔字母便于国内的语言接触和跨民族文化交际,而跨境民族的语言交流面临文字障碍。可以说,每一次正字法之争都无法绕开跨文化交际、文化传承和民族团结问题。

(三) 俄语地位提升与俄罗斯化

在推行拉丁化或西里尔化政策期间,过去被认为折射沙俄沙文主义的俄语不再被人为地赋予负面的政治文化色彩,俄语重获强势地位。俄语地位的提升得益于多种契机。首先,小族本土语言的发展受诸多因素制约,如语言规划任务繁重,人力财力有限(Grenoble,2003),致使不少小族语言的规划无法有效实施(关于这一点下文有详细讨论)。其次,俄语在政治、经济、文化、教育领域显示出明显的优势,奠定了其作为族际交际语的地位。再次,二战使俄语成了神圣的话题,俄罗斯人民被描写为培养爱国主义和民族自豪感、热爱祖国、忠于共产主义理想的群众基础。最后，也许是最重要的原因：斯大林在其著名的《马克思主义和语言学问题》（1950年）中确立了新的标准，以自己儿时习得格鲁吉亚语、长大后习得俄语为例，提出非俄语公民应当努力学习俄语和地方语言，成为双语者（Pavlenko，2006：82）。政治领袖的意志在很大程度上左右了苏联的语言政策，特别是推广俄语的政策。

虽然斯大林重视民族语言，但是更强调俄语对丰富少数民族语言的作用，这种观点事实上将俄语置于更高的地位。斯大林否定了左右苏联数十年语言规划的马尔学说[①]，将以往语言学及语言教学中出现的问题归咎为马尔学说带来的不良后果，斯大林坚持俄语丰富少数民族语言是一个自然过程，因而为继续推行俄罗斯化确定了理论依据（Ornstein，1959：4）。尤其是1934年初，斯大林在苏共十七次全国代表大会上宣布，非俄罗斯民族主义比大俄罗斯沙文主义构成的威胁更大。其结果是，少数民族语言的生存空间被压缩，俄语推广力度增强，例如截至1937年，俄罗斯共和国的乌克兰语学校被关闭，从1938年开始苏联所有共和国极其重视俄语学习。这一俄罗斯化进程在二战后得到进一步加强。斯大林的继任者赫鲁晓夫上台后，也极力推行俄罗斯化（仅在1956年短暂出现过自由政策，1958年开始继续推广俄语），大量增设俄文学校，尽管这种明显的俄罗斯化遭到阿塞拜疆、拉脱维亚、爱沙尼亚等加盟共和国的强烈抵制（Bilinsky，1968）。

有学者指出，虽然确定俄语在教育和社会中的政治作用并将其制度化（例如要求博士论文用俄语写作）主要在赫鲁晓夫和勃列日涅夫执政期间完成，但是推广俄语的思想和政策早已有之（Vardys，1982）。

推广俄语的意图早在民族语言本土化阶段就已显现出来。俄罗斯、阿塞拜疆、乌兹别克的有关档案材料显示，苏联的语言政策一直有两大使命：本土化与俄罗斯化，即使在多元化政策占主流的时期，一元集中趋势也很明显，所

① 马尔系20世纪前期苏联语言学领导者，1934年离世。他提出了大量未经检验的武断理论，例如他把语言分为四类，即四个发展层级，有的语言（如少数民族语言）处于发展的低层次，而俄语处于发展的最高阶段，有发展为世界语言的前景。马尔视语言为马克思主义上层建筑的要素，因此，创造一个社会主义世界经济必然产生出一门世界语言（参见 Elliot Goodman. The Soviet Design for a World Language. *Russian Review*，1956，Vol 15，No.2，pp.85-99.）。

以在20世纪20年代民族语言本土化过程中,有关部门越来越关注(非俄罗斯族)俄语水平低下问题,出现了推广俄语、改进俄语教学的大运动(Pavlenko,2006)。Grenoble(2003)指出,苏联试图在包容政策下将少数民族语言俄语化,政府一方面鼓励教育界、出版界和新闻媒体使用少数民族语言,另一方面直接推行俄语正字法和拼写方案,努力向本土语言渗透大量俄语词汇、搭配和语法结构。尤其是到了20世纪30年代,斯大林看待民族和语言的方式发生了变化,1934年初他在苏共第十七次代表大会上的发言终结了本土化运动(Grenoble,2003:54)。

Pavlenko(2006:81-82)认为,俄语的推广传播受益于小族语言拉丁化遭遇的种种困难。草率的标准化和语言改革带来了混乱,因此,政府机构开始考虑将俄语作为巩固政权、工业化、集体化所需的语言。由于担心民族资产阶级的态度,20世纪30年代语言规划重心发生了转变。语言宣传开始赞美俄语的伟大力量,暗示其他语言不够标准。接下来的俄罗斯化主要表现在以下几个方面:1. 1935年正字法要求所有使用拉丁字母的苏维埃语言改用西里尔字母(由于刚刚引入拉丁字母,语言生活所受影响不大),这一点标志着语言态度的重大转变,改用西里尔字母实际上促进了俄语学习;2. 地方语言的标准化以俄语语法为基础,俄语词汇作为地方语言新词的唯一或主要来源,使大量俄语词汇涌入地方语言,尤其是政治、经济和科技词汇;3. 最为重要的是,所有过去可以使用地方语言的领域必须使用俄语。教育部门推行明显的俄罗斯化政策,例如,1938年颁布的法令要求所有加盟共和国学校必须开设俄语,并颁布统一的标准和大纲,增加了俄语课时,优先出版俄语教材、培训师资。如此一来,俄语成为事实上的官方语言,成了苏维埃公民的必备条件。

当然,语言推广不是一朝一夕就能完成的,俄语渗透和推广初期也面临过不少困难。例如,语言教学标准难以贯彻,教育部报告显示俄语在非俄文学校的教学状况令人堪忧,教材不符合要求,教师俄语水平低下(Smith,1998:166)。政府开始采取另一俄罗斯化策略,即:将俄语使用者不断移民至非俄语区,扩大俄语辐射范围,如二战后大量俄族移民涌入波罗的海三个加盟共和国(Pavlenko,2006)。移民虽然改变了这些地区的人口结构,推广了俄语,使其成为占主导地位的官方语言,压缩了小族语言生存空间(戴曼纯、刘润清,

2010)，但也没有达到民族整合目的，例如波罗的海国家的分裂型民族主义思想不断发酵，最终立陶宛于 1990 年 3 月 11 日率先宣布独立，拉脱维亚和爱沙尼亚随后跟进，属于最早脱离苏联的加盟共和国。

俄罗斯化的语言政策在很大程度上受历史因素的影响，俄罗斯化并非是到苏联时期才出现的新鲜事物。Safran(1992)指出，沙皇时期的俄语是帝国维系其政治体制的工具，语言用以维护其三大政治利益：独裁统治、东正教思想及俄罗斯民族主义，所以沙皇帝国压制波兰、拉脱维亚、犹太及其他少数民族的语言和文化。布尔什维克推翻沙俄后，试图通过联邦制使边缘化的少数民族及偏远地区团结在新政权周围，因此，在不违背推行社会主义制度的情况下，需要维护非俄罗斯地区的语言文化利益，保留其特色。这一策略(而不是原则)偏离了正统的马克思主义思想(即民族意识是妨碍阶级斗争的错误思想)，随着社会主义在全球范围的最终胜利，民族差异、民族界限不再有任何意义。但是，由于世界革命没有实现，俄罗斯显然在新的政治体制中占有统治地位，所以列宁的少数民族文化理论(即民族的“形”，社会主义的“魂”)在实际运用中出现了问题，导致出现前后自相矛盾的政策。民族语言政策大致分为三个不同阶段：1. 多元化阶段(20 世纪 20 年代维护少数民族语言文化的本土化)；2. 双语制阶段(20 世纪 30 年代开始要求强制学习俄语，此时仍有一定程度的多元化做法，例如父母可以选择送子女上俄文学校还是民族语言学校)；3. 单语制阶段(社会主义发展至更高级阶段出现一种超越现有任何一种语言、融合不同语言、结构上和形态上接近俄语的苏维埃新语言，即列宁的语言、十月革命的语言。)(Safran，1992：402-403)。但是第三阶段的目标并没有真正实现。

(推崇俄语的)第三阶段的目标在不同时期政治领袖的思想中均有明确的表述。例如，斯大林关于《民族问题与列宁主义》的论述将民族定义为历史形成的、稳定的人民社团，拥有共同的语言、共同的领土、共同的经济生活及共同的民族文化心理(Stalin，1954)。苏联试图将不同民族融合为一个新的民族(即苏维埃人民)无法绕开语言统一问题。通过语言统一达到民族融合的政治目标历经数十年也没有变化。1979 年全苏联科学理论大会在乌兹别克召开，勃列日涅夫没有出席会议，但他在致辞信中指出，“在发达的社会主义状态下，国家经济发展成一个经济综合体，国家出现新的历史实体——苏维埃人民,俄语将客观地发展为共产主义建设中培养新人的族际交流语言。全体苏维埃人民自愿接受俄语这一共同历史遗产,流利地掌握俄语,加上自己的母语,将有助于进一步加强苏维埃人民的政治、经济和思想团结”(Bilinsky,1981:317-318)。

虽然全国范围内的单语制没有最终成为现实,但是语言政策上的变迁充分体现了这一政治目标,产生了深远影响。有些地方民众对其民族语言持否定态度,认同俄语的优越地位。例如,塔塔尔斯坦境内的非塔塔尔族师生对强制学习塔塔尔语持不满和否定态度,认为在当前俄语当道的塔塔尔斯坦,塔塔尔语课不重要,课时太多,合格教师太少,有的教师甚至认为影响了其他课程的学习(Veinguer & Davis,2007)。

由宽松多元化转向引导一元化的语言政策变迁除了产生有利于推广俄语为族际交际语的作用外,还为地方民族语言的反弹埋下了伏笔。非俄语地区相继出现回归拉丁化现象。书写系统的反反复复与其说是语言政策善变不如说是以语言为借口的政治博弈。

(四)拉丁化的回归与西里尔字母的坚守

不同时期语言政策推行的拉丁化与西里尔化给苏联不少民族地区带来很大的政治影响,俄罗斯化在对民族融合、国族建设产生积极影响的同时也产生了一定的负面作用,尤其是地方民族主义势力通过语言为民族分裂做准备。尤为突出的是,十月革命前没有语言界限的中亚民族地区如今出现了严重的民族主义意识,许多人用语言划分民族界限(Sebba,2006:104)。回归拉丁化正是民族主义倾向在语言政策方面的具体表现。

自20世纪50年代以来,苏联出现过数次西里尔字母改革及其相关讨论,西里尔书写系统在中亚地区延续数十载,直至苏联后期。此时的中亚突厥语地区决意回归拉丁字母,显示出使用突厥语的民族与突厥世界沟通的意愿,而西里尔化与苏联或俄罗斯联邦的完整与统一密切相连。回归拉丁化可能割裂后代与历史的关系,影响民族统一。例如,如果塔塔尔斯坦自治共和国的二百万人使用拉丁字母,而生活在俄联邦其余地区不受塔塔尔斯坦语言政策影响的四百万塔塔尔族人民不使用拉丁字母,同一民族将失去文字的统一性

(Sebba,2006:104)。

20世纪80年代后期与90年代初,中亚大多数使用突厥语的共和国成立了文字委员会,建议回归拉丁化。新的语言法重新界定地方语言与俄语的关系,制定了引入拉丁字母的时间表,然而,实践证明10年改变文字的目标并不现实。苏联其他地区也出现回归拉丁字母的趋势,例如,1989年东南欧北部的摩尔多瓦也正式将书写系统从西里尔字母改回拉丁字母,使摩尔多瓦书面语与罗马尼亚书面语完全相同(两个名称,实为一种语言)。但是,新的拉丁化运动没有过去表面上的统一,也没有新的统一标准,例如乌兹别克斯坦、卡拉卡尔帕克斯坦(现为乌兹别克斯坦行政管辖的自治共和国)、土库曼斯坦、哈萨克斯坦引入不同版本的拉丁字母,不但参照了突厥语言基本字母,还参考了与突厥语言字母完全不同的字母表(Sebba,2006)。各语言采用并不统一的拉丁字母表,因此,所谓统一突厥语言书写系统是为了便于交流只不过是一个借口而已,回归拉丁化实质上是这些地区在语言上去俄罗斯化的表现,是民族分裂的探路石。

在回归拉丁化的语言政治环境下,当今的俄联邦要求统一使用西里尔字母的政策引起了很大争议。21世纪初,俄罗斯杜马批准的语言法要求俄罗斯境内的所有语言必须采用西里尔字母,俄罗斯电视台报道称杜马议员认为统一文字能加强国家团结。莫斯科政府及其支持者认为塔塔尔语拉丁化对俄罗斯国家安全及完整构成威胁。反对者批评政府虚构国家安全受到威胁转移视线,压制民族语言和民族认同,破坏统一,声称即使沙皇,甚至伊凡雷帝也不曾侵害过人民的书写系统。俄联邦坚守西里尔字母的法律在不少地区引起轩然大波,甚至激起人们的愤怒,尤其是自治共和国塔塔尔斯坦,因为正是塔塔尔斯坦放弃西里尔字母、改用拉丁字母才导致了俄联邦新语言法的出台。正字法明显带有象征意义,正字法之争实为国族身份、地区身份和民族身份之争(Sebba,2006)。例如,1991年10月独立的阿塞拜疆通过立法确定了阿塞拜疆语的国语地位,恢复使用以拉丁字母为基础的阿塞拜疆语字母表,在教育、新闻媒体、政府公文、公共标示全面展开。新的法律要求更改地名、单位名、商标名等,原来受俄罗斯化影响的人名姓氏恢复为突厥语言特色的名字(Garibova & Asgarova,2009)。毫无疑问,已经独立的前加盟共和国在去俄罗斯化的过程中不可能再接受俄罗斯坚守西里尔字母的政策,俄罗斯和邻国的跨境语言将出现使用不同书写系统的现象。语言依然被当作政治工具加以利用。

五、结语

苏联语言政策历经变化,承载了不同的政治意图,实施效果既有正面的也有负面的。变化的政策也不乏一致的理念和主题。例如,语言和民族联系在一起,语言被看作民族属性的重要标准,语言认同等同于民族认同。官方承认一门语言就等于承认一个不同民族的存在,且承认其有自己的书写方式。其结果是苏联境内创造出(过去没有的)几十种书面语言,但是大多数形同虚设,没有真正成为鲜活语言文化的一部分,其用途无非是用于翻译苏维埃/俄罗斯政治文件,翻译俄语及其他语言的文学作品(Grenoble,2003:45)。苏联语言政策最大的成绩是提高了全民识字水平。最大的负面影响是,不同时期的语言政策充满着矛盾冲突,造成思想混乱,给分裂型民族主义创造了机会,危害了国家安全。

语言政策对民族整合有着重要的引导作用。语言教育和语言接触在不同地区对不同民族和社会阶层产生效果迥异的影响。Safran 在讨论苏联、法国和以色列语言政策的共同特点和问题时指出:1. 出于政治交流和追求上进的利益目标,小族语言精英阶层过快地用大族语言取代小族语言;2. 少数民族认可自己语言地位低下、质量较差的观点;3. 大族语言和小族语言分担不同的交际功能,小族语言仅限于特殊的、亚文化功能;4. 小族语言价值观和导向作用被抛弃(Safran,1992:407)。时至 1985 年戈尔巴乔夫执政期间,苏联的语言状况与列宁时期已大不相同,年轻一代均接受过一定的俄语教育,双语使用者比例非常高。虽然不少人发生了语言转用(language shift),但也有地方依然惧怕俄罗斯化。语言及民族政策在 1989 年之前虽然没有发生本质变化,但是中央政府不再重视这些问题,而此时不少加盟共和国正酝酿着改变,打破全国统一的语言政策(Grenoble,2003:63),表现出分裂先兆。遗憾的是,中央政府在关注政治、经济、社会其他重要问题时没有意识到语言政策问题的严重性,更没有抢占先机,采取制约措施。

诚然,语言与政治忠诚没有必然关系,说同一语言却分属不同国家者有之,使用数十种语言乃至数百种语言的统一国家有之。从苏联的角度看,说俄语不等于忠于苏维埃,因为乌克兰南部许多操俄语者投票赞成乌克兰独立。少数民族放弃自己的语言,转而接受大族语言也不能保证他们在政治团体中被完全接受。成功推行与国家建设思想密切相连的主流语言也不能保证这一思想能得到坚持。语言政策可以形式多样,因地制宜,因时制宜。如果主流语言渗透至私人领域,小族语言使用者将不得不适应主流语言文化。这种适应往往令人不安,带来政治怨恨(Safran,1992:408-410),甚至引发冲突。中央政府必须重视语言与国家安全的关系,把语言问题当作社会政治的风向标,洞察出分裂型语言民族主义倾向,引导民族情绪朝积极的方向发展。

因为语言可以赋予政治、文化和身份价值,成为民族或社会阶层的身份象征,语言分界容易成为群体冲突的常见要素。当民族语言群体与民族文化群体一致时,现代思想和民族主义一般根据语言来解读文化,所以俄罗斯文化和俄语必然难以避免这种关系。语言与冲突的关系就像民族与冲突的关系,在现代主义的民族及民族主义范式下,现代化用同质化手段将底层文化纳入高层文化,形成文化制度,将其变成国族文化。如果相互竞争的文化出现碰撞,民族群体就可能动员大众加入群体冲突(Mabry,2010)。如果放任这样这种文化碰撞和冲突,必将危及社会稳定和国家安全。

苏联对语言及民族问题不一致的认识,后期对语言问题放松警惕,及其反复多变的政策不但没有预防或从根本上解决潜在的民族及语言冲突问题,反而带来更严重的后果。即使到了俄罗斯化政策已推行数十年的20世纪70年代,民族问题依然困扰着苏联,建国初期的矛盾冲突一直没有得到解决。善变的政策,尤其是强制推行的俄罗斯化政策反而加深矛盾、使民族关系更加恶化。语言政策对许多公民而言不但创造他们的国族身份而且还培养他们的民族身份意识,妨碍了苏维埃统一文化的建设,激发了反俄罗斯及反苏维埃情绪。俄语传播和文化教育领域取得的成绩让苏联政府付出沉重的代价,在追求这些目标的过程中所激发出的敌意成为国家解体的关键因素之一(Grenoble,2003:209-210)。尽管1981年勃列日涅夫在苏共代表大会上宣称已经胜利地创造出一个统一的苏维埃民族(Grenoble,2003:59),几年后的解体证明了这一断言的臆想性质以及语言政策的失败。

从苏联语言政策反复善变及强制实施的结果来看,多民族、多语言国家的语言政策不可操之过急。正如何俊芳(2011)指出的那样,语言使用方面的统一是一个自然发展过程,是少数民族自愿接受族际交际语的循序渐进的过程,国家通过行政行为强制推行只能适得其反。国家推行恰当的语言政策必须建立在维护国家安全稳定的基础之上,不能带有浪漫主义或理想主义目标。

参考文献

戴曼纯:《国家语言能力、语言规划与国家安全》,《语言文字应用》2011 年第 4 期。

戴曼纯:《语言政策与语言规划的学科性质》,《语言政策与规划研究》2014 年第 1 期。

戴曼纯、刘润清:《波罗的海国家的语言政策与民族整合》,《俄罗斯中亚东欧研究》2010 年第 4 期。

戴曼纯、朱宁燕:《语言民族主义的政治功能:以前南斯拉夫为例》,《欧洲研究》2010 年第 2 期。

戴曼纯:《乌克兰语言规划及制约因素》,《国外社会科学》2012 年第 3 期。

何俊芳:《国外多民族国家语言政策与民族关系》,《中南民族大学学报(人文社会科学版)》2011 年第 4 期。

黄德宽:《国家安全视域下的语言文字工作》,《语言科学》2014 年第 1 期。

王建勤:《语言问题安全化与国家安全对策研究》,《语言教学与研究》2011 年第 6 期。

周庆生:《罗斯化与俄罗斯化:俄罗斯/苏联语言政策演变》,《世界民族》2011 年第 4 期。

Baločkaité, R. On Ideology, Language, and Identity: Language Politics in the Soviet and Post-Soviet Lithuania. *Language Policy*, 2014, No.13.

Bilinsky, Y. Education of the Non-Russian Peoples in the USSR, 1917-1967: An Essay. *Slavic Review*, 1968, Vol.27, No.3.

Bilinsky, Y. Expanding the Use of Russian or Russification? Some critical thoughts on

Russian as a Lingua Franca and the "Language of Friendship and Cooperation of the Peoples of the USSR". *Russian Review* 1981, Vol.40, No.3.

Chown, K. Linguistic Determinism and the History of Early Soviet Language Planning. *Russ Linguist*, 2010, No.34.

Comrie, B. *The Languages of the Soviet Union.* New York: CUP, 1981.

Grenoble, L. *Language Policy in the Soviet Union.* Boston: Kluwer Academic Publishers, 2003.

Khilkhanova, E, & Dorji Khilkhanov. Language and Ethnic Identity of Minorities in Post-Soviet Russia: the Buryat Case Study. *Journal of Language, Identity, and Education*, 2004, No.2.

Mabry, T. Language and Conflict. *International Political Science Review*, 2010, No.2.

Ornstein, J. Soviet Language Policy: Theory and Practice. *The Slavic and East European Journal*, 1959 No.1.

Pavlenko, A. Russian as a Lingua Franca. *Annual review of Applied Linguistics*, 2006, No.26.

Robinson, N. Why not More Conflict in the Former USSR? Russia and Central Asia as a Zone of Relative Peace. In Matthew Sussex (ed.). *Conflict in the Former USSR.* NY: CUP, 2012.

Safran, W. Language, Ideology, and State-building: A Comparison of Politics in France, Israel, and the Soviet Union. *International Political Science Review*, 1992, No.4.

Sebba, M. Ideology and Alphabets in the Former USSR. *Language Problems & Language Planning*, 2006, No.2.

Smith, M. *Language and Power in the Creation of the USSR*, 1917-1953. NY: Walter de Gruyter, 1998.

Stalin, J. The National Question and Leninism: Reply to Comrades Meshkov, Kovalchuk, and others. In Joseph Stalin. *Works Vol.* 11. Moscow: Foreign Languages Publishing House, 1954.

Veinguer, A, & Howard Davis. Building a Tatar elite. *Ethnicities*, 2007, No.2.

（本文原载《语言政策与规划研究》2015 年第 1 期。）

哥伦比亚语言立法及语言教育政策

哥伦比亚是一个多民族、多文化的发展中国家，融汇了欧洲、非洲、中东和本地土著文化，主要信奉罗马天主教。2009 年人口达 4564 万[①]（还有其他资料显示为 4400 万[②]或 4500 万），城乡差别巨大。哥伦比亚人主要使用西班牙语，西班牙语通行于政府管理和教育部门。哥伦比亚还有 64 种土著语言和两种克里奥语（岛民语 Islander 和帕兰克语 Palenquero）。从社会语言角度看，哥伦比亚分为两大主要群体：大语种和小语种。前者指西班牙语母语群体，他们学习英语、法语、德语、意大利语和希伯来语等外语；后者指母语为少数民族语言、克里奥语和哥伦比亚手语的群体，西班牙语是他们的第二语言[③]。

在民族成分复杂、语言文化多样的国家，双语现象（甚至多语现象）比较普遍。为了达到民族整合的目的，不少国家推行一门语言、一个民族的政策。哥伦比亚也曾试图推行单语制，普及西班牙语。但是，随着时代的变迁，尤其是经济全球化和世界政治格局变化，哥伦比亚顺应历史潮流，修改了宪法，并依此改变了语言政策和语言教育政策，承认双语（多语）现象这一既成事实，提高了小族语言的地位，开始推崇双语能力。

然而，哥伦比亚 2004 年出台的国家双语能力计划在满足"教育革命"需要的名义下推行西班牙语和英语的双语教育，实际上扩大了精英双语教育范围，忽略了包含小族语言的双语教育，因而极有可能给哥伦比亚社会带来不平

---

① 参见"Military Technology · MILTECH - 1/2010"，第 74 页。

② 源自《CIA 世界各国概况》（2010 年 7 月）对哥伦比亚人口的估计数。

③ Anne-Marie de Mejía. The National Bilingual Programme in Colombia: Imposition or opportunity? In *Apples-Journal of Applied Language Studies*, Vol 5, Issue 3, 2011, pp.7-17.

等、排斥和分化。

本文首先介绍哥伦比亚近几十年的语言政策及语言教育政策，然后重点讨论新出台的国家双语能力计划及其问题，尤其是该计划引发的质疑和反思。

一、语言生活及相关立法

早在殖民之初，天主教传教士在哥伦比亚有效地传播西班牙语、希腊语和拉丁语。从西班牙人征服哥伦比亚到19世纪，土著民族的教育由天主教传教士负责。从天主教1888年与政府签订的协议看，传教士的目标是在全国所有边缘地区实现殖民化和基督教化（Christianization）。此时的首要任务是根据罗马天主教教义向印第安部落传福音，将西班牙语推广为教育领域的语言。殖民教育的结果是，土著民族除掌握自己的母语外，还需要学习西班牙语这门第二语言。哥伦比亚社会出现了双语现象，但是双语现象不只限于土著民族。

历史地看，哥伦比亚的双语现象与其他拉美国家一样处于社会的两端：一端是精英双语制，另一端是土著民族和克里奥语使用者的双语制。精英双语制社会接受程度高，颇受关注。掌握西班牙语和另一门国际语言（如英语、法语、德语）的双语者有可能获得国际市场的就业机会，而掌握小族语言或克里奥语的双语能力往往不被社会重视，因为土著语言地位低下，常与贫穷落后联系在一起。许多印第安人使用两门语言（西班牙语和土著语言），各地双语能力差别巨大。

虽然哥伦比亚的双语现象和多语现象历史悠久，但是直到1991年，多语言、多文化特性才获得国家的正式承认。① 1991年新宪法（2005年修订第10条）首次承认国家的文化多样性：宪法第1条明文承认哥伦比亚为多元国家；第7条声称国家必须保护民族多样性和文化多样性；第8条指出国家和公民必须保护现有文化财富；第70条承认哥伦比亚所有文化具有平等地位。宪法

① Anne-Marie de Mejía. The National Bilingual Programme in Colombia: Imposition or Opportunity? In *Apples-Journal of Applied Language Studies*, 2011, Vol 5, Issue 3, pp.7-17.

还确定了若干允许小众文化群体发展、保护其文化差异的权利，包括自治权、参政权和文化权。该宪法对哥伦比亚的语言政策作出如下规定：西班牙语为官方语言，少数民族语言及其方言均属于所在地区的官方语言①，少数民族地区学校采取双语教育形式。

1991 年宪法堪称多元文化宪法，但这部宪法表现出文化统一性和文化多样性之间的张力，这对解读宪法、运用宪法带来巨大的挑战。统一性与多样性建立在两项内容之上，每一项都有两套原则和权利。第一项内容包含个人权利与小众文化群体自治权之间的冲突，前者的核心在于保护个人自主权，后者意在允许小众文化按照其道德理想和政治理想行事，其中某些理想含有偏离规范的成分。第二项内容包含政治统一原则与小众文化群体自治权之间的冲突。哥伦比亚的政治统一原则历来被解读为建立一元制（monistic）国家，因此，哥伦比亚法律政治体系只有一个，而且是中央集权等级制。国家机构、议会及总统职位集中了政治权力和立法权，其他权力机构（如小众文化群体组织）只有调整和执行国家机构命令的权力。相比之下，自治权允许小众文化按照自己的道德理想和政治理想行事，按照有效的实际操作规范制定法律、审理社区成员。因此，自治权产生的法律多元主义与政治统一性提倡的法律一元主义发生冲突②。

1994 年《教育法》颁布的民族教育政策承认土著民族教育的重要性，教学大纲考虑土著民族文化知识，尊重其文化传统和语言传统。但是，涉及少数民族语言或克里奥语的双语教学往往没有按照国家政策来实行，没有体现应有的价值。换言之，哥伦比亚双语教育政策与实践存在很大差距；从事精英双语教育工作的教师和研究者与土著语言及克里奥语双语教育的同行少有交流；土著民族的双语教育甚至被称为民族教育（ethnoeducation）。从事少数民族双语教育工作者往往是哥伦比亚人类学家、

① Iván Miranda. Insights on Bilingualism and Bilingual Education: A Sociolinguistic Perspective. in *Íkala, Revista de Lenguaje y Cultura*, 2012, Vol 17, pp.262-272.

② Daniel Bonilla Maldonado. Self - Government and Cultural Identity: The Colombian Constitutional Court and the Right of Cultural Minorities to Prior Consultation. In Daniel Bonilla Maldonado (ed.), *Constitutionalism of the Global South: The Activist Tribunals of India, South Africa, and Colombia*. Cambridge: CUP, 2013, p.246.

民族志学者、民族语言学家等；接受民族教育的学生一般是来自偏僻乡村的农家子弟。

土著民族社区根据法律规定可以使用自己的语言实施教育，往往是土著语言和西班牙语结合在一起的双语教育。土著民族尊重并发展地方语言似乎有法可依，然而政府关于如何具体实施此类语言教育的政策尚不明了。语言接触和社会权力关系使语言问题复杂化。虽然地方语言在其使用区域内与西班牙语同属官方语言，但在政府部门和商业领域，土著语言的使用受到了制约。《教育法》赋予土著民族接受教育的权利，但仅限于那些拥有自己的文化、语言和传统的民族群体。土著民族教育的主要目标是强化身份认同，增强知识，促进土著人民社会化，适度利用自然并保护自然，搞好地方语言的使用、教师培训和所有文化领域的研究。聋哑语言、非裔哥伦比亚人的语言，尤其是土著民族语言（含 64 种语言及 300 种左右的方言）均涵盖其中。

哥伦比亚的语言政策还涉及外语教育问题，因为精英双语制与外语教育密不可分。外语教育政策以往没有专门的法律条文对选择哪些外语语种做出规定。根据英国文化委员会 1989 年的报告，哥伦比亚教育部没有硬性的外语政策指导中学的教学大纲设计，英语和法语的地位往往源自政治压力，而非出于教育考量①。过去大多数学校自行选择教授四年英语、两年法语，每周三学时，最后两年每周开设两学时外语课。1994 年的《教育法》（115 号法）将外语引入小学阶段，外语教学一般从三年级开始。《教育法》第 21 条规定学生至少学会一门外语，具备外语阅读能力和会话能力是国家的一项教育目标。教育法没有明文规定英语为外语，但大多数学校选择了英语②。第 22 条重申外语理解能力和表达能力是一项教育目标；第 23 条规定人文知识、西班牙语和外语属于强制性基础教学内容。虽然上述官方文件没有明文规定外语种类，

① British Council. A Survey of English Language Teaching and Learning in Colombia: A Guide to the Market, London, English Language Promotion Unit, 1989.

② Anne-Marie de Mejía. *Power, Prestige and Bilingualism: International Perspectives on Elite Bilingual Education*. Clevedon, Multilingual Matters, 2012, pp.174–175.

但一般认为学校所教的外语应当是英语①。这样的外语选择显然与英语在国际交往中的霸主地位息息相关。

二、小族语言的教育问题

20世纪30年代,哥伦比亚建立了以西班牙语为教学语言的教会寄宿学校制,从各个土著民族社区挑选印第安学生入校学习。西班牙语继续得到强化,成为印第安社区的主要教学语言,享有崇高地位。1978年,土著民族的教育出现大转机,教学大纲开始增加土著民族知识,尊重他们的文化传统,聘任的教师必须掌握双语。1994年的《教育法》巩固了这一突破,推出民族教育政策,增强印第安社区在跨文化交际中的自主权。

虽然语言教育立法有了上述进步,但是印第安人民的教育现状依然存在困难。例如,许多教师的教学经验来自传教士,他们对跨文化教育一无所知,不知双语教育为何物。因此,政策与实践出现脱节。此外,师生往往缺少必要的书面材料,课堂教学常常是无米之炊。将西班牙语标准课本翻译成印第安语言时采用相同的字母表,有时很难照顾到土著语言的发音特点。加之学生水平参差不齐,师资缺少必要的培训,一线教师对双语教学采取抵制态度。许多号称跨文化双语教育的学校结果还是以西班牙语教学为主。许多印第安教师因为被人指责不懂当地文化、不符合民族教育的要求而颇感不安。为了解决以上困难,有几所哥伦比亚高校为培训印第安双语教育师资,开设了远程教学课程,例如亚马孙大学就开设了这样的教师培训课程②。尽管如此,哥伦比亚少数民族的语言教育问题并没有得到彻底地解决。

另一值得关注的语言教育群体是生活在帕兰克·德·圣巴西里奥

---

① Iván Miranda.Insights on Bilingualism and Bilingual Education:A Sociolinguistic Perspective. In *Íkala*,*Revista de Lenguaje y Cultura*,2012,vol.17,pp.262-272.

② Anne-Marie de Mejía.Bilingual Education in Colombia:Towards an Integrated Perspective.In Anne-Marie de Mejía (ed.), *Bilingual education in South America*. Clevedon, Multilingual Matters, 2005,pp.48-64.

(Palenque de San Basilio)的非裔加勒比海人,祖上为逃亡的非洲黑奴,他们在17世纪构筑城堡(亦称帕兰克 palenques)抵御西班牙人的抓捕。当局不顾非裔加勒比海人通用帕兰克语的事实,对他们的教育历来使用西班牙语。帕兰克语是加勒比海地区唯一幸存下来的、以西班牙语为基础发展而来的克里奥尔语。非裔加勒比海人以此为母语。帕兰克语历史上地位低下,教师认为它是人们说得很烂的西班牙语,因而禁止学生使用。帕兰克语直到1970年才得到承认,尚未进入教育领域。1986年以来,地方当局根据社区的需求和文化特点采取步骤发展教育,推出黑人社区民族教育项目,出版了第一个帕兰克识字课本。自80年代中期开始,当地学校一直在教学中使用帕兰克语,对学生和家长产生了积极影响。人们根据其法定教育语言地位重新认识了帕克兰语的价值。地方当局开始积极支持帕克兰语研究,试图根据语料编纂帕兰克语—西班牙语辞典,编写帕兰克语语法、文选和教材。

第三种值得关注的小族语言群体是生活在圣安德列斯岛(San Andres)的居民。这座加勒比海岛长久以来一直使用多门语言。最早在此殖民的英国清教徒经营烟草和糖料种植园,驱使非洲黑奴为其工作。西班牙人1786年征服圣安德列斯岛后,允许说英语的原住民留居此地,条件是他们必须宣誓效忠西班牙国王,皈依天主教,使用西班牙语。虽然原住民默认了以上条件,但他们实际上把语言和宗教当作反抗西班牙人统治的手段。岛上的语言生活在教育系统有所反映,大多数学校迎合操西班牙语的大陆人,把西班牙语作为教学语言。只有7所小学和3所中学是正规的双语学校,采用标准加勒比英语和西班牙语作为教学语言。大多数岛民使用的克里奥英语一直不在考虑之列,直到最近还只是私人非正式场合使用的语言。

然而,圣安德列斯基督教大学得到美国南部浸会教堂的支持,与暑期语言学院一起于1998年设计出一个领航项目,编写岛民英语(克里奥尔语)教材,用于浸会小学的学前教育和一年级教学。目的是先用克里奥尔语识字,然后二、三年级转向标准英语读写,三、四年级开始学习西班牙语识字,五年级大致做到一半英语教学、一半西班牙语教学。初期成果显示,用克里奥尔语学习熟悉的内容便于学生理解,师生均有学习动力。这一项目提高了教师的语言意识,在课堂教学中注意区分克里奥语和标准英语。但是,项目实施存在一些问题,例如当地教育部门未能提供实际的经费支持,家长和地方政府需要了解项目的目标和实施办法,项目参与学校还需要得到更好的设备、改善办学条件①。在英语推动全球化的进程中,岛民使用的克里奥语尔前景如何,尚难预料。

三、国家双语教育政策及反思

(一) 英语的强势地位及哥伦比亚国家双语能力计划

在国家法律正式承认社会双语现象既成事实的大环境下,主流社会对发展双语能力表现出强烈的渴望。英语对构建双语能力(包括个人双语能力和社会双语能力)的潜在价值尤被重视。有人②指出,随着经济全球化和信息革命,越来越多的哥伦比亚人能接触到英语媒体及信息资源,意识到英语对促进哥伦比亚社会和经济发展有着重要作用。这样的社会意识形态变化在教育政策(尤其是语言教育政策)中有所反映。正如有的学者指出的那样,语言的价值取决于使用者、使用目的和使用环境。政府一般关注那些能维护或扩大强势群体利益的语言③。英语的价值高,是因为英美等国家在国际舞台上占据了极其重要的地位,英语使用者拥有极大的话语权。

哥伦比亚作为一个殖民国家,外来语言(尤其是强势语言)历来颇受青睐。例如,独立后新的统治阶级一边试图将土著民族西班牙化,一边开始将子女送往欧洲学习,同时大量引进欧洲著作,包括法文、德文和英文著作。人们开始将这些语言与启蒙思想和知识精英联系在一起,土著语言和克里奥语言

---

① Anne-Marie de Mejía.Bilingual Education in Colombia:Towards an Integrated Perspective.In Anne-Marie de Mejía (ed.), *Bilingual Education in South America*. Clevedon, Multilingual Matters, 2005, pp.48-64.

② Gloria Velez-Rendon.English in Colombia: A Sociolinguistic Profile. *World Englishes*, 2003, Vol 22, pp.185-198.

③ Thomas Ricento.Language Policy and Globalization.In Nikolas Coupland (ed.), *The Handbook of Language and Globalization*. Malden, MA, Wiley-Blackwell, 2010, pp.123-141.

则与无知和落后相连。尤其是第二次世界大战以后,国际政治、经济和文化交流巩固了英语和法语在哥伦比亚的地位。中央政府在过去几十年中零星制定过一些政策,试图把这两门语言引入教学体系。有些政策与国际政治和经济来往有关。例如 1979 年哥伦比亚总统访问法国后,政府颁布一项命令,将英语作为 6 年级和 7 年级的必修课,法语作为 10 年级和 11 年级的必修课,8 年级和 9 年级可以在英语和法语中任选一门。英语和法语的外语地位继续在哥伦比亚中学教育中得到巩固,少数民族语言则不受国家政策的重视①。受重视的外语中,英语地位最高,教育、商业和旅游业等行业领域尤其如此。最受欢迎的英语是美国英语,因为历史原因使美国最具吸引力,有的教师来自美国,有的人亲属在美国生活,或者纯粹是因为人们认为美国人亲切、有魅力②。值得注意的是,除波哥大首都区的外国侨民居住区使用英语进行交流外,其余地方基本无人将英语、法语或德语作为交流工具③。据 1999 年英国文化委员会报告的信息,有 3%的哥伦比亚人能使用英语,大多数使用者处于 15—30 岁年龄段。而且职场和学界的英语使用人数在增长。

当今的哥伦比亚和世界其他地方一样,习得一门外语非常令人向往,因为在日趋全球化的今天,双语能力使学生获得更多接受高等教育的机会,更方便地获取科技信息、发展自己的职业。而全国仅有 2%的人能使用英语和西班牙语,有机会使用这两门语言进行交际④。来自社会和政治两方面的压力使哥伦比亚扩大"早期英语部分浸入式"(early English partial immersion)教学的

---

① Jaime A.Usma Wilches.Education and Language Policy in Colombia:Exploring Processes of Inclusion,Exclusion,and Stratification in Times of Global Reform.*Profile*,2009,Vol 11,pp.123-141.

② 并非所有哥伦比亚人都对英语怀有相同且一成不变的情感和态度。有学者指出,哥伦比亚人对于英语和美国的态度堪称爱恨交加,而且在发生变化。英语曾经是公立中学最令人生厌的课程(虽然非正规教育的培训学生有学习积极性和动力)。对一些大学生而言,美国既代表了发展、进步、现代和繁荣,又与剥削、压迫、支配和帝国主义联系在一起。参见 Gloria Velez-Rendon.English in Colombia:A Sociolinguistic Profile.*World Englishes*,2003,Vol 22,pp.185-198。

③ Anne-Marie de Mejía,Bilingual education in Colombia:Towards an integrated perspective.In Anne-Marie de Mejía(ed.),*Bilingual education in South America*.Clevedon,Multilingual Matters,2005,pp.48-64.

④ Jaime A.Usma Wilches.Education and Language Policy in Colombia:Exploring Processes of Inclusion,Exclusion,and Stratification in Times of Global Reform.*Profile*,2009,Vol 11,pp.123-141.

范围，视其为提高双语能力的最佳途径①。

哥伦比亚教育部还与英国文化委员会、歌德学院、法语联盟等外国机构合作，发展精英双语教育和外语教育。受教育者多来自中产阶级及以上家庭、外国侨民家庭、首都波哥大跨国公司和机构的工作者。哥伦比亚双语教育主要靠满足富裕精英阶层需求的私立双语学校，全国约有 40—50 所，大部分从事英语和西班牙语双语教育。哥伦比亚没有专门的立法指导私立双语教育项目的开发。现今精英双语学校包含两大类：一是与境外联系密切的学校，他们能直接获得外国政府的经济支持和师资力量，主讲教师通常为外国人，教材和书籍多为进口出版物，学生有机会到国外交流访问，参加国际考试，同时获得哥伦比亚高中文凭；二是国内私立学校，旨在培养学生在掌握母语西班牙语之外还掌握至少一门高水平的外语（一般为英语），这类学校多数由国内个人或小型机构资助，主讲教师一般是哥伦比亚人，他们了解教育在化解社会分裂危机中的价值②。可以说，精英双语教育为哥伦比亚推行国家双语教育政策奠定了基础。

2004 年，哥伦比亚教育部推出了一项史无前例的语言政策——“2004—2019 年国家双语能力计划”（以下简称“国家双语能力计划”）。“国家双语能力计划”旨在培养公民的英语交际能力，使其达到国际标准，有能力参与国际交流、全球化经济活动和文化活动；最终目标之一是到 2019 年底培养出占全国人口至少 10% 的双语能力者。该计划不同于以往，它属于符合“教育革命”需要的综合性长期政策，不但会影响大中小学，还会影响业余教育领域，甚至还将彻底改变师生关于外语教学的认识。应用语言学领域和外语界不只是采用新的课程标准和测试标准，而且还重新界定了自己的工作性质和教学研究对象③。

---

① Claudia Ordóñez.EFL and Native Spanish in Elite Bilingual Schools in Colombia：A First Look at Bilingual Adolescent Frog Stories.*Bilingual Education and Bilingualism*, 2004, Vol 7, pp.449–474.

② Anne-Marie de Mejía.*Power, Prestige and Bilingualism：International Perspectives on Elite Bilingual Education*.Clevedon, Multilingual Matters, 2012, p.176.

③ Jaime A.Usma Wilches.Education and Language Policy in Colombia：Exploring Processes of Inclusion, Exclusion, and Stratification in Times of Global Reform.*Profile*, 2009, Vol 11, pp.123–141.

“国家双语能力计划”得到英国文化委员会的帮助，包括采用英国出版公司的出版物、推行英国的标准化考试、举办教师非学历短期培训班等，对哥伦比亚大中小学都产生了很大的影响①。哥伦比亚授权英国文化委员会在主要城市从事3项诊断性调研，考察公立学校和私立学校3000多名教师的外语能力和业务能力，评测3000多名学生的英语水平。调查结果作为“国家双语能力计划”的理论基础。3项调研发现教师的业务知识令人满意，但是语言水平堪忧：只有1.8%的教师达到《欧盟语言共同参考框架》的英语高级水平，32.8%处于中级水平，65.4%仅有入门水平。调查还发现，高中毕业生只有6.4%的人达到英语中级水平，绝大多数（93.6%）只有初级水平，无人达到高级水平②。调查结果为设计外语能力标准提供了有价值的参考。

教育部在“国家双语能力计划”官方文件中发布了“外语（英语）能力基本标准”，作为“教育革命”及“教育发展规划”的一部分。“教育革命”和“教育发展规划”有以下3项目标：扩大教育范围、提高教育质量、提高教学效率。“外语（英语）能力基本标准”第三部分“哥伦比亚为什么教英语”重点讲述学习英语的益处、从国际化与需要共同语言的关系到学好外语的优势，强调学习英语的重要性。文件将英语解读为一门不带偏向的中立语言，并对教学内容和方法做出了严格规定③。计划实施的五大领域包括：（1）开发英语教学标准；（2）不断评价师生的交际语言能力；（3）提供教师发展项目，提高他们的英语交际能力和业务水平；（4）提供英语教学的技术支持；（5）在全国范围内的不同民族社区巩固双语模式和三语模式④。外语能力标准成为推行双语教育政策的指南。

---

① Carmen Guerrero & Álvaro Quintero. English as a Neutral Language in the Colombian National Standards: A Constituent of Dominance in English Language Education. *Profile*, Vol 11, Issue 2, 2009, pp.135-150.

② Jaime A. Usma Wilches. Education and Language Policy in Colombia: Exploring Processes of Inclusion, Exclusion, and Stratification in Times of Global Reform. *Profile*, 2009, Vol 11, pp.123-141.

③ Carmen Guerrero & Álvaro Quintero. English as a Neutral Language in the Colombian National Standards: A Constituent of Dominance in English Language Education. *Profile*, 2009, Vol 11, Issue 2, pp.135-150.

④ Jaime A. Usma Wilches. Education and Language Policy in Colombia: Exploring Processes of Inclusion, Exclusion, and Stratification in Times of Global Reform. *Profile*, 2009, Vol 11, pp.123-141.

政府在颁布了国家双语教育计划后就开始着手出台3项管理新计划的政策,包括1064号法、3870号令和中小学新课标。1064号法确立了支持并加强非正规教育的规范标准,规定公共经费可以拨给获得认证的私立学校。"3870号令"采用《欧盟语言共同参考框架》,用其指导语言教学和评测,管理外语教学项目的组织和工作,评估高校的语言专业,但是国际合作机构的项目免于评估。教育部颁布的新课标确立了2010年和2019年要达到的目标,确定了评价师生的标准化考试。例如,到2010年底,英语教师达到B2水平者占全国英语师资的50%,2019年底达到100%①。

(二)对哥伦比亚双语能力计划的质疑和反思

有的学者认为,哥伦比亚推行双语能力的官方文件存在一些混杂的表述。一方面,教育部文件将英语视为国际交流工具,有助于学生获得经费出国留学、获得更好的工作机会,学好英语可以增强哥伦比亚社会的竞争力。另一方面,官方文件提及帮助学生开阔眼界、接受理解新文化、促进社会交流,旨在消除民族优越感,使人民欣赏和尊重其所处社会的价值,尊重其他文化,理解文化多元和差异。这种明显有包含关系的双语能力表述源于教育部的两个不同部门。教育部双语处负责推广外语教学(尤其是英语教学),外语教学作为教育政策一部分,与提高创新能力和竞争能力的素质教育密切相关。而关于跨文化交际及跨文化敏感性的提法主要见诸教育部民族处的文件,该部门负责民族教育工作,相当于其他拉美国家的跨文化双语教育②。换言之,教育部不同部门分别诠释双语教育政策的内涵,各自侧重点略有区别。

双语教育政策及计划在哥伦比亚引发了质疑和反思。双语教育计划教学标准第6页明确表示将公民培养成具有英语交际能力者,以便哥伦比亚能够参与全球经济对话,按照国际标准打开文化大门。这样的文件表述暗含两点。第一,如果哥伦比亚人的英语能够脱口而出,他们就属于英语使用群体的想象

① Jaime A.Usma Wilches.Education and Language Policy in Colombia:Exploring Processes of Inclusion,Exclusion,and Stratification in Times of Global Reform.*Profile*,2009,Vol 11,pp.123-141.

② Anne-Marie de Mejía.The National Bilingual Programme in Colombia:Imposition or Opportunity? In *Apples-Journal of Applied Language Studies*,2011,Vol 5,Issue 3,pp.7-17.

共同体(imagined community),从语言中受益,主要是获得经济利益。学好英语的哥伦比亚人能找到更好的工作,有社会上升空间。第二,个人利益累积起来能使国家进入国际社会,享有第一世界国家那样的地位。但是,双语计划教学标准的撰稿人高估了英语在国家发展中的作用,视英语为影响国家发展的唯一因素,把公民的英语交际能力与国家进入全球经济领域理解为因果关系,忽略了其他因素①。把外语能力视为促进社会经济发展的灵丹妙药显然有失偏颇。这样的政策与其说有利于哥伦比亚整个社会,不如说实际服务于精英阶层。

首先,“国家双语能力计划”将双语能力限定为西班牙语和英语能力,忽略了土著民族语言的发展。在哥伦比亚的公共领域,土著语言往往被噤声。分析人士虽然认同英语的重要性,但是不赞成双语能力仅限于英语和西班牙语。其次,“国家双语能力计划”对少数民族群体带来负面影响。这种自上而下的政策忽略了土著民族在教学改革和专业发展方面的作用。最后,哥伦比亚学生少有接触外语的机会,双语项目的有效性值得怀疑②。这些都会影响双语教育政策的实施。所有这些批评性看法均涉及哥伦比亚语言政策和教育政策的制定理据,包括为什么政府在国内外对该政策表示担忧的情况下继续加强这个计划的实施,国家双语能力计划如何与决定国家政策的政治、经济和文化事务结合起来,如何在当今教育政策和语言政策中体现不同群体的利益,这些政策最终会对不同群体产生什么样的影响,等等。

双语政策招致哥伦比亚国内一些学者的强烈批评,他们认为政府强行按照《欧盟语言共同参考框架》行事,忽略了本国学者的专业知识在外来理论本土化中的作用,排斥了其他形式的双语能力(即西班牙语和其他外语组合,或者西班牙语与土著语言或克里奥语组合)③。人们对于什么是双语能力、什么是双语学校看法不一,大多数人将双语能力理解为语言(外语)水平。大多数

① Carmen Guerrero. *Is English the Key to Access the Wonders of the Modern World? A Critical Discourse Analysis*.Signo y Pensamiento 57 · Documentos de Investigación,29,2010,pp.94-313.

② Jaime A.Usma Wilches.Education and Language Policy in Colombia:Exploring Processes of Inclusion,Exclusion,and Stratification in Times of Global Reform.*Profile*,2009,Vol 11,pp.123-141.

③ Anne-Marie de Mejía.The National Bilingual Programme in Colombia:Imposition or Opportunity? In *Apples-Journal of Applied Language Studies*,2011,Vol 5,Issue 3,pp.7-17.

办学历史悠久的双语学校采用西班牙语和外语作为教学语言，许多新办的双语学校开设外语强化训练课（通常每周 8—20 学时），而不是采用内容教学法①。这样的双语教育并没有反映普通大众的语言需求。

有学者对此看法不一。虽然许多学者认为“国家双语能力计划”与全球化进程和全球不平等性捆绑在一起，是一个不受欢迎的强制性政策，但是双语项目使双语能力家喻户晓。虽然政府主要关注英语和西班牙语双语能力，但是也有其他双语能力组合方式，尤其是包括土著语言的双语能力。每一个人都有可能成为双语能力者，双语能力不再像过去那样只限于社会精英才能获得的能力。因此，这一语言政策有望改变人们关于语言文化的主流认识，打开建设性讨论双语能力的大门。如果“国家双语能力计划”能有助于提高语言文化多样性的价值，那么政策的诸多不足可以忽略不计②。这种美好的愿望是否能够如期实现，亦未可知。

四、结语

从语言立法角度看，哥伦比亚土著语言或小族语言的地位得到了提高，语言教育有法可依。但是，语言政策（尤其是语言教育政策）的具体实施对人们产生的影响不同。土著民族在保护母语的同时需要学习西班牙语，努力融入主流社会，而主流社会群体在掌握母语西班牙语的情况下学习外语（英语），为进入国际社会打下基础。

哥伦比亚国家双语教育政策把语言学习作为工具，实际上对语言、文化和社会群体划分了层级，排斥了弱势群体。在突出西班牙语和英语重要性的大环境下，哥伦比亚土著民族语言和文化处境堪忧。土著民族在西班牙语占强

① Anne-Marie de Mejía.Bilingual Education in Colombia:Towards an Integrated Perspective.In Anne-Marie de Mejía (ed.), *Bilingual Education in South America*. Clevedon, Multilingual Matters, 2005, pp.48-64.

② Anne-Marie de Mejía.The National Bilingual Programme in Colombia:Imposition or Opportunity? In *Apples-Journal of Applied Language Studies*, 2011, Vol 5, Issue 3, pp.7-17.

势地位的社会语言生活中艰难地维系着自己的语言和文化。由于国家双语教育政策分出了语言工具价值的高低,英语在劳动市场享有很高的地位,能增加就业机会;与此相反,土著语言被认为价值不高,将退出社会交际。“国家双语能力计划”所推崇的双语能力不但不利于少数民族群体,而且还会继续分化这些群体、降低他们的价值。

双语教育政策在推广一种精英双语能力,把私立双语学校从事的教育推广至全国。双语教育项目的真正受益者不是普通大众,而是社会精英和特权阶层。2019 年底培养出 10%双语者的目标显示,双语教育政策的社会分化作用和精英教育性质不言自明。有人批评双语教育政策和实施方案会给哥伦比亚社会带来不平等、排斥和分化,需要政策制定者和教育工作者认真思考①。哥伦比亚的国家双语能力计划是否使广大民众受益,还有待时间的检验。

(本文原载《拉丁美洲研究》2015 年第 1 期。略有修改。)

① Jaime A Usma Wilches. Education and Language Policy in Colombia: Exploring Processes of Inclusion, Exclusion, and Stratification in Times of Global Reform. *Profile*, 2009, Vol 11, Issue 2, pp. 123-141.

乌克兰语言政治及语言生活现状

一、引言

乌克兰在列强夹缝中的历史定位使当今乌克兰这片土地呈现出多民族、多文化的传统特色。乌克兰语不但在俄罗斯化和波兰化的高压下生存下来，而且通过优秀的文学作品成为乌克兰艺术，乃至民族身份的守护者。乌克兰的语言政治和语言生活深受历史因素的影响。数百年来一直处于分裂状态的乌克兰各地区直到20世纪40年代才成为一个共同的政体。在这些历史上曾分别隶属波兰立陶宛联邦、波兰、俄罗斯或奥匈帝国的地区，语言分布错综复杂。① 城市地区曾经是波兰语、俄语、德语或意第绪语统治区，乡村和小镇则主要流行地方土语。20世纪苏联时期，乌克兰东部地区推行过乌克兰化政策，第二次世界大战后的西部地区推行去波兰化政策，标准乌克兰语得益于此，开始流行于城市地区，但是乌克兰语从未成为真正意义上的国家通用语。根据乌克兰独立后的国家法律，乌克兰语是唯一国语，然而俄语影响巨大。

乌克兰当前的语言生活呈现双语特征，通行乌克兰语和俄语。在乌克兰，语言不但是交际工具，还是政治生活的一部分。所谓双语特征并不表明人人精通乌克兰语和俄语这两种语言。尤其是2012年8月乌克兰通过了《国家语言政策基本法》，赋予俄语及部分小族语言以地方语言地位，使乌克兰的语言

① Adriana Helbig, Oksana Buranbaeva & Vanja Mladineo. *Culture and Customs of Ukraine*. Westport, CT: Greenwood Press, 2009.

生活，特别是乌克兰语的未来发展，充满了变数。

当代乌克兰的语言发展进程值得学术界关注，原因有四：1.政治体制的转变和社会转型改变了原有语言的社会地位和功能，出现了如今的新“国语”（乌克兰语）和前“帝国”语言（俄语），但是两种语言并非简单变换地位；乌克兰独立二十多年来，不同场景、不同地区和社会领域的语言生活是一种矛盾混合体。2.政策及其表述摇摆不定，导致人们的语言观念与语言实践严重脱节；换言之，尽管人们希望其看重的语言（尤其是乌克兰语）得到国家的支持，有更多的人使用，但是他们并不总是使用自己看重的语言；此外，许多乌克兰公民的语言认同与民族认同没有达成统一，尽管他们盼望两种认同自然统一。民族语言身份和语言群体界定的模糊性使乌克兰明显有别于大多数欧洲国家。虽然乌克兰试图推行那些欧洲国家的民族国家模式（nation－state model），但是这种模糊性使实施过程前后不一、冲突不断。3.虽然全国普遍存在的语言实践和语言观念变化态势主要取决于乌克兰语和俄语的关系，但是某些地区的其他语言（如匈牙利语、罗马尼亚语、克里米亚鞑靼语）也起着类似的作用。4.伴随语言地位矛盾变化的是评估、修正语言本体这一复杂过程；乌克兰语的本体规划最能说明问题，人们广泛认为，乌克兰语提升到唯一官方语言的地位，就必须对正字法、词典、文体规范等方面进行净化处理，消除俄语影响。①

二、语言政治斗争的缘起

乌克兰民族的土地在历史上多次被外族占领，语言遭受公开或非公开方式的压制。1989 年 10 月乌克兰苏维埃社会主义共和国最高苏维埃宣布乌克兰语为共和国官方语言，并着手实施在所有乌克兰公共机构实现使用乌克兰语目标的计划。苏联解体后，乌克兰于 1991 年 8 月 24 日宣布独立，成为一个

① Volodymyr Kulyk. Language in Times of Transition. *International Journal of the Sociology of Language*, 2002, Vol 201, pp.1–4.

单一制国家(而非联邦制国家)。乌克兰1996年的宪法重申了1989年语言法内容[①],再次确认乌克兰语的国语地位,2012年的《国家语言政策基本法》依然声称乌克兰语是唯一的国语。然而,乌克兰语过去没有、独立后的20余年中也没有成功地普及为全民使用的通用国语。乌克兰的语言政治斗争一直延续至今。语言政治与其说是语言问题,不如说是民族认同或国族认同问题。2004年的橙色革命倡导乌克兰应当独立于俄罗斯,构建自我认同,促进了语言政策领域的乌克兰化。

但是,迄今为止,乌克兰化比较软弱,不是出于有意识的政治策略,而是因为国家的执政能力不足以推行彻底的改革。领导阶层的不稳定导致无法形成明晰的语言政策。乌克兰化在东部和南部这些传统俄语区被暗中抵制,流于表面文章,很不成功[②]。从乌克兰独立后20多年的语言政策实施效果看,以往的语言政策不但没有达到整合社会的目的,反而导致乌克兰社会出现了不和谐现象,乌克兰语和俄语一直处于微妙并存关系。许多人把语言选择看作忠于两派对立政治势力、对立文化势力的象征,要么亲俄罗斯,要么亲欧洲与西方。

乌克兰政界由最初在语言斗争中置身事外转向利用选民微妙的语言心态,谋求更多的选票,使语言政治斗争更趋复杂。1994年,库奇马得益于东部地区的支持成为总统,他承诺赋予俄语特殊地位、乌俄关系将更加亲密,但是后来转向更亲乌克兰族的态度,以民族思想提倡者的姿态出现。即便如此,受其亲莫斯科形象的影响,库奇马从未得到西部地区强有力的政治支持[③]。乌克兰民族对亲俄政治家抱有相当的戒心,担心自己的语言文化地位再次被削弱。自从2010年地区党领袖亚努科维奇利用俄语地位问题获得俄裔支持,以

---

① Adriana Helbig, Oksana Buranbaeva & Vanja Mladineo. *Culture and Customs of Ukraine*. Westport, CT: Greenwood Press, 2009.

② Tatiana Zhurzhenko. "Language Politics" in Contemporary Ukraine: Nationalism and Identity Formation. In A.Bove ed., *Questionable Returns*, Vienna: IWM Junior Visiting Fellows Conferences, 2002, Vol 12, p.10.

③ Tatiana Zhurzhenko. "Language Politics" in Contemporary Ukraine: Nationalism and Identity Formation. In A.Bove ed., *Questionable Returns*, Vienna: IWM Junior Visiting Fellows Conferences, 2002, Vol 12, p.10.

微弱优势赢得总统竞选后,语言政策态势出现了逆转。不同政党为了达到自己的目标,在操控公共意识的竞选活动中凸显了语言问题的严重性。

即使是曾经公开削减俄语及其文化影响的尤先科和季莫申科,也会在东部和南部地区的选举活动中对选民玩起暧昧,承诺铲除妨碍俄语使用的诸多障碍。在乌克兰国家议会最新选举前夕,地区党的支持率严重下降。为了提升支持率,地区党开始承兑过去的诺言(尽管已经大打折扣)。东部和南部地区俄裔选民相信了地区党提高俄语至第二国语地位的口号,反思前任政府的反俄外交政策,亚努科维奇正是利用这一点赢得了微弱优势。与此相反,亲欧阵营的各党派不愿意认真考虑欧洲语言政策(即所谓的官方多语制)。

俄语是否应当获得乌克兰官方语言地位引发激烈的政治斗争,政客为此大打出手,议员撕扯一团,议长甚至为此提交辞呈。除俄语外,其他区域语言也参与了此类语言政治斗争。

《国家语言政策基本法》的酝酿伴随着政治利益的再分配,得益于亲俄的亚努科维奇当选为总统。2012 年 7 月 3 日,《国家语言政策基本法》在乌克兰国会大厦一片斗殴中获得通过。自此,许多城市和地区宣布俄语为其辖区的地区语言,匈牙利语、摩尔多瓦语和罗马尼亚语在三个较小地区也分别通过立法成为地区语言。

乌克兰新闻社 2012 年 7 月 11 日报道,亚努科维奇总统在新闻发布会上承诺将解决乌克兰语言问题,总统表示语言政策的决策程序已启动,将找到长久解决语言政策问题的办法。亚努科维奇强调必须研究解决语言问题的佳途,必须咨询专家的意见,了解语言政策与《欧洲区域或少数民族语言宪章》(the European Charter for Regional and Minority Languages)的吻合程度。据国际文传电讯社 2012 年 7 月 25 日报道,亚努科维奇总统的议会代表在第聂伯罗彼得罗夫斯克的新闻发布会上表示,总统将在充分分析《国家语言政策基本法》的基础上签署此文件。

2012 年 8 月 8 日,乌克兰总统亚努科维奇签署《国家语言政策基本法》,8 月 10 日正式生效实施。新语言法代替了 1989 年通过并实施的《乌克兰语言法》,但将乌克兰语保留为唯一国语。《国家语言政策基本法》旨在赋予俄语和其他小族语言“地区语言”地位。如果某城市或地区有百分之十以上的人口以俄语或其他小族语言为母语，则可以通过立法赋予该语言地区官方语言的地位。目前，在乌克兰27个行政区划中有13个符合条件的地区，这就意味着这些地区的当地居民有权在法庭、医院和其他官方机构使用俄语，也有权要求用俄语接受基础教育。在乌克兰南部和东部的俄语区，以俄语为母语的人口比例大，俄语在地方的统治地位得到了国家法律的认可。

一旦地方议会批准提高地区语言的地位，日常交往、法庭诉讼、教育系统及所有当地政府机构使用这些语言将不受限制。俄语将以地区官方语言地位出现在13个地区，包括乌克兰东部和南部、克里米亚自治共和国、首都基辅等地。

三、语言生活与语言政治的交互影响

虽然乌克兰语言生活格局的基本特点是双语现象，但是语言群体的划分和比重变化相当不稳定。一是语言和民族没有一一对应关系，二是乌克兰语和俄语的使用人口比例在发生变化。下面几组数据足以说明问题。在乌克兰独立之前，乌克兰语和俄语使用人口数就已经极不对称，俄语已然成为社会交往的主要语言。乌克兰的俄语使用者在苏联加盟共和国中人数最多。① 大约2100万乌克兰人使用乌克兰语，1700万乌克兰人使用俄语，1100万俄罗斯裔使用俄语②，俄语占有较明显的优势。乌克兰的语言群体结构在发生变化。单一乌克兰语群体仅占三分之一强，单一俄语群体占五分之一强，但从日常语言使用来看，俄语似乎占有优势。日常双语并用者也高达五分之一强。后来的数据表明，全国90%以上的人使用乌克兰语或俄语，甚至乌、俄两种语言；

① Anna Wylegala.Minority Language as Identity Factor：Case Study of Young Russian Speakers in Lviv.*International Journal of the Sociology of Language*，2010，Vol 201，pp.29－51.

② Andrew Wilson.Redefining Ethnic and Linguistic Boundaries in Ukraine：Indigenes，Settlers and Russophone Ukrainians.In Graham Smith，Vivien Law，Andrew Wilson，Annette Bohr，Edward Allworth，eds.，*Nation Building in the Post－Soviet Borderlands*：*The Politics of National Identities*，Cambridge：CUP，1998，pp.119－138.

60%认为自己的母语是乌克兰语,38%认为母语是俄语①。这些数据显示,语言群体处于动态变化过程。

乌克兰宪法赋予乌克兰语国语地位,使其获得应有的政治地位,乌克兰语成为代表乌克兰民族、文化和政治的国族语言。但是俄语的高普及率对乌克兰语的推广产生了很大影响。由于俄语长久以来是沙俄及苏联时期的通用语,深深渗透在人们的生活中,俄语在某些领域和地区依然广为使用,并被确立为国家法定的几门少数民族语言之一,享有很高的非官方语言地位②。根据最近一次人口普查结果,当前乌克兰占82%的人口能说俄语,29.6% 的人的母语为俄语。俄罗斯裔乌克兰人并不满足于俄语在日常生活中广为使用的现状,他们努力将俄语提高至官方语言的地位。此类语言心态使语言政治斗争渗透至人们的日常语言生活,语言生活反过来也影响着政治。因此,当前乌克兰语和俄语处于不稳定关系。

导致乌克兰语和俄语在社会语言生活中不稳定关系的因素很多,学者们看法不一。有人认为这些因素包括民族意识、政治倾向、制度要求、生活习惯、流行音乐和艺术时尚、家庭传统、个人经历等。③ 也有人笼统地指出三种因素:社会文化因素、社会政治因素、语言群体的分化及态度。④ 除此之外,我们认为还有几种因素制约着乌克兰的语言规划,进而影响语言政治,如语言法的行文含混不清、政界领袖对于俄语的态度摇摆不定、社会政治与语言斗争纠葛不清、语言群体和语言态度难以确定等;值得指出的是,媒体、教育及地域差异等均影响着乌克兰语言政策的制定和实施。⑤

① Stanislav Shumlianskyi.Conflicting Abstractions:Language Groups in Language Politics in Ukraine.*International Journal of the Sociology of Language*,2010,Vol.201,pp.35-161.

② Margrethe Søvik.Language Practices and the Language Situation in Kharkiv:Examining the Concept of Legitimate Language in Relation to Identification and Utility.*International Journal of the Sociology of Language*,2010,Vol 201,pp.5-28.

③ Laada Bilaniuk & Svitlana Melnyk.A Tense and Shifting Balance:Bilingualism and Education in Ukraine. *The International Journal of Bilingual Education and Bilingualism*, 2008, Vol 11, pp. 340-372.

④ Oleksandr Taranenko.Ukrainian and Russian in Contact:Attraction and Estrangement.*International Journal of the Sociology of Language*,2007,Vol 183,pp.119-140.

⑤ 戴曼纯:《乌克兰语言规划及制约因素》,《国外社会科学》2012 年第 3 期。

乌克兰的语言政治与语言生活有着微妙的互动关系。大多数乌克兰人能理解并使用乌克兰语和俄语，常见的交际场景是一方说乌克兰语，另一方用俄语回答。乌克兰独立以来已经20多年，乌克兰语作为唯一国语的政策在产生一定的影响，人们的语言生活发生了微妙的变化。在乌克兰西部地区，越来越多的年轻人不说俄语，他们的第二语言或第三语言一般为英语、德语、波兰语或法语。年轻人渴望欧盟，不愿意使用他们视为苏维埃压迫者和占领者语言的俄语。东部乌克兰语与西部不同。虽然24%的乌克兰人（主要是生活在东部和南部的乌克兰人）宣称俄语是自己的母语，但是许多日常使用俄语的乌克兰人认识到维护乌克兰语国语地位的重要性。

从维护主要语言地位的角度看，乌克兰大致有乌克兰语和俄语两大阵营。乌克兰语言政治形成相应的两大阵营，乌克兰语方的诉求包括该语言使用者的利益和国家利益。他们最大的担忧是，如果乌克兰语得不到国家的支持，语言文化很可能在俄语实际占有主导地位的大环境下走向消亡。俄语阵营则以俄语使用者的民权作为政治诉求，谋求在全国推行双语制，以保证俄语拥有平等的法律地位，成为近半数乌克兰人的语言。①

语言政治的复杂性有可能导致国民因语言而分裂为不同的阵营，甚至出现灾难性的政治分裂。乌克兰语没有在短短20年内成为一统天下的国语，但是其使用频率却在逐渐上升。使用俄语的政界人士努力学习乌克兰语，在公开发言中尽量使用乌克兰语。例如，前总统库奇马虽然是一位俄语本族语者，但也努力学习乌克兰语；前总理季莫申科也是如此。

亚努科维奇起初也做过同样的选择，为了国家统一而牺牲个人在语言使用上的舒适感。但是随着议会选举临近，为了地区党获得更多选票，亚努科维奇决定在其东部的大本营做出将俄语提升至官方语言地位的竞选承诺。这一承诺预示着亚努科维奇当选后的乌克兰将面临更严峻的语言政治斗争。

从民间角度看，乌克兰独立以来的20多年中，乌克兰人对待语言问题的

---

① Oleksandr Taranenko.Ukrainian and Russian in Contact：Attraction and Estrangement.*International Journal of the Sociology of Language*，2007，Vol 183，pp.119－140.

态度整体上非常务实，乌克兰语的地位在逐渐巩固，语言政治充其量只在大选期间成为热点。政界的介入对人们的语言生活产生巨大的影响，新语言法的颁布将改变一部分人的语言态度，甚至冲击乌克兰语的推广。

亚努科维奇政府对俄语的支持、《国家语言政策基本法》的推出不但没有解决以往的语言问题，反而加剧了民族主义紧张气氛，鼓励了隐藏的民族仇恨及语言敌对情绪。有人认为乌克兰语好不容易获得的统一国语地位受到了威胁①。不少地方依据《国家语言政策基本法》重新审视当地语言政策。例如，2012 年 8 月 13 日，南部城市敖德萨市议会通过投票决定赋予俄语地区官方语言地位；一周后，哈尔科夫市也做出同样的决定。乌克兰语在俄语统治区的推广将存在更大的不确定性。

《国家语言政策基本法》虽然将俄语提高至地区官方语言地位，但是没有实现地区党早先所做的承诺，即：将俄语提高至国家第二官方语言地位。由于没有足够多议员的支持，俄语难以成为乌克兰的国家官方语言，乌克兰语依然是法律意义上的唯一国语。基本法反对者一方面表现出明显的亲欧倾向，另一方面却不愿意遵守欧洲语言政策的基本原则。新的语言法以《欧洲区域或少数民族语言宪章》为依据，使俄语及其他少数民族语言同时获得了提高自身地位的机会，任何使用人口达到或超过当地人口百分之十的少数民族语言均可通过地方立法机构的认可成为当地的通行语言。因此，与乌克兰语具有平等地方地位的语言新增 18 种。

从语言使用的整体分布情况来看，乌克兰大致可以分为说乌克兰语的西部与说俄语的东部及南部。实际语言生活非常复杂，人们在家庭和工作单位使用不同的语言，一边与子女用乌克兰语聊天，一边消费俄语娱乐节目。无论说乌克兰语还是俄语的政界人士，都看到了语言问题中的玄机。地区党利用俄语群体的力量，为议会选举做准备，向普金统治下的俄罗斯示好。

---

① Steven Pifer & Hannah Thoburn. What Ukraine's New Language Law Means for National Unity.

四、新语言法的反响

《国家语言政策基本法》的酝酿阶段业已引起乌克兰语群体的强烈反对。据《基辅邮报》2012年6月13日网页新闻报道,6月5日基辅爆发了数千人规模的示威游行,强烈反对提高俄语地位的新语言政策,理由是乌克兰语依然是使用范围不如俄语的官方语言。乌克兰复杂的语言状况多被西方媒体误读,他们没有弄清楚乌克兰语言立法的真实意图,即乌克兰长久以来有足够的语言立法慷慨保障俄语及其使用者,达到了放纵的程度①。

《国家语言政策基本法》原本不属于国家议会7月3日的议程内容,它的通过多少有些意外。投票程序不被反对派认可,他们认为投票程序违法,因为针对法案提出的两千多条评论没有带来任何修正。

《国家语言政策基本法》7月3日在乌克兰议会意外通过后,议长利特温(Volodymyr Lytvyn)首先拒绝签署文件并提出辞职,但是议会两次拒绝了他的辞呈。7月31日,利特温最终签字将基本法文件提交总统签署。但是,他认为语言法必须加以修订,以符合时代精神,使每个人满意。利特温认为自己及乌克兰人民在新语言法事件中受到了欺骗,因此提出辞呈。在反对派看来,亚努科维奇的稳定性将不复存在。

据报道②,乌克兰议会通过《国家语言政策基本法》后,反对者组织了示威游行。一部分反对者在乌克兰楼(Ukrainian House)附近组织了绝食示威活动,7月11日绝食者要求亚努科维奇总统否决新的语言法。

8月20日乌克兰东部城市哈尔科夫(仅次于首都基辅的第二大城市)的新语言法反对者在市议会前阻止立法者投票批准俄语为地区官方语言,数百名示威者高喊“无耻”和“拒绝俄罗斯化”口号。

有人认为反对将俄语变成第二官方语言、要求积极区别对待乌克兰语是

① http://www.kyivpost.com/opinion/op-ed/political-threats-to-the-ukrainian-language-129490.html.

② http://en.for-ua.com/news/2012/07/06/170401.html.

有道理的，因为俄语会导致乌克兰语在公共领域边缘化，乌俄双语制极有可能演变为俄语单语制，而单语制正是一部分双语制倡导者追求的目标①。极力反对提高俄语地位者声称新语言法将限制乌克兰语的使用范围，强化乌克兰语使用者和俄语使用者的分离。俄语地位的提高将乌克兰变成实际上的双语制国家。新的语言法表面上看是保护俄语，实际上在将乌克兰语边缘化，最终导致其消亡。

俄语地位是否提升的问题引起学术界的关注。2012 年 5 月下旬，著名斯拉夫语言文化学者尤里·谢夫恰科（Yuri Shevchuk）在利沃夫和基辅发表关于乌克兰俄罗斯化的公开演讲。他在接受《乌克兰周报》采访时表示，乌克兰存在严重的俄罗斯化文化、语言和心态问题；乌克兰有别于其他苏联加盟共和国，原因有三：1.乌克兰被俄罗斯占领时间更长，同化政策实施规模大、始终如一，且往往方式粗暴；2.乌克兰缺少波兰那样的坚强的民族精英，拥有足够的经济实力推行自己的语言文化政策；3.乌克兰、白俄罗斯和俄罗斯在语言、文明和精神方面拥有诸多共同之处的神话一直被大力宣传，已经深入人心，人们难以抵御俄罗斯的扩张。谢夫恰科认为俄罗斯帝国主义针对乌克兰语采用同化手段（而这些手段对于波罗的海语言和高加索语言根本行不通），即语言“内部压力手段”渗透至语言系统内部（包括句法、语音，以及最不能抵御同化的词汇系统）。长久以来的语言同化过程使许多乌克兰人以为自己的语言无非是俄语的另一种被扭曲的、蹩脚的非原创翻版。谢夫恰科批评乌克兰的双语制实际上也是一种俄罗斯化，广播电视主持人说着流利的俄语，偶尔来一句蹩脚的乌克兰语，明显在搜肠刮肚将俄语思维翻译成乌克兰语。在谢夫恰科和许多人看来，这是一种语言精神分裂症。乌克兰的俄罗斯化手段花样翻新，尽管 1989 年语言法要求政府官员在十年内学会乌克兰语，但是随着乌克兰的独立，这一要求已不了了之。

新的语言法在政界引起了很大的争议。乌克兰前总统克拉夫丘克（现负责乌克兰制宪会议）指出新语言法令许多乌克兰人不满②，但是议会仍然草率

① Tadeusz A. Olszański. *The Language Issue in Ukraine*: *An Attempt at a New Perspective*, Marka Karpia: Centre for Eastern Studies, 2012, p.51.

② http://en.for-ua.com/interview/2012/09/03/173003.html.

地通过了该法律,让亚努科维奇总统处理难题。为了满足人们的诉求,总统责令组织了一个工作组,负责研究新语言法的修订方案。目前已经制定了一个修订案,修订案草案何时提交议会将由总统决定。对于有人批评工作组在分裂乌克兰的指责,克拉夫丘克认为批评者应当知道议员们通过了那部并非为整个乌克兰制定的法律就已经分裂了这个国家。语言是一个非常微妙的问题,语言法的制定首先要参照宪法。宪法规定乌克兰语是唯一的国语,是每一个权力机构和政府官员在公开场合必须使用的语言,茶余饭后爱用什么语言就用什么语言。《国家语言政策基本法》规定教育机构可以使用地区语言从事教学,但是无师资、无教材。很显然,新的语言法没有经过深思熟虑,实施不当可能有严重的风险。语言法修订案工作组的任务就是满足时代的需要、人民的需求。

乌克兰语教材编者及语言学家尤施丘克(Yushchuk)与克拉夫丘克持类似的看法,他认为新的语言法违反了宪法及宪法法院的裁决,是不合法的。修订案工作组认为将地区语言本族语者使用人数比例提高至20%—30%能平息新语言法引发的争议,但不能彻底解决问题。尤施丘克指出,按照国际法,少数民族至少需要占区域人口50%才能获得相关(语言)权利。他还明确支持地区语言保护最终由议会决定的提案。

工作组提出的修订案重申乌克兰语的国语地位,包含乌克兰语保护措施,尤其规定在以下场合必须使用乌克兰语:司法及有关文件、政府机关、武装力量、科技及教育、广告等。新修订的语言法还规定乌克兰语广播必须占每天广播份额的75%(而当前只有25%),所有其他语言的广播节目和电影必须翻译成乌克兰语或者带有乌克兰语字幕。修订案还提高了地区语言保护的门槛,即该语言的母语使用者至少占当地人口的30%。然而,工作组的修订方案也遭受批评,例如工作组被指人员构成不当,没有少数民族代表,修订案不但无助于解决问题,反而使形势更加严峻。

《国家语言政策基本法》在俄罗斯也引起了一定的反响,既有为乌克兰俄裔高兴者,也有为加强乌俄关系欢呼者。语言问题在乌克兰与俄罗斯关系史中至关重要,是乌克兰民族建设的先决条件,自18世纪中叶以来,乌克兰在俄罗斯帝国、哈普斯堡帝国、波兰及苏联统治期间,对民族自我认同的追求主要表现为保护和发展乌克兰语。虽然乌克兰语也受到过波兰语、德语等其他语言文化的影响,但是历史、社会、地缘政治及语言因素使乌克兰语和俄语的关系问题最为严重。①

乌克兰语和俄语在乌克兰的地位平衡及发展趋势对两国关系产生很大影响。据俄通社—塔斯社国际频道专栏作家亚历山大诺娃分析②,俄语地位的提高有益于乌俄关系。俄罗斯对乌克兰独立后压低俄语地位的语言法很不满意。据乌克兰的网络媒体报道,俄罗斯独联体事务、俄侨及国际人文合作署(The Federal Agency for Affairs of the Commonwealth of Independent States, Compatriots Residing Abroad and International Humanitarian Co-Operation of the Russian Federation)声称乌克兰有 80 多种损害俄语地位的文件,该署派驻乌克兰的负责人弗洛比约夫(Vorobyov)在部门会议上指出,乌克兰近些年有 80 多种法令在一定程度上违反了国家宪法,损害了俄语地位,侵害了俄侨同胞的权益。在他看来,乌克兰的俄语问题已经由政治问题转变为意识形态问题。虽然在生活和工作中愿意使用俄语的乌克兰人不少于 70%,但是新的语言法在实施过程中会受到严重的阻挠。因此,俄罗斯应当在乌克兰加大俄语的支持力度,与乌克兰的人文合作应当作为俄罗斯独联体事务、俄侨及国际人文合作署的首要任务。③

五、语言政治斗争仍将继续

乌克兰的语言政治斗争由来已久,语言问题早已演变成政治工具。有学者认为,乌克兰要彻底解决语言问题,必须做到完全去政治化、去意识形态

---

① Tatiana Zhurzhenko. "Language Politics" in Contemporary Ukraine: Nationalism and Identity Formation. In A. Bove ed., *Questionable Returns*, Vienna: IWM Junior Visiting Fellows Conferences, 2002, Vol 12.

② Lyudmila Alexandrova. Ukrainian-Russian Relations to Benefit from Law on Status of Russian language, 2012/7/4. http://www.itar-tass.com/en/c39/464306.html.

③ http://en.for-ua.com/news/2012/09/03/111427.html.

化①。但是,从目前的形势来看,乌克兰的语言问题去政治化似无可能。新语言政策的酝酿和出台无不与政治利益的再分配密切相关。为了缓解矛盾冲突,《国家语言政策基本法》出台后就面临修订问题。

根据《基辅邮报》网站发表的乌克兰国际文传电讯(Interfax-Ukraine)2012年8月7日报道②,亚努科维奇提议对《国家语言政策基本法》做重大修订,重新制定推广乌克兰语的国家计划,为乌克兰语的发展成立监察委员会。基本法修订工作组成员将包含基本法的执笔人。从表面看,即使在基本法已经获得议会通过的情况下,亚努科维奇也在照顾乌克兰语群体和俄语群体的语言政治情绪。而实际上,一旦俄语有机会获得区域官方语言地位,原有的语言优势将巩固其社会交际功能、加速其传播和发展,给乌克兰语的推广增加难度,进而影响国族认同和国家统一。这正是基本法反对者的担忧所在。

2013年2月9日,2012年语言法撰稿人获得俄罗斯总统普京颁发的普希金奖章,表彰他们为保护并促进境外的俄罗斯语言文化做出巨大贡献。值得一提的是,一年之后乌克兰爆发严重的政治危机与语言不无关系,亲俄罗斯与亲西方的政治倾向性与语言身份密切相连。2014年2月23日,乌克兰最高拉达就废除2012年语言法的议案进行表决。450席议员中有232名投票废除2012年语言法,但是乌克兰临时总统图奇诺夫(Oleksandr Turchynov)行使了否决权。乌克兰语言政治还会继续发酵。

(本文原载于《中国社会语言学》2013年第2期。略有修改。)

① 张宏莉、张玉艳:《乌克兰俄语地位问题探讨》,《俄罗斯中亚东欧研究》2012年第1期。

② http://www.kyivpost.com/content/ukraine/yanukovych-suggest-serious-changes-be-made-to-language-bill-311184.html.

波罗的海国家的语言政策与民族整合

一、引言

波罗的海国家（立陶宛、爱沙尼亚、拉特维亚）在20世纪经历了至少六次大的语言政策变化：1）沙皇时期严重的俄语化及随后短暂的自由化；2）第一次独立后重申民族语言地位；3）1940—1941年苏联统治第一阶段的俄语化；4）1941—1944年德国纳粹占领时期强制推行德语；5）1944年至20世纪八九十年代苏联解体期间回归"社会主义语言平等"的俄语化；6）成为独立主权国家后将民族语言确立为唯一的国语（Kaplan & Baldauf，2008）。20世纪的波罗的海国家几乎成了语言政策的试验场，民族语言受到一次又一次的生存威胁。在苏联统治时期，民族语言的使用范围逐渐缩小，几乎丧失其重要的社会语言功能和地位。

波罗的海国家与苏联、现今的俄罗斯有着复杂的历史渊源，20世纪初同为沙皇帝国的行省，在俄罗斯革命和第一次世界大战德国战败的混局中争取独立，然后在1940年进入苏联的版图，几十年后又在1991苏联解体变革中重获独立。可是说，波罗的三国在20世纪的历史基本相同或极其相似。他们的语言渊源略有不同，拉特维亚语和立陶宛语是印欧语的近亲，与斯拉夫语系、日耳曼语系不同，爱沙尼亚语则是芬兰—乌戈尔语的一支。不过，三种语言都使用拉丁文字，立陶宛语据称是保存最完善的古印欧语之一。拉特维亚语和立陶宛语是硕果仅存的现代波罗的语言（另一最大的波罗的语言普鲁士语，18世纪末期已经消亡），虽然它们在斯拉夫语及日耳曼语环境包围中生存下来,但是后两种语言对其词汇和结构产生了一定的影响。拉特维亚语和立陶宛语总体上还是与这些周边语言有很大差别。芬兰—乌戈尔语也对拉特维亚语产生了影响,尤其是在重音和词汇方面,使得拉特维亚语与其近亲立陶宛语只能在某些方面能相互听懂(Ozolins,1999)。语言的变迁在很大程度上取决于周边语言环境和语言接触。

苏联时期,其他共和国的一些民众迁徙进入波罗的海国家,在一定程度上改变了这里的人口结构,爱沙尼亚的原住民族由战前的88%降低至1989年的61.3%,拉特维亚从77%降至52%,立陶宛变化不大,由80.6%降至79.6%。人口变化必然带来语言使用者群体结构的变化,本地人为了更好地生活下去开始学习俄语,少部分俄语移民开始学习本地语言(Kolstoe,1995:89),也有人认为俄语移民基本不接触本地语言,冷漠对待当地居民(Rannut,1994)。俄语成为该地苏联时期的主要语言。当地开设俄文学校,非本地共和国语言使用者的子女只好在俄文学校和共和国语言学校就读,但是通常会倾向于前者,导致波罗的三个共和国出现俄语化现象。俄文学校不教授当地语言,而俄语是当地语言学校的必修课。这就导致了"一边倒"的双语制(Ozolins,1999:10)。当地人不得不掌握俄语。比如在爱沙尼亚,俄语成了工作场所和行政机构使用的语言;有政策规定要求人们在提交学位论文时使用俄语,俄语甚至成了获得职业资质或入党资格的条件;俄语在银行、统计、机场、采矿、能源、军事、国家计划、克格勃等许多行业或机构取代了当地语言。

自从苏联解体后,波罗的海国家重新独立。从语言和政治角度讲,波罗的三国开始重建其社会格局,发生了社会巨变,过去操俄语的多数民族在这些新独立的国度里突然成了少数民族。原有的少数民族通过政治主权的变化转变为语言多数民族(Trudgill,1995)。

现在的波罗的三国早已不同于两次世界大战期间的国家,在苏联时期,人口的大量迁徙已经将三国变成了多民族地区,俄语成了占主导地位的官方语言,少数民族语言退居相对次要的位置,主要用于私人生活空间,几乎成为濒危语言。苏联时期形成的社会格局和文化与当前的社会变革及人民的需要交织在一起,对社会的大整合产生了重要影响。其中语言成为社会大整合的一个关键因素。

语言政策是一个社会对其语言赋予什么样的价值达成政治上的一致，语言政策通过立法来实行。语言政策作为国家行使制度赋予的权力的手段，可以从法律、政治理论和其他社会科学角度进行研究；从社会语言学角度看，语言政策研究最有意义的问题不是语言政策的内容而是它与社会语言环境的关系，即语言政策对社会语言环境和语言习惯产生的效果（Siiner，2006：161-163）。语言政策与社会格局的变化息息相关，例如，爱沙尼亚和拉特维亚在要求正式加入欧盟和北约时，其语言政策的出台就引起了很大的反响，有人谴责俄语少数民族被歧视，致使欧盟派遣若干代表团视察这些国家，对他们的语言、公民资格和社会整合规划提出不同的意见，有赞同，也有建议，甚至警告（Ozolins，2003）。

鉴于爱沙尼亚、拉特维亚和立陶宛有一定的共性，我们把这三个国家的语言政策放在同一框架下进行讨论，解读他们的语言政策与实践。有学者（Hogan-Brun et al.，2008）认为，探讨波罗的海国家语言政策对任何国家和地方语言政策的研究制定至少有以下六个方面的意义。第一，有利于了解如何保护民族语言；第二，有助于解读语言权、人口变迁及语言特权；第三，了解国际组织如何关注民族冲突；第四，了解学术界解读波罗的语言政策的视角；第五，了解语言政策的细节内容存在的问题，比如如何向大语种使用者教授小语种、如何对就业者和入籍者实施语言测试、如何设置学校语言教学、如何更改街道标识语等；第六，了解历史与语言政策的联系，尤其是波罗的海国家与欧洲多国的历史渊源使前者的政策非比寻常，政治体制几经变化。这些都能为我们带来一定的启示。

二、语言政策变迁与欧盟干预

20 世纪 80 年代后期，所有非俄罗斯共和国重新要求确立其民族语言的地位，以对抗俄语的统治地位，引来莫斯科的强烈批评。波罗的三国的这种冲突在 1991 年独立后愈演愈烈，莫斯科谴责三国歧视说俄语的大少数民族，对爱沙尼亚和拉特维亚的谴责持续至今（Alksnis，1991；Ramishivili，1998；*Prima*

News Agency,2002,转引自 Ozolins,2003)。但是批评是否属实,我们可以从学者们的讨论中略见端倪。当波罗的海国家重新获得主权后,语言政策成为国民生活和政治的核心问题,与政治关系、国际关系交织在一起,国际上往往对语言政策很敏感,常常对其做出反应,有时是误解,甚至刻意误解(Ozolins,1999)。

(一)语言政策及其反响

独立后的第一要事便是确定公民身份。在这方面,立陶宛与拉特维亚、爱沙尼亚采取了不同的政策。立陶宛认为自己不是新独立的国家,而是恢复独立,他们将公民资格限于 1940 年已成为公民的立陶宛人及其后裔,其他人则采用归化的方式。只要境内居民(军事及安全部门人员除外)签署声明,表示遵守立陶宛宪法,即可获得公民身份。立陶宛之所以采取这一政策是因为境内人口中的非立陶宛族人数少,而且他们的立陶宛语水平相当高,这些少数民族能很容易地被整合进立陶宛社会。立陶宛语于 1988 年 12 月获得国语的资格,2003 年国家议会通过的 2003 至 2008 年国语政策标准(State Language Policy Landmarks 2003-2008)明确了促进立陶宛语的发展策略,即通过确立语言地位、语言体系及用法和语言教学来实现立陶宛语的国语地位,其中一项手段就是语言测试。1992 年和 1993 年政府通过了两项决议:1992 年的 314 号决议要求雇员通过立陶宛语委批准的语言测试,该考试包括听、说、读、写四个模块,这给非立陶宛语使用者提出了挑战;1993 年的 145 号决议则将入籍与语言水平联系起来(Jurgutavičiūtė,2007)。立陶宛的语言考试只针对公共部门(public sector),而拉特维亚和爱沙尼亚则将语言要求推广至公私全部领域,对与公众打交道的私人领域也有语言要求。而且不同职业有不同语言水平要求,例如保姆仅要求具有最低水平的听、说、读、写能力,护士和警官则要求达到中级水平,教师、医生必须达到高级水平(Hogan-Brun et al.,2008)

拉特维亚和爱沙尼亚因为少数民族人数较多,其本地语言能力较低,无法采用立陶宛认定公民的方式。爱沙尼亚 2004 年通过的《2004—2010 年爱沙尼亚语发展战略》明确规定爱沙尼亚语为唯一国语,是爱沙尼亚身份标志,是塑造爱沙尼亚稳定语言环境的语言。该“战略”要求其 50 万非公民居民申请入籍必须掌握一定的爱沙尼亚语。语言测试包括听、说、读、写，听力涉及日常话题，口试谈话内容涉及日常话题、爱沙尼亚历史、地理、人物、文化；阅读理解考察一般知识；写作则为写信和填写表格；老年人及残疾人免试。教育部门也对俄文学校提出较高的爱沙尼亚语课程要求（Ozolins，1999）。俄罗斯认为爱沙尼亚违背了1991年与叶利钦签订的协议，但是爱沙尼亚继续推行其语言及归化政策，甚至通过"外来人口法"（Aliens Law），要求永久居民每五年续签一次居住权。公民配偶及子女、对爱沙尼亚有突出贡献者申请入籍，即可获得公民身份。由于对过严的语言测试的反对声音强烈，爱沙尼亚政府将其测试内容稍作改动、略有简化。

拉特维亚的公民资格及归化问题更加复杂。1991年10月拉特维亚宣布的公民资格决议致使70万人没有了公民资格（Nørgaard，et al.，1996）。其归化政策要求公民必须在当地住满16年、懂拉特维亚语、了解拉特维亚历史，并且要宣誓效忠国家。此决议引起很大反响，遭到非公民的强烈反对。1994年，政府通过修正案，区别对待公民申请人，如出生在拉特维亚未满20岁者从1996年起有资格入籍，非拉特维亚本地出生者从2003年起有资格申请入籍。最为有趣的是，拉特维亚语掌握优异者可获得公民资格（Nørgaard，et al.，1996）。这条规定比西方众多国家的公民资格标准更加宽松，不过最终未能获得通过，但是它很明显地折射出国家对语言的重视程度，把语言作为民族身份的标志。虽然波罗的非公民居民对失去公民资格感到沮丧，但是不愿意在政治上把此事扩大化。三分之二的非拉特维亚族住民赞成要求语言考试的入籍条件，一半非爱沙尼亚族裔住民也赞成语言考试要求（Maley & Rose，1995：40）。

独立后的波罗的海国家通过语言法要求在所有公共场合必须使用本国语言，包括要求教育系统加强本国语言教育，采取措施推广本国语言在公共标识语、广播、出版和公共生活中的运用。莫斯科则要求把俄语作为这些国家的第二官方语言，这一要求显然旨在保护遗留在这些国家的俄语移民社群。莫斯科把语言权与人权混合在一起，希冀得到西方政府的支持。但是欧盟先前派出的代表团发现，没有证据表明波罗的海国家的俄语少数民族受到迫害，欧洲安全与合作会议（Conference on Security and Cooperation in Europe，1993；简称"CSCE"。后来为"OSCE"，即欧洲安全与合作组织）对这一结论表示认可和支持，并且认为有必要将俄语少数民族整合进这些国家（Ozolins，2003：219）。代表团的报告内容令莫斯科大吃一惊，在某种程度上也令欧洲感到意外，欧安组织随后的政策中部分地放弃了1993年带有批评性质的观点。

波罗的海国家没有出现明显因语言问题引起的种族冲突，没有留下让俄罗斯进一步批评的口实。对此，也有人（Kozhemiakin & Kanet，1997）认为，与其他苏联解体后独立的国家相比，俄罗斯对波罗的海国家的政策更加宽松，因为这些国家得到了西方的庇护。

语言政策很容易与语言意识形态和语言实际运用混同起来，而三者本身是有区别的①（Ferguson，1977：9；Siiner，2006：163）。更有甚者，很容易把语言政策与基本人权纠缠在一起，把个体或团体的利益与国家整体利益对立起来。

我们首先考察一下欧洲有关组织如何将不同的思维逻辑交织在一起，对波罗的海国家语言政策做出反应。最为突出的是，从人权角度看待语言政策问题，把语言权作为人权的重要组成部分。但是，由于缺少一部清晰可鉴的语言问题国际法，实际操作起来难有标准。因此，有人（de Varennes，1995、1996）呼吁政府以宽容态度对待少数民族语言，认为积极对待少数民族语言权是减少民族冲突的有用措施，因而赞成“双官方语言”的政策。但也有人（Druviete，1997）认为这一观点有待商榷（Ozolins，2003）。从20世纪80年代后期到90年代后期，语言立法和国际标准问题在东欧得到重视，欧洲组织在语言权的普遍性问题上日渐一致，认为一切问题皆由法律解决。

（二）欧盟干预

西方国家一般以语言权为基本人权和公民资格为借口对其他国家的语言政策进行干预，对于想要加入欧盟的波罗的海国家亦不例外。Ozolins（2003：222-226）举了三个例子说明欧洲国家的干预，1）公民资格与语言，2）私人空

① 语言意识形态是关于语言如何承载道德、社会和政治价值观的概念，是人们关于语言的（明示的和非明示性）看法，例如某国人民认为所有国民必须使用同一种语言，又如怎样使用语言才算得体等。语言政策是一套思想、法律、法规体系，是语言社团（代言人）关于其语言价值系统达成的共识等语言意识形态的体现和表达。语言运用则是社会语言生活实践，包括语言行为和语言产品。

间的语言运用,3)公共职位候选人的语言要求。

1.公民资格和归化条件迄今尚无国际公约,一般交由主权国家自行处理。有的国家宽松包容,也有的国家相当严格。即便如此,欧洲国家没有放弃对波罗的海国家的干预,如爱沙尼亚提议“1995 年外来人口法”(Aliens Law of 1995)带来的交锋,又如拉特维亚 1998 年修改公民法在先期得到欧洲机构同意后引起了广泛关注。两次干预均与国际法律标准无关,而是显示了欧洲加速归化(nativization)过程的政治决心。

在爱沙尼亚和拉特维亚,外来人口归化要达到一定的语言要求,如具备基本的口头和书面表达能力。欧洲安全与合作组织注意到了语言和公民资格之间的联系,虽然希望归化加速,但也意识到语言能力不可能速成,在批评这两国的语言测试存在问题的同时,为语言教学提供大量的资金支持。

2.私人空间的语言运用也引起过较大的争议,20 世纪 90 年代国际社会施压,要求波罗的海国家放弃其语言法中关于私人经济领域的语言要求。波罗的海国家的语言法要求任何行业的从业人员与公众打交道时必须具备一定的国语能力,不同行业有不同的等级要求,但没有明确规定个人之间必须使用何种语言,如医生与病人、店主与顾客该使用什么语言。此处关心的问题不是控制个体的语言运用,而是确保人们具有一定的国语交际能力,保证医生和店主能使用所要求的国语。欧洲安全与合作组织反对拉特维亚 1997 年新语言法的此类要求,认为除非与公共利益有关,私人经济领域不能规定语言的使用;欧洲安全与合作组织同样批评了爱沙尼亚的相关做法,多次派出代表团敦促、警告其按要求修改语言法。

虽然欧洲组织不停施压,拉特维亚议会 1999 年通过的新语言法仍然包含私人经济领域使用国语的规定;总统行使否决权后,该规定修改如下:

“私人机构、组织和企业(或公司)的语言运用及个体从业人员的语言在下列范围内按规定使用:其活动关系公共合法权益(公共安全、健康、道德、保健、消费者权利保护、劳动权力保护、工作场地安全和公共管理监督);对语言运用的限制性规定必须保证公共合法权益与私人机构、组织、公司(或企业)的权益得到平衡”(第 2 节第 2 条,Poleshchuk 2002:4)。

爱沙尼亚在 2000 年也采取了类似的做法,修改其语言法,使用了几乎与拉特维亚相同的措辞,但是列举的行业及“正当的公共利益”领域要求的语言水平令欧委会不满。该语言法的行文表面上满足了欧洲组织的要求,实际上把问题转向如何解读“正当的公共利益”这个模糊词。《2004—2010年爱沙尼亚语发展战略》中没有提私人领域的语言运用,但是指出爱沙尼亚语是人们所有生活领域公共使用的语言,语言水平的提高和语言态度的获得依靠有良好教育、对社会有影响的群体,力争在2010年实现公共语言运用领域主要使用爱沙尼亚语。

3.竞选公职者的语言要求(要求候选人能使用官方语言)也招来旷日持久的批评。欧洲组织甚至威胁,如果不修改这一语言规定,将拒绝有关国家加入这些组织。爱沙尼亚答应2001年修改语言法,但是通过立法使爱沙尼亚语成为国会规定的语言,拉特维亚在2002年5月也做了相似的决定。拉特维亚曾有一个案件(波德科尔金娜案)反映出语言要求引发的批评。

波德科尔金娜案(Podkolzina)曾轰动一时,该案主角波德科尔金娜是一名俄罗斯血统的拉特维亚公民,由于被认定拉特维亚语水平不够而被拒绝竞选拉特维亚议会职位。按照竞选议会的要求,波德科尔金娜通过了最高等级的拉特维亚语测试;后来国家语言中心的考官突然来访,面试其语言能力,要求她用拉特维亚语完成作文,但被波德科尔金娜以无准备和紧张为由拒绝了。考官因此出具了她拉特维亚语水平不合格的报告,结果选举委员会将其从候选名单删除。在她的诉求被当地法院裁决败诉后,波德科尔金娜提出,剥夺其竞选权力违反了欧洲人权公约关于自由选举的条款。拉特维亚政府声称,语言要求是议会这一代表组织的合法要求,其他所有候选人均按此甄别,执行正确得当。法院的裁决很耐人寻味,一方面裁定选举委员会违反了欧洲人权公约,赔偿波德科尔金娜损失,指出行政和司法过程中的缺点;另一方面又考虑候选人语言要求问题是否合理。法院的结论与申请人的诉求有出入。法院认为立法规定议会选举禁止国语尚未达到高级水平的公民竞选是为了保证拉特维亚政府机构正常运转,法院无权决定国家议会选择什么样的工作语言,语言的选择由历史和政治原因决定,原则上完全由国家决定(Ozolins,2003:225)。Ozolins指出,法院从狭义的角度裁决此案,问题落在从名单上除掉候选人名字的方式是否与处理目标相称上。申请人被不公正对待似乎不会有疑义,但是从更广的角度看,提出公职候选人的语言要求就违反了国际法吗?从法院对波德科尔金娜案的判决来看,这一要求没有违反国际法。

Ozolins 的三个例子说明,国际标准需要不断修订,国际组织威胁制裁也能带来一定的变通。波罗的海国家抗议这些标准对他们不合适,欧洲组织变得越来越文本主义,希冀找到合适的行文,保证标准得到遵循。有人(Budryte,2005)认为拉特维亚和爱沙尼亚之所以就其涉及公民权和少数民族权利的语言政策做出让步,是因为他们认识到这种让步有利于加入欧盟。

(三)语言生活实际状况

欧洲安全与合作组织开展许多项目,寻求确立可接受的少数民族权利和少数民族语言国际规范,其中《奥斯陆少数民族语言权建议书暨说明》(OSCE,1998)专门阐述在一国占人口多数而在临国占人口少数的民族所涉的语言权情况。第 18 条关于司法机关语言运用的建议指出:在少数民族众多的地区和地方,如果有愿望使用自己民族的语言,该少数民族群体的人应该有权在司法程序使用自己的语言进行陈述,如有必要,还可得到免费的翻译服务(Hogan-Brun,et al.,2008)。但是,这类建议在波罗的海国家的合适性问题很快显露出来。

波罗的海国家的情况与建议书所涉的情况恰好相反,不存在公职人员不懂少数民族语言(俄语)的问题,无论哪个地区的司法人员都能用俄语进行法庭陈述,反而有很多人不能使用当地的官方语言。在波罗的海国家,苏联几十年的影响使俄语成了这些国家多数人掌握的少数民族语言,说俄语是少数民族语言,是因为现在以俄语为母语的俄罗斯族人数较少,说俄语是多数人掌握的语言,是因为大量非俄罗斯民族的人掌握了俄语。当前,不同民族的沟通中,人们仍然更愿意使用俄语。关于使用俄语者掌握爱沙尼亚语的调查很有水分;按照自评,有 60%—70%的非爱沙尼亚本国公民无法通过爱沙尼亚语考试,通过考试者比期望的人数少。所以有人指出,根据自我报告(self-reporting)调查出的爱沙尼亚语言状况反映的情况不甚明朗,通过爱沙尼亚语考试的人数也不能真实反映出语言整合的实际情况(Siiner,2006:162)。

波罗的海国家的语言政策并非欧盟组织担心的那样,民族语言之间关系也没有莫斯科想象的那样紧张。更有趣的是,大多数俄语居民不同意这样的说法,即"不应该迫使我们这样的人学习波罗的语言",也就是说他们不反对要求他们学习本国官方语言。波罗的语言的合法性和有关公民资格的语言政策得到广泛的支持。俄语使用者整体上没有感受到威胁;从社会语言学角度看,俄语使用者和本地原住民族之间高度宽容。俄语依然广为使用,俄文学校、新闻出版和文化机构未受影响(Ozolins,2003:230)。

与此同时,由于对国家官方语言合法性的认可使俄语使用人群中掌握本国官方语言的人数大幅上升,拉特维亚由 1989 年的 22.3%上升至 2000 年的 58.5%(Tsilevich,2001:2),爱沙尼亚从 15%上升至 39.7%(Estonia,Ministry of Foreign Affairs,2002)。也有人(Druviete,1998:141)认为,就业要求有语言考试证书是学习官方语言的主要因素,比获得公民资格重要得多(Ozolins,2003:230)。波罗的海国家留下来的俄语少数民族并非一个统一的群体,而是一个高度分化的群体,心态差异较大。欧洲组织没有充分认识到这一点,他们所担心的内部冲突并没有实际表现出来,冲突反而表现在俄罗斯对波罗的海国家的批评上。

波罗的海国家的语言政策是实施民族整合方案的措施之一。实施过程中语言教育成为整合的重点,例如,爱沙尼亚几乎把所有工作重点放在爱沙尼亚语教育上(如增加俄文中学的爱沙尼亚语教学比例、向成年人教授爱沙尼亚语等),欧洲委员会认为此举不妥,因此敦促爱沙尼亚政府重视其在国家整合方案中提出的多元文化整合模式(European Commission,2002)。欧洲委员会的报告也显示爱沙尼亚采取了一些积极步骤,例如语言考试免费、为申请公民资格的候选人增加爱沙尼亚语教学、废除公职人员的语言要求、为 2007 年推行全面用爱沙尼亚语进行中学教学制定例外条款等。事实上,爱沙尼亚的做法比西欧国家更宽松。欧洲委员会对拉特维亚的语言政策态度也带有几分不安和专横,这种压力多少具有讽刺意味。在这些波罗的海国家,实际情况是俄语学得少了,民族语言得到重视,英语日益普及。

欧洲国家给波罗的海国家语言政策施加的压力产生了尚未明朗的后果。总体上看,由俄语转向民族语言的步伐很大,虽然有人试图挑起事端但是总体上还算平静,至少语言政策在形式上满足了欧盟的要求。爱沙尼亚和拉特维亚获准加入了欧盟和北约;尽管俄罗斯抗议,欧洲安全与合作组织对波罗的海国家也做出了让步,例如放弃要求拉特维亚将俄语作为第二官方语言的建议。Ozolins(2003)指出,从人权角度处理语言问题存在许多危险,忽视了语言的具体情况。波罗的海国家情况特殊,由于历史原因,作为国语的民族语言本身已经是濒危语言,俄语却是多数人掌握的少数民族语言,不是濒危语言。真正需要保护的是波罗的三国曾受到严重威胁的本土民族语言。

(四)欧盟干预的启示

波罗的海国家语言政策有一定的启示作用。爱沙尼亚和拉特维亚非常积极地提出自己的观点、推行自己的政策、挑战国际组织和批评者,争取自己的权益。当国际组织的代表来考察时,他们并没有发现极端的民族主义分子,而是看到思路清晰的语言专家和立法委员,这些人没有报复批评者,而是充分证明自己政策的合理性。实际情况也是如此,那里并没有出现欧盟想象中的民族冲突或动乱。当国际组织出于自己的政治目的任意立法,以少数民族人权的名义将思想强加在他人头上时,反而可能会出现真正的危险。如果多数民族不敢维护自己濒危的语言而让位于不具有代表性的少数民族要求,他们就成了真正的失败者,失去的将是他们自己的语言、文化、乃至身份。迄今为止,波罗的海国家努力做到了避免此类命运(Ozolins,2003:235)。

三、语言政策的民族整合作用

语言政策是政府为了管理其辖域的语言使用而制定的相关政策,包括确定官方语言、语言规范标准、语言教育等。政策是文件,管理是实质。语言管理是对他人的语言使用和语言意识形态进行修正(Spolsky,2002:320)。所谓语言意识形态,指的是语言使用者认为应该如何使用其语言的理念,语言实践则是人们具体如何使用语言,如何挑选不同语言的习惯做法。作为民族特征的语言选择、语言习惯及其蕴含的理念,在民族大融合中起着至关重要的作用。在一个国家,起着主导作用的主流语言往往引导着各民族的融合、保证民族团结、促进经济共同繁荣与发展。

语言实践和语言意识形态对语言政策影响巨大。语言管理总是以修正现有语言行为为目的，但是如果某一社会对现行语言实践看法一致，则无须制定强有力的显性语言政策。即使某一社会使用多种语言，语言实践复杂，只要语言意识形态统一，语言政策最好是隐性的软政策。在加强国语教育的过程中，人民会做出自己的选择。人生中的重要指标往往成为决定语言选择的主要动机，如更好的教育、更好的就业前景、更好的生活等。

当意识形态出现混乱时，语言往往被用作国家和民族的显性认同标志，有时甚至以语言能力作为公民资格和国籍的基本要求，波罗的三国的语言政策就体现了这一特点。语言此时起到了甄别族群的作用，当然，此种政策也容易招致其他民族或语言使用者的反对。俄罗斯政府为了保护俄裔侨民的利益而对波罗的海国家有关语言政策采取批评的态度，就说明此类语言政策易于引起国家或民族之间的纷争。印度独立后难以彻底实施其印地语作为国语的政策，也是因为非印地语民族强烈反对的结果。南部非印地语邦省宁愿推崇殖民者遗留下来的英语，也拒绝接受其他民族语言作为国语。这也是印度采取三语制的重要原因之一。一个国家的语言生活状况总是在变化的，语言政策也应相应进行调整。波罗的三国独立前后的语言政策大变化，印度不同阶段的语言政策调整，均反映出这样的规律。

关于语言政策涉及的语言权、公民权、人权等问题，有学者（de Varennes，1995、1996）指出，国际上并无关于公民权具体内容的一致看法，《欧洲人权公约》和《国际人权公约》都没有把申请公民身份的权利认定为人权（recognizes the right to a certain citizenship as a human right），因此每个国家都有权利决定获得其国籍的资格条件。也就是说，其他国家批评波罗的海国家以语言作为入籍条件违反人权是没有法律依据的。一个国家要求自己的国民必须掌握国语或官方语言，或者要求公职人员必须参加国语考试，根本不是什么人权问题。所以，这个问题需要从两个角度来看，一方面，人们有选择自己语言的权利，语言权是人权的一部分；另一方面，国家有权利决定入籍条件，至于某人是否有权或有资格入籍，不由个人自定，也就是说个人没有强行入籍的资格。

批评入籍条件中设立语言门槛者很难解释清楚为什么拉特维亚入籍条件

中的语言限制没有引起大规模的抗议，相反似乎成了国家稳定的基本因素。这是一个很值得深思的问题。语言政策的制定是否应考虑外国政府和学者的意见，似乎不是一个问题。关键在于本国语言政策制定各方需要认真全面地考虑相关问题，如政治决心和目的、国家实力、语言群体的规模和分布、族群关系、外交关系等。

有学者（Kaplan & Baldauf，2008）指出，语言政策制定者、立法机构、语言学家需要认真考虑以下几点：1.民众对于语言政策的渴望度和支持度；2.实施语言政策所需的财力物力；3.主要实施人存在的各种偏见及克服偏见的手段；4.政策有延续性，有足够的实施时间，不会因某一执政者而改变；5.语言政策不一定有立竿见影效果；6.语言政策要符合经济形势和其他立法，以免造成冲突。民族整合与民族和谐，是波罗的海国家语言政策追求的目标。

波罗的海国家的语言政策取得了一定的成效，学校教育贯彻实施国语教学，掌握国语的少数民族人数显著上升，例如 1989 年爱沙尼亚只有 15%的俄罗斯族人声称掌握爱沙尼亚语，2000 年上升至约 40%，带有明显的双语趋势。当然，语言政策没有立竿见影的效果，爱沙尼亚族和俄族社区依然泾渭分明，爱—俄交流主要还是使用俄语。此外，因为宪法赋予新闻媒体言论自由、获取和传播消息的自由，新闻媒体使用的语言依然还是多样化，俄语节目仍然占有相当地位，仍然有俄文学校、媒体和文化机构（当然这有俄罗斯支持的功劳）。例如立陶宛有 14 种少数民族报纸期刊，其中 6 种俄文报纸、2 种俄文杂志，4 种波兰语报刊，俄语和波兰语均有 24 小时广播节目。语言政策似乎无法对所有地区产生相同的效果，例如北爱沙尼亚的东部接壤地区俄语盛行，因为俄族人数大大超过本族人。与首都塔林相比，此处俄族人的爱沙尼亚语水平相距甚远。

四、结语

波罗的海国家的语言政策在某些方面取得了相当的成效：1）迅速改变了城市乡村的公共标识语；2）逐渐、稳步提高了少数民族居民的国语水平；3）少数民族基本上对语言政策采取积极的态度;4)开始加强少数民族中等教育中的国语教学;5)使服务行业的国语水平达到极高水平;6)提高了成人国语教学和测试水平,达到国际标准;7)大大加强了本国语言在欧盟语言中的地位;8)不但没有消灭少数民族语言(包括俄语),反而在基础教育阶段提供非俄语的少数民族语言教学,因此改变了其他少数民族语言被俄语化的趋势(Hogan-Brun,et al.,2008)。

波罗的海国家在语言规划过程中大量参考使用《欧共体语言框架》(the Common European Framework)以确定其国语作为第二语言的教学标准和方法,确定外语教学的标准和方法。他们从小学开始进行二语和外语教学,采取“1+2”的语言方案,即国语之外还需学习第二语言和一门外语。波罗的海国家加强外语教学,尤其是英语教学,作为外语的俄语虽然在学校教育有些失势,但它还是商业领域广为使用的外语。他们还注重专业术语的本体规划,大量借鉴英语,加强词汇的拼写规范等。

由于历史原因及政治因素,波罗的海国家的语言政策带有浓厚的政治色彩。语言政策被当作一种政治工具,为民族整合服务。语言法照顾了人们的语言能力和兴趣,调动了不同群体,在一定程度上起到了权利再分配的作用。语言不但象征民族身份,而且体现了独立的含义。提出入籍的语言要求很好地表达了民族标准。

波罗的海国家的语言政策招致邻国俄罗斯乃至欧盟组织的批评,然而,实际情况并非批评者所称的那样。波罗的海国家的语言政策不是极端民族主义政策,他们独立后加强了新国语的教育,但是依然有俄文学校,大众传媒享受充分的语言自由和新闻自由,俄语在双语交流、求职就业中占一定优势。由于语言政策的出台,俄语不再是以往的国语(苏联的国语),俄语失去了特权地位,过去只说俄语的俄族人士不得不学习新的国语,“一边倒”的双语制(俄语化)被颠覆。在格局产生变化的双语制中,俄语还是大多数人使用的少数民族语言,而拉特维亚语、爱沙尼亚语和立陶宛语在这些国家是较少人掌握的大民族语言。正因为如此,这些民族语言才需要有效的政策进行保护。成为国语的民族语言是各少数民族必须掌握的语言,掌握语言是归化和整合的前提,整合则是入籍的基础。这一切为波罗的海国家语言政策的制定和实施找到了依据。当然，语言政策的过度政治化也会给语言规划带来一定的不利影响，比如语言本体规划、术语研究、方言、语言变体等无法得到足够重视。

波罗的海国家语言政策、语言规划蕴含丰富的启示，不但有政治的还有外交的。有人(Hogan-Brun, et al., 2008)认为以下四点尤为突出。第一，波罗的海国家使边缘化的民族语言获得了国语地位，他们采取坚决的语言政策，保护了自己的民族语言。第二，欧盟以人权为基础的法律框架关注波罗的海国家的语言政策，反而招致波罗的海国家的反驳，普世主义思想遇到具体情况也要考虑当地历史渊源做出一定的让步。第三，波罗的海国家在语言教学、语言测试、教学大纲、教学方法等方面经历的变化也值得别国参考。第四，波罗的海国家在对待民族语言和多语制问题上，采取彻底的历史观，回归过去的国体和社会。他们制定语言政策时没有采取狭隘的民族观，而是承认长久以来的多语传统，认识到文化在苏联期间已经粉碎，难以重建，只好保留一定程度的文化自治。显然，这些启示或许在语言规划历史上成为经典范例，至于对哪国有借鉴意义，则要根据具体情况而定。

参考文献

Alksnis, V. Suffering from self-determination. *Foreign Policy*, 1991, No.84.

Budryte, D. *Taming Nationalism? Political Community Building in the Post-Soviet Baltic States.* Aldershot: Ashgate, 2005.

Druviete, I. Linguistic human rights in the Baltic States. *International Journal of the Sociology of Language*, 1997, No.127.

European Commission. Regular Report on Estonia's Progress towards Accession. Brussels: Commission of the European Communities, 2002. http://europa.eu.int/comm/enlargement/report2002/ee_en/pdf.

Estonia Ministry of Foreign Affairs. Citizenship and Nationality, 2002. http://www.vm.ee/estonia/kat_172/2868.html.

Hogan-Brun, G. At theInterface of Language Ideology and Practice: The Public Discourse Surrounding the 2004 Education Reform in Latvia. *Language Policy*, 2006, No.5.

Hogan-Brun, G, & M. Ramonienė. Emerging Language and Education Policies in Lithuania. *Language Policy*, 2003, No.2.

Hogan－Brun, G., U. Ozolins, M. Ramonienė, & M. Runnut. Language Politics and Practices in the Baltic States. In Kaplan, R.& R. Baldauf, Jr. (eds.). *Language Planning and Policy in Europe, vol.3—The Baltic States, Italy, and Ireland*. Clevedon, UK: Multilingual Matters Ltd., 2008.

Jurgutavičiūtė, G. Social Integration and Testing Titular Language in Lithuania. *ALTE Conference, Vilnius, 9th November*, 2007.

Kaplan, R.& R. Baldauf, Jr. (eds.). *Language Planning and Policy in Europe, vol.3—The Baltic States, Italy, and Ireland*. Clevedon, UK: Multilingual Matters Ltd., 2008.

Kolstoe, P. *Russians in the Former Soviet Republics*. Bloomington: Indiana University Press, 1995.

Kozhemiakin, A. V. &R. E. Kanet. Russia and its Western Neighbours in the 'Near Abroad'. In A.V. Kozhemiakin & R.E. Kanet (eds.). *Foreign Policy of the Russian Federation*. Basingstoke: Macmillan, 1997.

Maley, W.& R. Rose. *New Baltics Barometer II*. Glasgow: Centre for the Study of Public Policy, 1995.

Ministry of Education and Research Estonian Language Council. *Development Strategy of the Estonian Language* 2004－2010. Tartu, 2004.

Nørgaard, O. et al. *The Baltic States after Independence*. Cheltenham: Edward Elgar, 1996.

Poleshchuk, V. Estonia, Latvia and the European commission: Changes in Language Regulation 1999－2001. 2002, http://www.eumap.org/articles/content/40/402.

Ozolins, U. The Impact of European Accession upon Language Policy in the Baltic States. *Language Policy*, 2003, No.2.

Ozolins, U. Between Russian and European Hegemony: Current Language Policy in the Baltic States. *Current Issues in Language & Society*, 1999, No.6.

Prima News Agency. The State Duma Resent Latvia Language as the State Tongue of Latvia. 7th June 2002, http://www.prima－news.ru.

Ramishvili, T. Latvia and Estonia: Human Rights Violations in the Center of Europe. *International Affairs*, 1998, No.4.

Rannut, M. Beyond Linguistic Policy: The Soviet Union versus Estonia. In T. Skutnabb－Kangas & R. Phillipson (eds.). *Linguistic Human Rights: Overcoming Linguistic Discrimination*. Berlin: Mouton de Gruyter, 1994.

Schmid, C. Ethnicity and Language Tensions in Lativa. *Language Policy*, 2008, No.7.

Siiner, M. Planning Language Practice: A Sociolinguistic Analysis of Language Policy in Post-communist Estonia. *Language Policy*, 2006, No.5.

Spolsky, B. Language Policy, Practice and Ideology. In E. Ben-Rafael & Y. Sternberg (eds.). *Identity, Culture and Globalization. The Annals of the International Institute of Sociology*, 2002, No.8.

Trudgill, P. Sociolinguistics: An introduction to Language and Society. London: Penguin, 1995.

Tsilevich, B. Development of the Language Legislation in the Baltic States. MOST Journal on Multicultural Societies, 2001, Vol. 3, No. 2. http://www.unesco.org/most/v13n2tsilevich.htm.

de Varennes, F. The Protection of Linguistic Minorities in Europe and Human Rights: Possible Solutions to Ethnic Conflicts? *Columbia Journal of European Law*, 1995/1996, Vol. 2, No.1.

Wright, S. The Right to Speak One's Own Language: Reflections on Theory and Practice. *Language Policy*, 2007, No.6.

（本文原载《俄罗斯中亚东欧研究》2010年第4期，《语言文字学》2010年第12期全文转载。另一作者为刘润清。）

下篇　第二语言教育理论探讨

——以二语习得研究为例

二语习得研究理论建设探讨

——认识论、理论取向与理论类型的融合观

一、引言

二语习得是人类重要的认知活动，把二语习得作为认知科学的一部分来研究是不容置疑的。由于语言又是人类文化活动的重要工具，很难将其与社会文化分离开来。不同的研究目的和认识角度决定了二语习得研究者的理论建设方向。最近十几年来二语习得研究界出现了科学主义与人文主义的碰撞、理性主义与相对主义的对立(Jordan,2004)。

认识论与方法论的冲突和对立影响二语习得研究的发展。根据 Gregg (2006:413-414)的总结，人文主义、后现代之类的认识观在应用语言学界和二语习得界表现为不相信变量可以被控制，把实证研究得出的观点看成隐喻，嘲笑实证研究是羡慕物理学的行为，否认获得客观知识的可能性，甚至彻底抛弃实证研究的价值观和方法论。在 Gregg 看来，这是对科学、尤其是认知科学研究彻头彻尾的误解。然而，即使是认知科学框架下的二语习得研究也出现了一种反理性的思潮，一些特别关心二语学习的社会和政治方面的研究者和担心这些方面被忽视的研究者(如 Watson-Gegeo,2004)提倡语言社会化研究范式(language socialization paradigm)。姑且不论是否能将此视角的研究称为范式，提倡者的观点和论述之法被科学主义、理性主义、认知科学的捍卫者 Gregg 有条有理地批驳为误解认知科学和二语习得研究，它们缺少真正意义上的证据和论述，因而无须理会。但是，这不等于说从社会文化角度研究二语

习得毫无意义,理论竞争的实质是不能通过误解、歪曲和盲目否认其他研究范式来确立自己的地位。

有鉴于此,本文试图厘清二语习得研究理论建设的方向性问题,虽不专门探讨人文主义与科学主义之争,但从中汲取有关思想并且提出认识论、理论取向和理论类型的融合观。

二、认识论:现实主义、经验主义、理性主义、相对主义

认识论是关于人类知识来源和发展的哲学思想。二语习得理论建设的分歧反映出不同的认识论。二语习得研究有这样几种认识论观点:现实主义、经验主义、理性主义及相对主义。

(一)现实主义

现实主义认为客观物体即使没有被认识也会继续存在,抽象概念不论叫什么名称也是存在的,即概念的存在独立于其名称。在现实主义者看来,科学研究的典型成果是了解基本不因理论而存在的现象(theory-independent phenomena),获得的知识可以解释不能观察的相关现象(Gregg,2003a)。在知识的认识上,现实主义包含这样的意思:我们所相信的一切只是在逼近现实,每一组新观察到的数据让我们更深刻地理解现实、靠近现实。

在二语习得研究领域,科学的现实主义应该解答成功的二语习得理论包含哪些内容,即二语习得理论解释哪些不可观察的实体(unobservable entities),如L2知识的表征状态(包括起始状态、中间状态和终极状态)及其变化过程、变化的原因等。理论观点的正确与否取决于所论述的实体是客观存在、不以人的意志为转移且理论阐述正确、令人信服。现实主义的二语习得理论在方法论上采用溯因推理(abductive reasoning),推断出最佳解释,预测并解释一系列相关现象。溯因推理的出发点是一组已知事实,由此提出假设,解释观察到的现象和结论。例如语言习得表现出的起始年龄差异作为可观察的事实产生了关键期假说(Lenneberg,1967),二语习得研究者也借此解释成人

二语习得能力下降的现象(Birdsong,1999)。溯因推理要求在神经科学和心理学层面寻求语言习得成败的深刻解答。二语习得的现实主义研究采用的是一种逼近客观现实的探索方法。

(二)经验主义

作为认识论重要一员的经验主义①认为一切知识来源于实际经验,不太相信天赋思想。经验主义者不会接受基于不可观察现象之上的“知识”。“知识”预设“真理”,所以经验主义者认为研究者对理论的最大贡献就在于实证充分性(empirical adequacy),最保险的做法是只相信你我都能观察到的一切,尽管我们也可以使用超越观察的理论构念,进行合乎逻辑的推理。经验主义者以工具论态度看待理论构念,用其进行预测,但又不将其看作真实的实体(real entities)(Gregg,2003a)。经验主义强调用实证方法(尤其是实验)获得的科学知识,因而一切理论和假说都必须用证据和观察的事实进行检验,而不是完全依靠直觉和推理。经验主义及实证论方法在二语习得研究中影响巨大,大部分假说都可以通过实证的方法进行证明或证伪。例如Beck(1997:93、97;1998)的局部损伤假说(Local Impairment Hypothesis)提出L2知识只在曲折规则体系中有缺陷(L2 knowledge involves a deficit only in the inflectional rule system),这种缺陷仅影响动词提升所涉的词汇或形态句法机制。该假说的提出者用实证调查论证其真伪。

(三)理性主义

看似与经验主义对立的理性主义(rationalism)把理性作为知识之源,引入数理方法,用演绎的方式从基本公理推理出知识。我们有的知识远远超出经

① 经验主义一词翻译自empiricism,该词有不同的含义,哲学上表现为一切知识来源于经验,方法论上则为用实验和观察的方法(而不是通过理论和推理)进行科学研究。笔者认为前者适合翻译成经验主义,后者则应译为实证论。还有作为empiricism的positivism推崇这样的知识观:一切知识基于人知觉的经验,而不是直觉和启示。Positivism通常被译为实证主义,logical positivism则译成逻辑实证主义。也就是说,在译名上我们倾向于用“主义”指哲学思想,用“论”指方法论。例如二语习得的connectionism就不应该译成“连通主义”,译成“连通论”更妥帖,因为它不是哲学思想,而是一种方法论,提出的是连通论模式。

验提供的信息,因而可以通过推理找到这些超出经验的知识。理性主义在探求知识时方法上相信直觉和演绎,内容上相信天赋概念。二语习得研究中的理性主义一般源自 Chomsky 的语言学思想,Gregg 是这一思想的捍卫者,例如他非常明确地采用理性主义立场批评 Rod Ellis 的可变语言能力模式(参见 Gregg,1990)。但是,我们不必把理性主义和经验主义看成不相容的认识论,科学研究就存在这样的情况,数学和其他形式科学研究采用理性主义,物理和化学采用经验主义的实证论。二者的结合毫无矛盾,反而起到互补的作用。二语习得研究中也完全可以将二者结合起来,例如认为人类语言能力拥有获得后天语言知识的天赋语言机制,核心知识是外围知识赖以发展的基础。如果这样的看法正确,经验主义和理性主义就能结合在一起,作为互补的认识论和方法论依据指导二语习得的实证研究。彻底将二者对立起来无助于了解二语习得的本质,反而妨碍学科的发展。

20 世纪 90 年代,*TESOL Quarterly* 和 *Applied Linguistics* 曾出专题,探讨二语习得的理论建设问题,虽然大部分文章推崇理性主义认识论角度,主张逻辑推理和实证研究,但是随后出现了各式相对主义观点,主要遵循 Lincoln(1990)和 Guba(1990)的建构论,甚至有的直接参照 Derrida 和 Foucault 的后现代著作。无论其观点有何源头,相对主义者一致否定理性主义和经验主义的基本假设、研究方法和权威地位(Jordan,2004:1)。例如 Block(1996)嘲笑理性主义者羡慕科学,认为没有必要承认已经接受的发现,没有必要进行验证性复制研究(replication studies)。相对主义的另一倡导者 Lantolf(1996)把理论看成隐喻,把理论当成画廊里的画一样来欣赏。这种对科学研究方法和理论的误解必然引起理性主义者和经验主义者的批判。

(四) 相对主义

相对主义者与其他三种认识论有天壤之别,哲学上的相对主义是一种怀疑论,即命题的真值取决于解读者,因而没有绝对真理。相对主义不承认现象的理论独立性,不承认知识和实证充分性具有普遍效度(universal validity)。这一点与现实主义者和经验主义者完全相反。相对主义者眼中的理论只相对于某一个人观点、某一文化环境、某一时间范围来说是真实的(true relative to some specific personal point of view、cultural or temporal context)。Gregg(2003a)反对相对主义的二语习得观,指出没有科学家会采取相对主义的观点,而且用实证研究得出无须实证就能得出的结论本质上是自相矛盾的,也是难以令人信服的。Long(1993:230)对于相对主义的揶揄更为严厉:"真不明白相对主义者为何还要从事研究"。现实主义与相对主义在二语习得研究中可表现为L2知识属性的解读上,现实主义者可能认为现在的研究揭示出来的L2知识体系和发展规律还只是我们朝最终目标迈进的一步,进一步的观察会更新我们的认识,更加靠近现实。而相对主义则不相信我们的L2知识能靠近目标语,每个人获得的L2知识都是相对的,即使到了高级阶段也会因人而异。相对主义无法解释语言的共性,也不会相信存在共性。但相对主义似乎在解释语言的外围现象时能做出看似合理的解释。

当然,如果我们把二语习得研究作为认知科学来研究,就不应该遵循相对主义思路。Gregg(2003a)指出,科学家(包括二语习得研究者)之所以没有按照相对主义框架从事研究,是因为无法令人相信相对主义能站住脚,无法相信它是一种合理的认识论。我们很难想象理论概念具有相对性,更不可能相信知识和真理的相对性①(例如数学原理没有相对性问题)。对于二语习得理论建设而言,区分现实主义和经验主义似乎更有现实意义。

经验主义者只相信可观察的实验证据,将其与理论区分开的方法必须是非任意的(non-arbitrary),但是,长久以来二者的区分不可避免地带有任意性,因为观察也是带有理论性的。如果经验主义者不能令人信服地区分理论与观察,就失去了相信理论实体(theoretical entities)存在的根本,语言学领域尤其如此,因为语言学提出的实体(包括普遍语法在内)原则上是不可观察的(Gregg,2003a:833)。如果承认观察带有理论性,认识上就会出现几种不同方向。相对主义认为研究者不可能做出理论上中立的观察(theory-neutral ob-

---

① 科学研究中,数学不存在相对性问题,而经典力学有一定的相对性。从数学上看,力学相对性原理要求:牛顿运动定律以及力学的其他基本定律从一个惯性系换算到另一个惯性系时,数学形式应保持不变。经典力学有它的适用范围:只适用于低速运动,不适用于高速运动;只适用于宏观世界,不适合微观世界。如果我们把语言设想为微观(语言知识体系)和宏观世界(语言所处的社会文化环境)的结合、数理(语言的运算机制)和物质世界(语言产品)的结合,也许能更清楚地看出不同认识论融合的可能性。

servation)，即使是看似朴实(innocent-seeming)的观察也会带有理论预设的色彩。也就是说，以不同预设作为出发点的两个研究者不可能就其推断达成一致的认识。按照相对主义者的看法，没有理论上中立的观察。若如此，我们就无法期盼所有理性研究者接受所观察事实的真实性。

（五）认识论的相容性

我们不能把不同认识论看成完全相左的、对立的观点，认识论反映观察问题的视角。不同认识论的二语习得研究基本建立在研究者的不同观察之上。如果把二语习得看成一个多层面、多角度的现象，出现不同认识论视角的研究也是可以理解的，而且也可能进行融合。

理想的状态是所有观察者亲眼看到的都是同样的对象，并对其进行理论解释。然而，带不同理论预设的研究者观察的事物是不同的。观察带有理论性并不意味着不能做理论上中立的观察。没有理由相信理念(beliefs)对观察的影响达到相对主义者认为的程度。也没有必要要求所有观察对于所有理论是中立的，只要观察对于正待检验的几种理论来说是中立的就足够了(Gregg，2003a)。以二语习得研究的合乎语法性判断测试为例，因为很难将受试的知识与他们做题的答案建立起十分可靠的因果关系，我们可能不相信测试结果，放弃了正在检验的语法理论概念，或者对合乎语法性判断看法不一，等等。但有一点，我们无法否认观察到的结果：受试的测试成绩。合乎语法性判断测试观察的是行为，我们从这些行为推理出合乎语法性判断，从推出的判断再推断出假定的语法知识。这一推断经历了“确切的行为—可能的判断—假定的知识”三个复杂的环节。换言之，我们观察到的是受试得分情况，但这不是我们的目的，我们要得到的是肉眼看不到的合乎语法性判断。这些看不到的现象(而不是观察到的数据)才是我们的研究对象。

说观察带有理论性决不表明不能客观地比较和评价理论，只是缺少一个区别理论性观点和观察性观点的标准而已(Gregg，2003a)。例如，普遍语法可及性是一个理论性观点，而母语迁移可能是一个观察性观点，但是区分二者的标准尚不明确。否认理论与观察之分有可能使研究者像现实主义者和理性主义者那样接受纯理论(不可观察)实体的存在,现实主义者必须拿出一套标准来确定不可观察的概念(unobservable construct)是令人信服的。由于缺少可观察性的标准,现实主义者不得不依靠简洁性、解释力、最具解释力的推论等非实证性标准,以便在理论上做出选择。

现实主义和经验主义都是二语习得研究的合理认识论。虽然研究者不会在自己的成果中明确表明认识论观点,但大多数研究者认为他们相信的理论是合乎逻辑、符合自然法则的,而且可以证明这一点。现实主义和经验主义的区别之一是不可观察物的作用(the role of non-observables)。将二语习得结果归咎于不可观察的心智因素时两派研究者的看法不一。经验主义者诉诸环境,重视操作过程(operationalization),现实主义者则提出大量心智因素,从理论上而非操作层面对其进行论证(Gregg,2003a:835)。

人作为二语习得的主体,由物质和精神构成。语言的物质属性和工具功能决定了二语习得者不但获得语言知识,而且附带获得语言承载的社会文化内涵。二语习得研究中我们应该摒弃现实主义、理性主义、经验主义和相对主义认识论中极端的、对立的观点,汲取有益的成分,形成合理的互补视角,只有这样才有助于学科的进步。具体地说,这些认识论可做如下融合,1.理性主义角度:我们相信人类心智有天赋语言专用的机制,这一部分的知识不是靠后天经验获得的,关于这类知识的研究基本采用演绎推理;2.经验主义角度:具体语言体系(包括 L2)的发展依靠语言习得者获得的语言输入与天赋语言机制共同起作用,这方面的研究主要采用实证方法;3.现实主义角度:语言知识包含我们还无法观察到的内容,通过实验得到的结论仅仅是我们认识语言习得本质道路上往前迈出一小步;4.相对主义角度:L2习得者后天获得的知识存在个体差异,尤其是显性(有意识)知识概括的语言规律表现出明显的相对性;由于实验对象为社会环境下有思想有意识的人,即使尽量控制有关变量,实验获得的数据和得出的结论也很难保证具有普遍性;这种相对性不是语言系统本质属性造成的,而是因为实证研究的条件不够完善。

坚持这样融合认识论,才可以避免无益的对立,促进学科健康发展。

三、理论取向:内在论与外在论

二语习得理论在认识论上的区别也反映在研究方法、证据的取舍和理论解释的范围上,好的理论需要解释二语习得过程、二语知识的表征及其变化,还应揭示外在因素对内因所起的作用及条件。

(一)内在论研究

二语习得研究作为异于社会科学的认知科学应该是内在论(internalist)研究,主要关注学习者内在的心智状态变化,而不是学习者群体或个体的行为,不是学习者的外在语言(E－language),虽然这不等于说外在论(externalist)二语习得研究微不足道、毫无意义、误入歧途、毫不相干,更不表明可以忽略学习者的行为(Gregg,2003a:835－836)。狭义的内在论指Chomsky的内在论思想和研究方法及其在二语习得研究中的应用,广义的内在论超越理性主义认识论和方法论,将实证论融合在中介语内在属性(语言能力)的探索中。

内在论语言学(如Chomsky,1995,1999)在不否认外在论研究具有价值的情况下视语言为内在知识体系,从生物语言学的角度对人脑心智的语言官能进行研究。虽然内在论视角的二语习得研究还不能完全做到与Chomsky的理论发展亦步亦趋,但是其基本思想已经渗透到二语习得理论构建中。例如,我们按照认知科学的观点把无意识的心理过程看成已知事实(a given),认为语言能力的基本成分是无意识的且无法有意识运用它们,语言能力的习得过程同样也是无意识的(Gregg,2006:417)。

只要承认存在着我们无法用有意识的方式习得、思考、运用的语言知识,就无法否认认知研究的价值,就有必要研究语言的内在属性。内在论对语言能力有明确的界定,这种称为能力的概念是语言知识体系,不是语言运用的产品;是生成语言产品的核心部分(如音系、语义、句法、形态、语用构件),不包括语言的关联部分(如产生语音的感知运动系统、构成思想的概念认知系统），更不包括与语言有一定关系的政治、社会、文化等非语言本体的知识。语言的内在系统是语言习得的关键，是内因，语言的外在环境（即政治、社会、文化）是外因；外因是变化的条件，内因是变化的根据；外因通过内因而起作用，内因起决定作用。如果二语习得者没有普遍语法知识或足够的二语知识储备（内因），超出习得者当前二语知识水平的教学（外因）就会无法起作用，二语习得者也无法有效获得该语言承载的社会文化内涵，真正领悟该语言表达的思想。

内在论二语习得研究则不考虑上述外因问题，关心的是学习者L2语言知识的表征和变化，忽略看似明显的表面个体差异。内在论的最大特点是将研究内容理想化，预设研究对象（且只有该组对象）具有某些共同的特质并加以论证。例如，Gregg（2003a）按照内在论的研究思路提出可以尝试用实证研究证明或否定以下观点：1.L2学习者可以获得类似本族语者的语言能力，二语习得本质上与一语习得相同，正如理想化的一语习得者获得完美的语言能力一样，理想化的二语习得者也能如此；2.成人二语习得者与儿童二语习得者的初始状态是否有普遍性差异，是否L2最终语言能力存在普遍性缺陷。

不容忽视的是，其一，理想化习得者的语言能力与二语习得现实存在明显的差异，可能需要从语言习得的外部寻求解释，如语言输入的质与量、学习动机等情感因素、文化导入的程度等等；其二，理想化二语习得者与理想化一语习得者的最终语言能力也可能存在一定的差异，需要理论对此进行解释，如将差异解释为成人失去儿童具有的学习机制，或者成人不能重设L2参数值等。显然后者是一种内在论解释，而从语言习得的外部寻求的解释应该是一种外在论解释。

无论采取何种方法，预设学习者具有统一性、一致性、共性都离不开部分或完全将学习者理想化。我们要把理想化与现实看成互补关系，而不是一对矛盾。例如，用某种大规模考试的作文作为语料对学习者的语言发展进行研究就预设了所有作文提供者具有共性，语言运用具有某些共性，忽略不同考试时间和环境、考生年龄、情感因素、学习环境、语言输入和学习年限等因素对语言运用的影响。这种做法就隐含“理想化”。内在论在方法论中明确提出理想化的概念，设定学习者具有某种（不一定能观察的）同一性，以便就学习者之间可能存在的差异和不可能出现的差异提出可供检验的、有条理的假设，而不是对现象进行一番描述而已（Gregg，2003a：838）。内在论的所谓理想化二语习得者是从无以计数的学习者中抽象出来的对象，不以某个具体学习者为模版，因而不能误解为是L2知识完美无缺、语言运用无所不能的学习者，而是淡化一些外在的个体因素。

（二）外在论研究

狭义的外在论仅研究中介语的外在特征（如中介语语料），用调查数据构建中介语语言体系，广义的外在论覆盖中介语及影响中介语发展的因素（包括语言因素和非语言因素）。

二语习得的外在论研究在认识论和方法论上没有内在论那样统一。一般来讲，外在论研究不会采用理性主义的认识观，而是经验主义的实证论，研究的内容不是语言的直觉知识或隐性知识，更不会是天赋知识（语言习得的起始状态），而是语言运用的产品，如L2书面和口头运用的产品。

外在论同样和内在论一样将研究对象、研究内容理想化。例如，外在论者在运用语料进行研究时一般预设了（虽然研究者不会明确表明这个观点）语料提供者具有共性，研究一定样本的语料就能推断出样本之外学习者的语言发展状况；外在论者还将提供语料的环境理想化或者忽略环境因素可能造成的干扰。外在论研究覆盖的范围比内在论广阔，除L2语言本体的研究外还涉及环境中与语言相关的因素（如语言学能、语言环境、语言输入、交际类型、教学活动等）和学习者非语言因素（如性格、自我、动机、态度、焦虑等情感因素，学习策略等认知手段）。

由于外在论研究一般试图论证某种因果关系（如学习动机与学习成绩的关系、学习策略与学习成败、写作训练与写作能力等），此类研究对师生似乎更有吸引力。例如Krashen（1985）的五大假说（输入说、自然习得顺序说、监察说、习得—学得说、情感过滤说）虽然不便于用实证方法证明或证伪，但是影响了语言教学界，成为语言教学论著必谈的理论（如Brown，1994；Nunan，1988；Widdowson，1990），Swain（1985）的可理解输出说也产生了类似的影响。

理想的理论应该在其选择的一组研究对象基础上做出有科学意义的概

括,而且所得概括能适应该组所有对象。外在论研究依据语言运用的外在产品,然而,不但非本族者的话语多有不合语法之处,而且本族语者的话语也有不合语法之处。人们使用语言时的心理因素(如紧张、焦虑等)可能导致语言使用失误,出现不完整句、语法错误等,但这不等于说本族语者的语言能力时高时低。二语习得者使用同一个 L2 语言项目时出现时对时错的情况,问题比本族语者复杂,很难判断其语言能力的真伪(Gregg,2003a)。研究者很难从学习者的语言运用产品找出一套与 L2 的本族语者话语产品不同且具有学习者语言特点的研究对象,也很难从本族语者(充满语法错误)的话语中找出适合参照的研究对象,所以往往只好用二语学习者的"实际"语言产品对比"理想化"的目标语产品。这种对比研究很容易犯 Bley-Vroman(1983)所称的对比谬论(comparative fallacy)之误。如果不将研究对象理想化,外在论研究很难找到真正称得上同质(homogeneous)的 L2 学习者群体,异质的语言学习环境也是外在论很难克服的问题。

(三) 互补的视角

内在论和外在论有一定的互补性。二语习得的内在属性和外在因素都是值得探索的问题,将内在论研究与外在论研究看成互补而非对立的理论取向和研究视角似乎才是客观公正的科学态度。

内在论和外在论与认识论有一定的关系,但也不完全是对应关系,不能说内在论一定就是理性主义,外在论就一定是经验主义。例如 Beck(1997,1998)局部损伤假说(Local Impairment Hypothesis)的提出基于过去的语素习得顺序研究,根据 Chomsky 最简方案关于动词曲折的论述,用实证研究证明形态句法特征的损伤导致中介语语法出现过度泛化(如允许动词随意提升)。这种研究就是理性主义与经验主义相结合的内在论研究。

四、理论类型:属性理论与变迁理论

二语习得研究中理论分类的方法不甚统一。例如 Long(1993)认为理论形式有二:因果关系型和定理定律型,种类有三:天赋论、环境论和互动论(nativist,environmentalist,and interactionist)。Gregg(2003a)则认为可以分为属性理论(property theory)和变迁理论(transition theory)。Long 的分类依据不太统一,天赋论推崇理性主义认识论,根据核心语言知识来源定名;环境论突出社会环境、语言环境与二语习得的因果关系;互动论则考虑环境因素与内在心智能力之间的相互作用。限于篇幅,我们不采用 Long 的分类方法,而集中探讨 Gregg 关于二语习得本体的属性理论和变迁理论,姑且把中介语作为二语习得研究的客体,研究的目的是弄清语言知识的属性、变化规律和变化的原因。

(一) 属性理论

在认知科学研究领域,属性理论回答认知官能的属性是什么,变迁理论回答我们如何获得该认知官能。二语习得的内在论理论试图解释理想化学习者内在的心智状态,即参照目标语解释学习者 L2 知识状态或语言能力的表征。L2 知识状态至少有两种,一是开始接触二语前的起始状态(仅有 L1 知识和普遍语法知识的 L2 发展初期),二是二语习得者的 L2 终端状态(语言输入不再对 L2 系统产生影响时的状态,这是指 L2 整体上不再发展,而不是 L2 知识点可能出现的僵化阶段)。Gregg(1993,1996,2003a)把研究语言知识状态的理论称为二语习得的属性理论。正如生成语法理论属于属性理论,试图解释语言知识在人心智中实现的方式那样,二语习得属性理论也关心 L2 知识表征方式,不解释 L2 知识发展变化的过程或变化顺序(Gregg,2003a)。

属性理论探寻因果关系。例如,Vainikka 和 Young-Scholten(1994,1996)的最小树假说(the Minimal Tree Hypothesis)认为曲折形态表达功能语类,二语习得的初始状态没有功能语类(如 I 和 C)投射,初始阶段的 L2 只包括词汇部分。这一假说试图将二语习得者初期不合语法的中介语现象归因于句子推导中没有功能语类的投射。这种依据语言学理论提出的二语习得理论假说预设了功能语类 I 和 C 等关键概念是现实存在的(real)。从这一意义上讲,属性理论是解释性的,不是描写性的。但是这种内在论研究不从语言外部寻求解释。

Gregg(2003a:839-844)分析了二语习得属性理论的几个要素:模块性

(modularity)、天赋性(innateness)、L2 表征的性质。先看模块的特点。

所谓模块性指的是 L2 知识是否成模块存在,模块是大系统中相对自主的子系统,独立于其他子系统,又别于其他子系统的结构和功能。人的认知系统由若干子系统构成,语言就是其模块之一,语言模块由更小的模块构成。乔姆斯基认为模块状的语言官能包含结构,遵循其他认知模块没有的原则(如约束原则)。按照 Fodor(1983)的模块论,包括语言在内的心智主要由模块构成,因果作用和功能角色决定这些模块。人的心智状态有多重实现方式,对其进行解释也有多个层面,心理学和语言学所做的高层概括并不能用神经元和神经键行为的低层解释来解答。如果语言输入的加工不受更高认知系统或其他输入系统的影响,那么 L2 知识就有可能是 Fodor 所界定的模块(Gregg,2003a:840)。

对于二语习得而言,属性理论必须承认 L2 知识体系的模块性,既然自然语言的知识体系由模块构成,作为自然语言的中介语知识体系也应该是由模块构成的。然而,这一点远没有达成共识。以普遍语法为基础的二语习得理论(经典的天赋论)秉承乔姆斯基的模块论,而认知天赋论(cognitive nativist)虽然也预设语言专有的原则和机制(如所谓子集原则,the Subset Principle)或者一般学习机制,但是总体上反对乔姆斯基的强势语言模块论。例如连通论①(connectionism)不认同语言的模块性,也不接受原则与参数等理论概念。

天赋性涉及获得、拥有 L2 知识是否不受环境影响,L2 表征性质则关心 L2 知识的表征体系是否为呈等级排列的结构系统,表征方式呈无结构的分布。事实上,天赋性不是一个完美无缺的术语,许多生物学家认为天赋概念并不明确易懂;但是,既然无人认为心智是一块白板(tabula rasa),也无人相信有外语基因,那么二语习得在多大程度上依靠独立于环境输入、语言专用的知识,就是一个需要回答的问题(Gregg,2003a:841)。在假定有某种天赋语言习得构件的情况下,有争议的是这种天赋构件在多大程度上属于语言领域,且天

① 连通论是认知科学的一种理论,假定人类认知的个体构件相互作用,事件、概念和语言的知识表征分散在认知系统,用数学模式和计算机模拟揭示信息加工和思维过程。连通论不是一个界定很准确的统一概念,强式连通论否认任何天赋概念,弱式连通论或开放式连通论承认有天赋的学习机制,但不承认有语言专属的天赋机制。

赋程度有多大。

Gregg(2003a:841-842)指出,普遍语法派的二语习得天赋论理论认为语言知识的基础是普遍语法,语言官能的原则和心智结构是天赋的、语言专属(language - specific)的;语言知识还有语言专属但非天赋的外围信息(peripheral information),就是那些语言间有差异的知识,如日语敬体方面的知识。认知天赋论不承认有这么多语言专属的天赋知识,认为天赋的运算能力与数学知识共享,非天赋的语言专属知识有两种:学会的具体语言词汇信息和推导出来的语言模块专属知识。连通论似乎并不完全否认天赋知识,因为连通论假设人有天赋的学习能力,这种能力存在于节点系统及强化、弱化的连接之中。连通论排除语言知识的天赋构件,仅保留天赋学习能力,没有语言专有的潜在规则、原则和结构,语言知识完全依靠学习。但是,连通论的"节点"从何而来?语言习得中的形式特征(如人称、性、数、格特征,功能语类 C、v 的特征等)从何而来?连通论假定的语法结构从何而来?如果这些知识不是习得的,就只能是天赋的。而这恰好是连通论不愿意承认的。假定一个学习机制来解决语言学习问题,等于还是承认了天赋性(Gregg,2003a)。Carroll(1995)在批评连通论学习模式时正是这样看的。虽然连通论的经验型学习模式是一种很好的研究尝试,但是也无法做到摈弃"天赋""语言专用"等概念(Marcus,2001)。

除天赋性外,语言知识的结构性也是区别二语习得理论的重要概念。是否假定 L2 知识的心理表征具有结构是这一概念的关键。大部分理论或明或暗地假定语言知识表征是高度结构化的系统,直接或间接引用语言学理论关于语言结构的概念。普遍语法派的二语习得理论旗帜鲜明地预设语言知识的结构属性,极端的激进型连通论(radical connectionism)则把 L2 知识表征看作没有结构的分布,把心理表征看作本原(primitive),对加工起作用的心理表征缺少有因果效用的成分结构。这一观点与经典的表征结构观完全相反。开放型连通论(liberal connectionism)没有这样的极端观点,而是认为学习过程与经典的表征结构相容;这就使其无法避开天赋性问题。Gregg(2003a)指出二语习得的连通论(如 Ellis & Schmidt,1998)似乎偏向激进型,作为属性理论与普遍语法视角的二语习得理论形成鲜明的对比。但是,Gregg 认为连通论虽然也谈表征,但是更倾向于语言技能。语言知识表征有没有结构这个问题牵涉知识体系的系统性(systematicity)。语言的结构特征如此明显,谁也无法否认"John loves Mary"隐含的 S-V-O 结构,甚至[TP DP(vP DP)]表示的解构方式。使用语法规则、功能语类和名词短语之类的概念分析语句成分之间的关系和系统性就等于承认语言表征的结构性,因为名词短语就是结构。从激进连通论的角度看,语言知识的系统性纯属加工偶然形成的(只是碰巧所有人都有这个能力而已)。以"John loves Mary"为例,假如没有再接触"Mary loves John"这种的输入,已经学会说"John loves Mary"(偶然形成的知识系统)的人就不会说"Mary loves John"。如此看待语言乃至思维的系统性显然与人们的直觉不符。系统性问题是连通论承认且必须解决的问题,似乎也是基本被二语习得理论忽视的问题(Gregg,2003a:844)。

(二) 变迁理论

属性理论解释二语习得者知识表征状态的性质,变迁理论解释造成这些认知状态的过程及状态的变化,涉及过程与顺序(process and sequence),解释知识从一种状态变化为另一种状态的理论被称为变迁理论,解释变化的因果关系。二者都从具体语言和学习者抽象出理想化的研究对象和研究内容。理论语言学可以不解释知识表征的变化,但是语言习得理论不能回避变化的原因、过程及顺序等问题。变迁理论也可能是内在论,同样需要设定负责学习的心理机制,学习机制作用于语言输入,创造出知识表征;其他内在因素(如学习动机等情感因素)不直接作用于语言输入(例如学习动机不会将动词与名词区分开来),因而处于从属地位(Gregg,2003a)。

变迁理论预设的学习机制有两种:尝试与错误的归纳过程和演绎性学习机制。根据语言输入形成规则的理论属于归纳性理论,对语言的参数进行重设的理论则是演绎性理论。用归纳性学习机制解释语言习得过程似乎存在严重不足,归纳容易出错,而我们的母语习得是不出错的(infallible)。显然有些东西不是靠归纳学会的,我们也不可能从接触到的东西归纳出没有接触过的东西,语言的创造性就说明语言不是单靠归纳就能习得的,例如"Who do you want to help?"允许"want to"缩合而"Who do you want to help me?"不允许

“wanna”缩合的知识不可能从语言输入中归纳出来。这些事实都表明一定存在某种演绎性学习机制根据语言输入调整语言参数的设置。与一语习得不同的是，不出错不是二语习得的特点，二语习得者未能获得 L2 本族语者的语言能力可能是学习机制（语言输入的分析器）不能根据输入对发展中的语法进行适当的调整（Gregg，2003a：846）。

变迁理论与属性理论有一定的关系，属性理论的发展可能引起变迁理论的变化，但二者看待问题的方式和切入点不同。例如，普遍语法派的属性理论和连通论角度的变迁理论对引发变迁的诱因看法不同。连通论非天赋认知理论的学习方式是对连接节点之间的权重进行调整（adjusting the weights of connections between nodes），调整循序渐进，过程缓慢；学习过程由数据驱动，形成的原型表征（prototypical representations）是学习过程的自然结果，不是预先设置的程序或天赋机制运作的结果（Gregg，2003a）。

连通论似乎是一个解释技能学习的好模型，但不是关于信息收集的好模型。语言学习需要时日，但并非所有语言知识的学习都是耗时的，有时候出现瞬时学习（one-shot learning），有人（Sterelny，1990：193，转引自 Gregg，2003a：847）指出，人类大部分学习是迅速快捷的，感知和语言就有大量瞬时学习，一学就会。因此，连通论很难处理瞬时学习现象，语言输入的作用被看成增强输入样本与语言规则的联系，非连通论的理论可以结合归纳与演绎，语言输入作为归纳出规则的基础，形成的规则反过来又成为演绎出输入尚未提供的语言事实。从这一角度看，连通论本身不是理论，而是一种方法，是一种原则上对任何应用连通论的理论而言的中性方法。

有趣的是，二语习得涌现论①（emergentism）同时产生属性理论和变迁理论，研究思路注重人与环境的互动，否认人脑存在先天的、语言专用的能力，人依靠一般学习机制就足以导致复杂语言表征的涌现。涌现论不是哲学上和方法论上完全统一的研究思路，Gregg（2003b）将其分成两派，一是以 O’Grady（1999，2003）为代表的天赋涌现论（这是一种广义天赋论或认知天赋论），二

① 涌现论的基本观点是，较简单形式的认知与人脑结构相互作用过程中涌现出较高一级形式的认知。例如，语言习得中的词性范畴不是天赋的，而是感知系统加工处理输入的结果（Richard & Schmidt，2003）。

是 Nick Ellis（1998，1999，2003）所提倡的经验主义涌现论。涌现论的属性理论也使用语言规则、结构规则等概念，认为这些是通过学习者分析语言输入的分布特征涌现出来的，语法习得是零星学习数千个结构并且根据频率抽象出结构中的规律（Ellis，2002a）。虽然这种观点没有明确表明语言学理论取向，但是显示涌现论者接受现有语言学理论概念（如规则、结构、短语结构等）用于构建二语习得理论，而且隐含能分析语言材料的学习机制。假如语言学家的描述可以用来说明哪些具有统计意义的联想对某语言来说是相关的，那么需要说明什么东西会涌现，如 Ellis（1998）曾提过生成语法提供了研究很透、有待进一步解释的规律（Gregg，2003b：108）。这就表明，涌现论者自己也不知道到底语言的哪些东西会涌现出来。

涌现论的变迁理论观点比较明确：语言的习得靠联想学习。二语习得天赋理论把连通论作为其变迁理论的一个构件（但不是唯一的构件）没有任何矛盾之处，而涌现论允许演绎学习、参数设置之类的天赋机制就存在矛盾（Gregg，2003b：108）。这也是为什么 Rey（1997）指出，（至少是 N. Ellis 倡导的）涌现论处于劣势，很难证明天赋不存在（Gregg，2003b：108）。

无论依据何种认识论、采用何种方法论，二语习得属性理论都需要解释 L2 知识的本质属性（语言知识的表征方式和构成），变迁理论都需要解释获得 L2 知识的过程（语言知识表征的变化规律）。二者从不同角度阐释 L2 知识变化的原因，不应看成对立的理论类型。两种理论对于学习时间的问题完全不同，属性理论无须回答二语系统发展的时间问题，变迁理论则不能回避。介于认识论和方法论之间的连通论和涌现论也不能回避这个问题。

五、结语：宽容与融合

自然语言（包括 L2）是一个微观语言知识和宏观语言运用相结合、内在系统与外在系统相容、核心构件与外围构件互补的体系。二语习得者是物质与精神的有机体，语言的物质属性及其承载文化的功能决定了二语习得过程的复杂性，也决定了认识论视角和研究问题的多样性。二语习得是一个多维度的过程,不可能只从一个角度得到全面的解释。如何看待二语习得理论建设过程中出现的各种认识论、方法论和理论,不是选择阵营,而是拓宽视野、加深认识。只要我们有着相同的研究客体(二语习得者及其 L2 体系)和现象(L2 发展规律及影响因素),我们就不应该采取对立的态度,排除异己似地盲目否定他人,而是宽容地从理性的批评中汲取合理的成分,构建互补的理论,解释二语习得的不同维度(语言本体、语言相关现象、语言习得过程、语言习得相关因素等),解释从核心到边缘的诸多现象。本文的论述正是怀着这样的目标,提出理论融合的观点。

参考文献

Beck, M-L. Regular Verbs, Past Tense, and Frequency: Tracking down One Potential Source of NS/NNS Syntactic Competence Differences. *Second Language Research*, 1997, Vol. 13, pp.93-115.

Beck, M-L. L2 Acquisition and Obligatory Head Movement: English Speaking Learners of German and the Local Impairment Hypothesis. *Studies in Second Language Acquisition*, 1998., Vol.20, pp.311-348.

Birdsong, D. Introduction: Whys and Why Nots of the Critical Period Hypothesis for Second Language Acquisition. In D. Birdsong (ed.). *Second Language Acquisition and the Critical Period Hypothesis*. Mahwah, NJ: Lawrence Erlbaum Associates, 1999. pp.1-22.

Bley-Vroman, R. The Comparative Fallacy in Interlanguage Studies: The Case of Systematicity. *Language Learning* 1983, Vol.33, pp.1-17.

Block, D. Not So Fast: Some Thoughts on Theory Culling, Relativism, Accepted Findings and the Heart and Soul of SLA. *Applied Linguistics* 1996, Vol.17, pp.63-83.

Brown, H. D. *Principles of Language Learning and Teaching*. Englewood Cliffs, NJ: Prentice Hall Regents, 1994.

Carroll, S. The Hidden Dangers of Computer Modeling: Remarks on Sokolik and Smith's Connectionist Learning Model of French Gender. *Second Language Research*, 1995, Vol.11, pp. 193-205.

Chomsky, N. *The Minimalist Program*. Cambridge, MA: MIT Press, 1995.

Chomsky, N. *Derivation by Phase*. MIT Occasional Papers in Linguistics. No. 18.

Cambridge, MA: MITWPL, 1999.

Ellis, N. Emergentism, Connectionism and Language Learning. *Language Learning*, 1998, Vol.48, pp.631-664.

Ellis, N. & R. Schmidt. Rules or Associations in the Acquisition of Morphology? The Frequency by Regularity Interaction in Human and PDP Learning of Morphosyntax. *Language and Cognitive Processes*, 1998, Vol.13, pp.307-336.

Ellis, N. Cognitive Approaches to SLA. *Annual Review of Applied Linguistics*, 1999, Vol. 19, pp.22-42.

Ellis, N. Frequency Effects in Language Processing: A Review with Implications for Theories of Implicit and Explicit Language Acquisition. *Studies in Second Language Acquisition*, 2002a, Vol.24, pp.143-188.

Ellis, N. Reflections on Frequency Effects in Language Acquisition: A Response to Commentaries. *Studies in Second Language Acquisition*, 2002b, Vol.24, pp.297-339.

Ellis, N. Constructions, Chunking, and Connectionism: The Emergence of Second Language Structure. In C. Doughty & M. Long (eds.). *The Handbook of Second Language Acquisition*. Malden, MA: Blackwell Publishing Ltd., 2003, pp.63-103.

Fodor, J. A. *The Modularity of Mind*. Cambridge, MA: MIT Press, 1983.

Gregg, K. TheVariable Competence Model of Second Language Acquisition, and Why It isn't. *Applied Linguistics*, 1990, Vol.11, pp.364-383.

Gregg, K. Taking Explanation Seriously; or, Let a Couple of Flowers Bloom. *Applied Linguistics*, 1993, Vol.14, pp.276-294.

Gregg, K. The Logical and Developmental Problems of Second Language Acquisition. In W. C. Ritchie & T. K. Bhatia (eds.). *Handbook of Second Language Acquisition*. San Diego, CA: Academic Press, 1996, pp.49-81.

Gregg, K. SLA theory: Construction and Assessment. In C. Doughty & M. Long (eds.). *The Handbook of Second Language Acquisition*. Malden, MA: Blackwell Publishing Ltd., 2003a, pp. 831-865.

Gregg, K. The State of Emergentism in Second Language Acquisition. *Second Language Research*, 2003b, Vol.19, pp.95-128.

Gregg, K. Taking a Social Turn for the Worse: The Language Socialization Paradigm for Second Language Acquisition. *Second Language Research*, 2006, Vol.22, pp.413-442.

Guba, E. The Alternative Paradigm Dialog. In E. Guba (ed.). *The paradigm Dialog*. Newbury Park, CA: Sage, 1990, pp.17-27.

Jordan, G. *Theory Construction in Second Language Acquisition*. Amsterdam/Philadelphia: John Benjamins Publishing Company, 2004.

Lantolf, J.P. SLA Building: Letting all the Flowers Bloom. *Language Learning*, 1996, Vol. 46, pp.713-749.

Lenneberg, E. *Biological Foundations of Language*. New York: John Wiley, 1967.

Lincoln, Y.S. The Making of a Constructivist: A Remembrance of Transformations Past. In E. Guba(ed.). *The paradigm Dialog*. Newbury Park CA: Sage, 1990, pp.67-87.

Long, M. Assessment Strategies for Second Language Acquisition Theories. *Applied Linguistics*, 1993, Vol.14, pp.225-249.

Marcus, G.F. *The Algebraic Mind: Integrating Connectionism and Cognitive Science*. Cambridge, MA: MIT Press, 2001.

Nunan, D. *The Learner-centered Curriculum: A Study in Second Language Teaching*. Cambridge: CUP, 2001.

O'Grady, W. Toward a New Nativism. *Studies in Second Language Acquisition*, 1999, Vol. 21, pp.621-633.

O'Grady, W. The Radical Middle: Nativism without Universal Grammar. In C. Doughty & M. Long(eds.). *The Handbook of Second Language Acquisition*. Malden, MA: Blackwell Publishing Ltd., 2003, pp.43-62.

Richards. J.C. & R. Schmidt. *Longman Dictionary of Language Teaching & Applied Linguistics*. Beijing: Foreign Language Teaching and Research Press, 2003.

Sterelny, K. *The Representational Theory of Mind: An Introduction*. Oxford: Blackwell, 1990.

Swain, M. Communicative Competence: Some Roles of Comprehensible Input and Comprehensible Output in Its Development. In S. Gass & J. Schachter(eds.). *Input in Second Language Acquisition*. Rowley, MA: Newbury House, 1985, pp.235-253.

Vainikka, A. & Young-Scholten, M. Direct Access to X-bar Theory: Evidence from Korean and Turkish Adults Learning German. In T. Hoekstra and B. D. Schwartz (eds.). *Language Acquisition Studies in Generative Grammar*. Amsterdam: John Benjamins Publishing Company, 1994, pp.265-316.

Vainikka, A.& Young-Scholten, M. Gradual Development of L2 Phrase Structure. *Second Language Research*, 1996, Vol.12, pp.7-39.

Widdowson, H.G. *Aspects of Language Teaching*. Oxford: OUP, 1990.

Watson-Gegeo, K. Mind, Language, and Epistemology: Toward a Language Socialization Paradigm for SLA. *The Modern Language Journal*, 2004, Vol.88, pp.331-350.

（本文原载《中国外语》2010 年第 3 期，被《语言文字学》2010 年第 10 期全文转载。）

二语习得研究理论建设几个核心问题

一、引言

二语习得研究在国际上已有几十年的研究历史，出现过数十种理论、模式和假说。在国内从起步到现在已经发展了近三十年，核心刊物上发表文章数百篇，出版著作数十种。我国的二语习得研究取得了丰硕的成果，学科建设得到了较快的发展，为推动国内外二语习得研究的发展做出了积极的贡献（戴炜栋，2006）。然而，由于研究队伍背景多样（如语言学、应用语言学、心理学、交际学、外语教育、教育心理学、人类学等），理论和方法论等认识角度不同（Doughty & Long，2003），学者们对二语习得过程、结果及相关因素的解读纷繁复杂、莫衷一是。理论分野问题在过去 15 年中愈渐突出（Long，2007）。修正并发展理论就是当前的理论建设。理论建设问题不时在国外引起过激烈的论争（如 Beretta，1991；Beretta & Crookes，1993；Gregg，1993、1996、2000、2003；Jordan，2002；等等），但是国内似乎没有什么反响，专门探讨二语习得理论建设问题的文章极少（如戴曼纯，1997）。

当前理论纷繁复杂，虽然是不成熟学科不可避免的局面，但是很不利于学科的发展。我们希望通过反思理论建设问题，促使理论尽快度过大鸣大放时期，做到优胜劣汰，也许能促进学科的发展，最终达到理论统一的目的，从哲学、语言学、心理学层面上解读二语习得现象。下面就二语习得理论建设的几个基本问题进行阐述。其他问题另文论述。

二、理论建设现状

国内外发表的二语习得研究成果数量大、范围广，理论观点不胜枚举，如情状体假说(the Aspect Hypothesis)、最小树假说(Minimal Trees Hypothesis)、特征失效假说(Failed Functional Features Hypothesis)、输入假说(the Input Hypothesis)、输出假说(the Output Hypothesis)、注意假说(the Noticing Hypothesis)、互动假说(the Interaction Hypothesis)、文化导入模式(the Acculturation Model)等。按照Doughty和Long(2003:4)的阐述，当前二语习得研究与理论建设从狭义和广义天赋论到各种不同的功能论、涌现论、连通论等观点均表现出强烈的认知倾向，研究焦点集中在揭示二语知识体系的本质和来源，解释二语发展的成败。研究者不可避免地采用二语习得者的语言运用数据，但是二语习得研究的终极目标是弄清楚潜在的语言能力，而不是建立在此能力之上的外在语言行为。研究者深知二语习得在社会环境下进行，且宏观和微观上受此环境的影响，他们也同样认识到语言学习毕竟是人的内在心智状态的变化，因而越来越多的研究将二语习得看作认知科学的一部分。

二语习得研究目前还没有出现一种或数种广为讨论、检验、批评、修正的理论，更谈不上出现一种广为接受的主流理论。二语习得研究作为一个跨学科领域，需要解释各种与跨学科有关的问题，理论要求和研究目的不尽相同。理论建设要求不同背景的学者和理论之间相互交流、相互影响，朝共同的目标发展。可惜的是，理论间的沟通极少，坚持相互对立的庞杂理论阻碍了理论进步(Long,2007:3)。

在这样的大环境下，我国的二语习得理论建设似乎还没有真正起步。首先，原因之一可能是国外理论太多，我们应接不暇，结合我国实际情况全面消化和吸收理论的难度大。其次，我国学者谨慎对待新理论的提出，虽然对已有理论进行过批判，但不轻易提出新说，抑或不知如何提出“优于”现行理论的新说。最后，从已发表的有关理论建设的少数文章来看，二语习得理论建设似乎没有得到足够的重视。无论何种情况，都表明我国的二语习得研究及理论建设还有待加强。

理论建设与学科地位有着密切相关。理论建设尚处于初期、理论发展仍处于混沌状态的领域很难成为一个独立的学科,获得应有的学科地位。二语习得研究跨多门学科,研究视角囊括教育学(包括教育心理学)、心理学、语言学、社会文化等,涉及二语习得的内在因素(如中介语知识表征、心理语言过程、情感、认知等)和外在条件(如语言环境、语言输入、教学活动等)。把如此之多视角的研究归为一个学科领域不能不说是一种学术挑战,视角难以统一显然影响了学科的发展。

二语习得这门年轻的学科还在力争独立于教育学和应用语言学,彰显自己的独特地位,在探索的纷争和急于立说中初露科学的端倪(Long,2007:vii)。有学者认为,二语习得研究不应该归属于应用语言学,将其挂靠在语言学和应用语言学名下是一种认识上的错误(俞理明、袁平华,2004)。二语习得的学科归属源于该学科发展史上语言学对其产生的深远影响。例如,对比分析、差错分析、中介语理论、甚至 Krashen(1985)的五大假说之类的研究都直接或间接地运用(或者至少提到)语言学的理论观点和概念,更不用说建立在生成语法之上的二语习得理论假说,如 Vainikka 和 Young-Scholten(1994,1996)的最小树假说、Hawkins 和 Chan(1997)的特征失效假说。借用语言学理论指导二语习得研究,必然使人认为二语习得是一个应用语言学领域。此外,国际上有影响的《应用语言学》刊物每年刊载相当数量的二语习得研究论文,更使人相信二语习得研究就是应用语言学的一部分。而俞和袁认同 Spolsky(1978)的观点,应把二语习得归为教育语言学(Educational Linguistics)。但是,这一学科名依然含有“语言学”,几十年过去了,这个名称并没有被广泛接受。从整个领域的发展和理论建设来看,二语习得不完全是应用语言学,Long(2007:3)在其著作开篇部分也表明过这一观点,他指出,二语习得就像应用语言学,是一门跨学科研究领域。二语习得就是二语习得,不是别的学科,也不是别的学科的附庸。

二语习得研究学科难以定名,目前依然没有一个像应用语言学那样带“学”的名称(如“二语习得学”),以显示其学科独立性。二语习得跨越多门学科,不如生物语言学、生物经济学(研究生物学与经济学之间复杂联系的学科，研究生物经济系统的结构及其矛盾运动发展规律）那样属于两个学科交叉产生的新学科，便于命名。况且，二语习得与语言教学的密切关系，研究者多来自二语或外语教学界和关心语言教学的人，使其难以在短期内从应用语言学中剥离出来。心理语言学家关注二语习得的心理过程，研究成果也难从心理语言学剥离开来。这些都增加了学科独立的难度。

理论纷争、视角繁多、归属不明等影响了二语习得学科地位的确立，在我国现行的学科目录中尚未将“二语习得”设立为独立的学科。学科地位、研究立项及经费支持、研究队伍的建设、成果的发表渠道等因素制约着二语习得研究的发展。其结果是，众多研究者仅把二语习得当作自己的研究方向之一，杂而不专的研究投入不能不说是高质量成果的绊脚石。

三、理论、模式和假说的含义

这三个概念涉及二语习得研究不可回避的理论建设问题。学术研究与理论是不可分割的，我们不能只对现象进行观察而已；所有观察都需要理论化，用理论解释现象，用观察的数据检验、支持或推翻某一理论（Jordan，2004a）。一个成熟的学科不但有相对稳定的方法论体系，还有广为接受的理论（即一种范式）及有一定争议的模式和假说。二语习得领域虽无相对稳定的研究体系和令人信服的方法论，却不乏争论不休的模式和假说，而且在这几个术语的使用上存在一定的混乱。理论建设需要厘清它们的含义。

理论、模式、假说看似相同或者相近，但它们不是同一个层面的概念，而是成等级的包含关系，即理论由模式和假说构成，模式可能由假说构成。这就似乎暗示，学术研究需要用不太确定的东西（假说）构建理论，解释确定的现象。在科学界，科学家为解释观察到的自然现象提出理论，理论是构成科学的要件，科学的进步就是理论的进步，如爱因斯坦提出的相对论和量子力学相对牛顿的经典力学理论就是一种进步，前者扩大了自然现象的解释范围。“理论”在科学领域是一个语义非常明确的术语（与“理论”比较接近的“范式”在二语习得领域亦有争议，范式指的是一种主流理论。Gregg et al.，1997）。

但是,在二语习得研究领域,“理论”经常被滥用,与模式、范式、假说、观点混为一谈,例如把“监察理论”(Monitor Theory)与“监察模式”(Monitor Model)等同起来使用,指 Krashen 的监察假说(Monitor Hypothesis)。实际上,“理论”是这几个术语中语义范围最广、最宏观的概念,是站在哲学高度解释自然现象的概念。

“理论”最基本的意思是关于自然现象的一套说法,用来解释为何自然现象如此这般,以达到解释谜团的目的。理论陈述普遍原则,表达一组命题,有论据和证据支持,解释客观事实和现象(Richards & Schmidt,2003:551)。理论必须解释已观察的现象,并且能够针对可能性与不可能性做出预测。所有理论都有自己的、可以界定的概念(construct),即理论赖以成立的关键特征或机制;好的理论在解释和预测时能统一所观察到的现象及已有的一系列归纳总结(VanPatten & Williams,2007)。例如,病菌理论不但解释疾病由致病的微生物造成,而且能预测疾病的传播和控制,而浊气(bad air)致病理论被证明不正确,虽然污浊的空气传播微生物,但不产生微生物。病菌这个概念远比浊气精确,后者是一个相对模糊、包含许多元素的概念,是可能包含病菌的环境。同样的道理,二语习得中真正导致中介语发展的不是笼统的语言环境,而是恰当的语言输入。VanPatten & Williams(2007:7)指出“理论”的以下作用和特点:1)解释可观察的现象;2)尽可能统一各现象的有关解释;3)产生可以通过实验检验的假说;4)解释事物(如语言)及事物如何达到此状态(如语言如何被习得);5)有理论概念。二语习得的关键概念是“语言”。不统一“语言”这个概念的认识,就不可能统一二语习得理论。

科学进步靠的是理论发展。发展中的理论还需修正,例如霍金提出黑洞理论解释宇宙中看不见的星体,但是经过三十年的苦恼探索、检验后他又提出修正后的新黑洞理论,推翻他 1975 年赖以成名的理论,承认黑洞并非可怕的物质“终结者”,由崩溃的星球形成的黑洞其实不会吞噬和消灭一切物质,而会保留被吞噬物体的些微痕迹,最后以残破的形式“吐”出来。霍金的新理论不再与现行的量子理论相悖,也没有了所谓的黑洞悖论。他的新理论不是否定黑洞的存在,而是对黑洞的属性进行新的阐述。同理,乔姆斯基的生成语法作为解释人类自然语言共性(即普遍语法)的理论也一直处于发展探索的过程，力图找出语言知识表征的数理属性，即语言的运算规律。乔姆斯基语言理论坚持普遍语法概念不变，就像霍金相信黑洞的存在一样。乔姆斯基修改的只是其理论的技术部分，改变关于语言属性的阐述方式，揭示语言更多的属性，就像霍金新黑洞理论对黑洞属性进行新的阐述一样。

科学理论一般还包含若干数量的模式和假说。理论比模式或假说从更高的角度解释自然现象，相对宏观，覆盖所有相关事实或现象，但不可能覆盖与其无密切关系的所有现象，例如病菌理论不解释精神疾病，黑洞理论不涉及我们日常生活中遇到的自然现象，生成语法理论不覆盖使用语言的社会文化环境。以生成语法为背景的二语习得研究关心的是二语学习者 L2 知识的表征，运用语言学理论阐释中介语的发展变化规律。这一角度的二语习得研究把生成语法理论作为“理论”背景，提出假说，如 Vainikka & Young-Scholten（1994，1996）的最小树假说、Hawkins 和 Chan（1997）的特征失效假说、Bhatt 和 Hancin-Bhatt（2002）的结构最小性假说（Structural Minimality Hypothesis）。这些假说仅仅是生成语法“理论”框架下针对二语习得现象提出的可检验性观点。每一个假说只覆盖某局部现象，因此不能把这些假说称作理论。同样的道理，Krashen（1985）的五大假说（习得—学得假说、输入假说、自然习得顺序假说、监察假说、情感过滤假说）也不能称其为理论。二语习得研究产生了不少没有明确理论背景的假说，虽然可以松散地冠以“理论”，但它们不是真正意义上的理论，它们仅仅是理论发展混沌时期的产物。理论比假说覆盖的范围更广，并得到更强有力的证据支持（Richards & Schmidt，2003）。

VanPatten 和 Williams（2007）指出，许多人把理论和模式混为一谈，不加区别交替使用。模式描述某现象的（一系列）过程，可以展示该现象不同部分的相互作用。模式是对复杂现象或者过程的简化描述。模式与理论的区别在于，前者揭示过程“如何”（how）进行，后者解释现象“为何”（why）如此。理论需要根据已有概括做出预测（预测以假说形式出现），并检验预测的正确性。如果检验合格，则理论成立，等待进行新的预测，进行新的检验。如果检验不合格，则需要修正理论。模式无须像理论那样进行预测，但是也可以进行检验。

任何科学理论的检验都是从假说或猜想开始的。假说处于科学探索的前沿,是检验并构成理论的基础。假说无须统一解释各有关现象,它只是关于某一(局部)现象的观点。理论产生假说,实验和观察检验假说。例如,二语习得研究中有一个源于神经语言学的“关键期假说”(The Critical Period Hypothesis)。神经语言学有一理论声称大脑在人的幼年时期开始专门化,大脑功能与脑部具体区域的连接关系越来越明确,某些功能在发展过程中得到控制,即在发展的关键时候开放或关闭。这一理论直接产生了关键期假说(VanPatten & Williams,2007:6)。这一假说及其推论(如预测成年时期开始学习二语不能取得本族语那样的成功)均可以通过实验和观察进行验证。可以说,理论的预测和检验离不开假说。

四、理论的评估标准

二语习得理论纷呈,理论评估势在必行(戴曼纯,1997)。理论纷呈的原因主要是二语习得研究领域宽广(涉及大大小小的内、外因素),从事研究的学者背景驳杂(主要是出身语言学、应用语言学、心理学、人类学、教育学以及二语习得本领域的学者)。非二语习得背景出身的研究者虽然带来其他领域的新鲜思想和活力,形成新的交叉学科,但是不可避免地出现研究范围的片面性。对于形态各异的理论和解释,关键在于用明确界定的理性评估标准(Jordan,2004b)。Long(2007)认为,六十余种二语习得理论的区别在于五个方面:来源(源自二语习得本领域还是其他领域)、范围(覆盖面或理论试图解释的范围)、内容(理论解释核心部分的变量)、类别(主要分为先天论和经验论,属性论和变迁论)、形式(陈述、假设、定律等)。五个方面的任何组合都可以产生一种“理论”或模式,催生若干假说。每个方面内部还有若干变项,由此可能产生的理论则更多。这些理论既可能互补,也可能对立。根据 Beretta(1991)的观点,互补理论解释各自侧重的范围,都为解答二语习得谜团贡献一份力量,互补理论不是什么理论建设中的大问题。对立理论才是理论建设中的问题,因为它们在解释同样的事实时各执一词、互不兼容。

所有理论其实都只是理论家对终端解释现象的暂时性理解,那么识别理解上的错误、修正有关理论就会进步，而坚持过多的理论（尤其是对立的理论）只会阻碍进步（Long，2007：3）。例如，一般人可能认为二语习得研究应该为外语教学带来启发，并以此为标准衡量理论的价值。Long 则指出，以二语习得研究是否与语言教学有关作为评价标准是没有道理的（Long，2007：4）。强行把暂时性的理解与外语教学结合起来，应用于教学实践并加以检验，只可能带来教学理念上的混乱，如将 Krashen 的假说用于指导教学实践，就可能极大地削弱语法教学的地位，夸大无意识学习的功能；而相反地，用 Schmidt 的注意假说指导教学，可能夸大有意识学习的作用。

科学理论的评估还没有一套适应性很强的标准。理论界内部各自为政，以自身理论出发点为标准衡量他人理论，往往出现各执一词的局面。科学哲学界也没有为语言学这门大学科提供一套精确可行的标准，常用的五个标准（精确性、一致性、广泛性、简单性、有效性）所涉概念相当模糊，用于评估语言学及应用语言学理论时不易界定，操作性不强。

Long（1993）曾建议借用 Darden 关于遗传学理论评估的五大标准：1）内部一致性和非重言式（tautology）逻辑，2）系统性、组件性（modularity）、清晰性、解释充分性、预见充分性（predictive adequacy）、概括性、简单性、解释的事实范围广，3）可延展性（extendability）（即能适应变化，解释新情况）、能产性（即促进新的研究和概念上的进展），4）与其他领域已认可的理论一致，5）可用实验检验，能做出量化的预见。按此五大标准衡量二语习得理论，恐怕很难找到合格者。

Jordan（2004a）也提出理论评价的五条标准：1）所有研究、假设、理论应尽可能表述清楚、语言连贯、内容关联、前后一致；理论内部不能出现矛盾，不能有循环论证；不能用定义不清的术语。2）理论应该有实证内容；假设可以被实验支持或证伪，研究可以被人观察、评价和复制；变量具有可操作性。3）理论要有预见性，能提出预测并解决不断出现的新问题。4）理论覆盖的范围宽广；其他条件相同的情况下，范围越广越好。5）理论应当讲究经济简洁。对于评价对立理论，Jordan（2004b）除 1）和 5）外还指出一些比较笼统且操作性不强的标准，如理论应该经得起实证挑战，出现不愿看到的发现而不得不专此提出假设来挽救已有理论，就是缺陷；越经得起检验的理论越有生命力；冒险的理论通常做出最大胆、最令人惊讶的预测（如源自神经语言学的关键期假说），有可能解决本领域由来已久的问题。理论解释的范围越广越好，虽然范围广的理论往往缺乏实证内容（如 Krashen 五大假说构成的二语习得理论）。理论检验不是绝对的，某项实证研究的检验结果欠佳，出现了异常情况，是坚持原有理论还是废除它？这些都需要一步步进行，实证检验的同时还需要理性的批评，即定量与定性研究相结合。Jordan 的评价标准与 Long 建议的标准有相当大的重合，不同之处仅在于 Jordan 单独提出经济简洁作为评价标准，而 Long 所提标准中把简单性列入第二条。Jordan 的评价标准缺少理论与其他领域相容的要求。从长远看，二语习得理论与相关领域（如语言学、心理学、教育学）的理论兼容必不可少。

除了以上评价标准外，衡量理论的优劣要看其发展前景，看其解释现实世界客观事实的能力。VanPatten 和 Williams（2007：9-12）曾列出二语习得理论需要解释的十大现象：1）接触二语输入（指学习者接触到且注意其意义的语言材料）对于二语习得必不可少；2）二语习得大部分为非刻意行为（happens incidentally）（即包括词汇、句法、形态、音系在内的大部分语言知识是在学习者注意交际内容的情况下偶然习得的）；3）学习者掌握的知识逐渐比输入提供的多（即获得一些不是单纯来自二语输入的无意识 L2 知识）；4）就某一结构的习得而言，二语学习者的输出（语言运用）往往按照可预测的阶段遵循可预测的路径（例如不同母语背景的二语习得者掌握英语否定时经历以下五个阶段："no+短语""主语+no+短语""don't/can't/not/no"交替使用、否定附加在情态动词上、否定附加在助动词上）；5）二语学习结果存在个体差异（即使在相同条件下学习二语，学习者也可能处于不同发展阶段，即不是所有二语学习者能获得同样的 L2 无意识知识）；6）L2 语言子系统的发展存在差异（即学习者有可能句法发展远优于语用或语音部分）；7）语言知识出现的频率对二语习得的影响有限（如语言特征出现的频率高低不能完全预测出语言特征习得的先后顺序）；8）学习者的母语对二语习得的影响有限（母语对中介语的影响带有选择性，而且因人而异）；9）教学对二语习得的影响有限（学生不是老师教什么就学会什么，教学改变不了二语习得的发展顺序，教学甚至迟滞二语习得过程，造成损害）；10）输出（语言运用）对二语习得的影响有限（即有时候熟练不一定能生巧)。此外,还有我们认为同样重要但 VanPatten 和 Williams 未曾指出的事实,如 11)L2 学习者能有意识思考的 L2 知识是有限的(二语学习者使用的大多数中介语知识是他们没有办法有意识思考并整理清楚的);12)L2 运用过程中有意识思考二语知识会有干扰效应;13)不同母语背景的 L2 学习者在习得某一结构时所犯差错有相似性。

显然,理论评估不但要考虑理论内部的逻辑性,还要考察理论对外部世界(二语习得现象)的解释力以及与相关学科的兼容性。将现有理论置于这样的评价体系,我们会非常遗憾地发现几乎所有理论都有明显不足。以技能习得理论(参见 DeKeyser,2007)为例。该理论试图汲取不同心理学流派(如行为主义、认知主义)的要素,解释人们如何从技能学习初期发展至高级水平,研究范围涉及技能习得的计算模型、技能在心智结构中的位置等。技能习得理论设想技能发展的三个阶段(三个阶段有三种不同表述方式):认知/联想/自主、陈述性/程序性/自动化,抑或呈现/操练/产出。虽然 DeKeyser 认为技能习得理论与当前二语习得的主要发现相容,与认知科学吻合,比其他理论更能解释某些现象,但是仅根据上面所列 13 种现象考察这一理论,就会发现它在解释 4)、5)、6)、7)、9)、10)方面较有优势,其他方面的优势则不甚明确。

五、结语

在同一学科的发展道路上,不是理论越多越好。理论多多益善(the more,the merrier)是不负责任、自毁理论建设的态度(Gregg,2005)。在学科发展之初的前科学时期,理论相互竞争,呈混乱局面,等出现一种主流理论并成为学科的范式,学科才进入正常科学时期,此时研究工作不断积累,基本问题不断被解决,主流理论不再受到严峻挑战;虽然非范式研究还在进行,但是科研已成为井然有序的合作(Gregg et al.,1997)。在当前尚无主流理论的情况下,理论建设的难度不言而喻。正如不同理论间难以沟通、不同视角的学者难以就理论达成一致看法那样,二语习得理论建设有哪些基本问题需要解答还很难达成一致意见。例如,Gregg 等人认为研究者没有责任考虑解决二语习得的社会问题,而 Schumann 等却认为二语习得不应该成为一门成功的科学;也许二语习得理论建设还真是处于不成熟阶段,处于 Kuhn 所称的前范式阶段(pre-paradigm stage)(Jordan,2004a:16-17),离真正的科学还有相当长的距离,还需要我们耐心而开明地努力探索。

参考文献

戴曼纯:《第二语言习得研究中的理论建设问题》,《国外语言学》1997 年第 4 期。

戴炜栋主编:《中国外语教学环境下的二语习得研究—外语界二语习得研究 20 年论文选》,上海科学技术出版社 2006 年版。

俞理明、袁平华:《应用语言学还是教育语言学——对二语习得研究学科属性的思考》,《现代外语》2004 年第 3 期。

Beretta,A.Theory Construction in Second Language Acquisition:Complementarity and Opposition.*Studies in Second Language Acquisition*,1991,Vol.13,No.3,pp.493-511.

Beretta,A.& G.Crookes.Cognitive and Social Determinants of Discovery.*Applied Linguistics*,1993,Vol.14,pp.250-275.

Bhatt,R.M.& Hancin-Bhatt,B.Structural Minimality,CP and the Initial State in Second Language Acquisition.*Second Language Research*,2002,Vol.18,No.4,pp.348-392.

DeKeyser,R.Skill Acquisition Theory.In B.Van Patten & J.Williams(eds.).*Theories in Second Language Acquisition:An Introduction*.Mahwah,NJ:Lawrence Erlbaum Associatesm,2007,pp.97-113.

Doughty,C.& M.Long.The Scope of Inquiry and Goals of SLA.In Doughty,C.& M.Long (eds.).*The Handbook of Second Language Acquisition*.Malden,Mass.:Blackwell Publishing Ltd.,2003,pp.3-16.

Gregg,K.Taking Explanation Seriously;or,Let a Couple of Flowers Bloom.*Applied Linguistics*,1993,Vol.14,No.3,pp.276-294.

Gregg,K.The Logical and Developmental Problems of Second Language Acquisition.In W.Ritchie & T.Bhatia(eds.).*Handbook of Second Language Acquisition*. San Diego:Academic Press,1996,pp.49-81.

Gregg,K.A Theory for Every Occasion:Postmodernism and SLA.*Second Language Research*,2000,Vol.16,No.4,pp.343-359.

Gregg, K. SLA Theory: Construction and Assessment. In Doughty, C. & M. Long (eds.). *The Handbook of Second Language Acquisition*. Malden, MA.: Blackwell Publishing Ltd., 2003, pp. 831-865.

Gregg, K. A Response to Jordan's (2004): Explanatory Adequacy and Theories of Second Language Acquisition. *Applied Linguistics*, 2005, Vol.26, No.1, pp.121-124.

Gregg, K. M. Long, G. Jordan, & A. Beretta. Rationality and discontents in SLA. *Applied Linguistics*, 1997, Vol.18, No.4, pp.538-558.

Hawkins, R. & Chan, C. Y-h. The Partial Availability of Universal Grammar in Second Language Acquisition: The "failed functional features hypothesis". *Second Language Research*, 1997, Vol.13, No.3, pp.187-226.

Jordan. Theory Construction in SLA. PhD. Dissertation. London University, Institute of Education, 2002.

Jordan, G. *Theory Construction in Second Language Acquisition*. Amsterdam/Philadelphia: John Benjamins Publishing Company, 2004a.

Jordan, C. Explanatory Adequacy and Theories of Second Language Acquisition. *Applied Linguistics*, 2004b, Vol.25, No.4, pp.538-542.

Krashen, S. D. *The Input Hypothesis: Issues and Implications*. London: Longman, 1985.

Long, M. H. *Input, Interaction and Second Language Acquisition*. Unpublished PhD dissertation. LosAngeles, UCLA, 1980.

Long, M. H. Assessment Strategies for Second Language Acquisition Theories. *Applied Linguistics*, 1993, Vol.14, No.3, pp.225-249.

Long, M. *Problems in SLA*. Mahwah, New Jersey: Lawrence Erlbaum Associates, Inc., Publishers, 2007.

Richards, J. C. & R. Schmidt. *Longman Dictionary of Language Teaching and Applied Linguistics*. Beijing: Foreign Language Teaching and Research Press, 2003.

Schmidt, R. The Role of Consciousness in Second Language Learning. *Applied Linguistics*, 1990, Vol.11, pp.129-158.

Spolsky, B. *Educational Linguistics: An Introduction*. Rowley, Mass.: Newbury House Publishers, 1978.

Swain, M. Communicative Competence: Some Roles of Comprehensible Input and Comprehensible Output in Its Development. In S. M. Gass & C. G. Madden (eds.). *Input In Second*

Language Acquisition.Rowley, Mass.: Newbury House, 1985, pp.235-253.

Vainikka, A.&M. Young-Scholten. Direct Access to X'-theory. In T. Hoekstra & B. D. Schwartz(eds.).*Language Acquisition Studies in Generative Grammar*. Amsterdam: John Benjamins, 1994, pp.265-316.

Vainikka, A.& M. Young-Scholten. Gradual development of L2 phrase structure. *Second Language Research*, 1996, Vol.12, No.1, pp.7-39.

VanPatten, B.& J. Williams(eds.).*Theories in Second Language Acquisition: An Introduction*. Mahwah, NJ: Lawrence Erlbaum Associates, 2007.

VanPatten, B.& J. Williams.*Introduction: The nature of theories*, 2007, pp.1-16.

（本文原载《外语与外语教学》2010 年第 5 期。）

论第二语言词汇习得研究

一、引言

多年来研究者对第二语言的语法(形态和句法)习得做了大量的研究,这种偏重给人留下的印象是,第二语言习得即语法习得。然而,任何人(包括从事第二语言习得研究的学者和第二语言学习者)都会直觉地意识到,开始学习一门新语言与学习其词汇是同时进行的,而且当语法系统发展得相当完备时,词汇的习得依然远离目标。可以说,词汇的习得(无论是母语还是第二语言)是一个终生的认知过程,没有人能掌握英语或汉语的全部词汇。有人认为习得足够多的词汇是语言问题的核心(Verhallen & Schoonen,1998)。Ard和Gass(1987)甚至提出句法发展是否可以约化成词汇学习的问题,因为看似句法学习的过程实际上是学习词项能进入的结构框架(McLaughlin,1990)。

国内论述词汇习得的心理特征、行为特征、心理词汇等学习者因素的文章极少。桂诗春(1992)用视觉词汇辨认实验考察汉语和英语心理词汇的关系,得出了一些有价值的结论。他还和李崴(1992)探讨了中国学生词汇检索的语音编码问题。王文宇(1998)用定量方法探寻了中国英语学习者对“背单词”的元认知知识和单词背记的策略。吴霞和王蔷(1998)采用问卷调查和词汇测试研究了非英语专业学生学习词汇的策略及其对词汇知识的影响。但是词汇习得是一个非常复杂的问题,许多方面还有待进一步探讨。本文旨在介绍第二语言词汇习得的几个根本问题,包括目标词汇的量与类、心理词汇、词汇知识与习得。

二、目标词汇的数量与类别

第二语言学习者一般希望知道要学会多少目的语词汇才算“过关”。他们也想知道该语言的本族语者掌握多少词汇。词汇是一个开放系统,因而正确估计一门语言的总词汇量并不容易。由于古词的消亡、转义和新词新义的出现,以及词的定义不同或确定什么为词的标准不同,词汇量统计相当棘手。个人词汇因生活的环境、工作的性质、受教育的程度、对阅读的爱好等不同而呈个体差异,统计起来难度更大。

就英语而言,统计英语现有词汇总量的依据一般是 Oxford English Dictionary(OED)和 Webster's Third New International Dictionary(WTNID)这类权威、“完整”的辞典。WTNID 序言里明确声称涵盖 45 万以上的词汇,但 Zechmeister 等人(1993)认为 WTNID 只有 239506±10610 项主干词条。Goulden 等人(1990)也认为 WTNID 含约 267000 词条(基本词、派生词、专有词、合成词和其他词)。语言的总词汇量与操该语言者的个人词汇量有很大的差别。有人认为个人词汇量估计达 4 万个,其中活用型词汇不过 2 万(Zechmeister et al.,1993)。这只是主观的估算,并不能真实地反映心理词汇量。Goulden 等人(1990)的研究结果则表明受过良好教育的本族语者(大学生)可能平均认知约 1.7 万个基本词。那些认为个人词汇量高达 8 万乃至 21 万者实属夸大其词。因为按后者计算,中学生一年学会 2 万个词,即平均每天 60 个,这是难以置信的。对 Goulden 等人的结果,Zechmeister 等人也表示肯定,但同时指出这一结论的意义取决于词的定义和测试方法等因素。

就语言习得而言,认知型词汇、活用型词汇和核心词汇更具有心理语言学意义和教育学意义。“就英语而言,有人认为一个人的应接性词汇(即认知型词汇——戴)可能多达 10 万,而主动性词汇(即活用型词汇——戴)只在 1 万至 2 万之间。学习英语的人如有主动性词汇 3 千至 5 千,应接性词汇 5 千至 1 万,即可说是达到了中等水平”(王宗炎,1988:4)。所谓认知型词汇,就是指认识但尚不能自由运用的词汇，一般只知其最基本、最核心的意义 Laufer (1998) 区分两种活用型词汇知识，一是任务促使的单词运用，即控制型知识，如在“The garden was full of fragrant flowers”中用 fragrant 这个词；二是自由运用知识，即随意运用单词而无须特别的促成条件，如自由作文中运用词汇的情况。词汇是认知型的还是活用型的完全取决于运用者掌握的词汇知识，因而有较大的个体差异，区分起来也有较大难度。

核心词汇虽然应该是语言的共核部分，但也具有一定的相对性、文化特征或跨文化特征 Carter(1987) 曾考察核心词汇的句法关系、语义关系和中立性，提出一套检测标准：1.核心词具有非核心词的所有句法属性和语义属性而反之不然；2.一个词越不靠近核心便越难为之找到反义词；3.越靠近核心的词越能与其他词搭配；4.一次检测或一组用法不足以确定一个词的核心属性；5.核心词具有类(generic)特征而不是具体特征，但上义词不一定是核心词；6.一个词越靠近核心就越不能只限于具体文化；7.核心词一般不易于识别其语篇范围；8.核心词在正式程度检测中呈中性。除了这些，我们认为还应该考虑词汇使用的频率因素。

上文简要介绍英语词汇量和心理词汇量的目的是为了说明第二语言词汇习得的可能限度以便更清楚地认识词汇习得的目标。对第二语言习得者来说，受过良好教育的本族语者，掌握的词汇量大可作为追求的目标。我国大学实施的现有英语教学大纲规定的词汇量与本族语者的心理词汇量有显著的等级差异。大学英语教学大纲只列举了约 5 千词，英语专业四级考试大纲要求认识 6 千词汇，并熟练掌握其中的两千至两千五百个词汇及其最基本的搭配，而八级考试大纲对词汇量只字未提。我们设想把四级考试要求的词汇量翻一番，还是与本族语者的一万七千基本词相距甚远，更何况大纲词汇表所列单词并非全是基本词。所谓熟练掌握两千至两千五百词实际上指掌握如此数目的活用性词汇。大纲规定的词汇量与本族语者的个人词汇量的差别不仅是量的不同而且是质的差别。区别认知型词汇、活用型词汇、核心词汇显然有助于大纲的制定和课堂教学，教师和学生能知道初级阶段哪些词须优先学习，因而尽量避免无的放矢的词汇教学。

三、心理词汇

Chomsky 在论述语言系统时指出,一个掌握语言的人具有关于该语言词汇的详细知识,任何语言理论都必须包括词库(lexicon),即具体词项的所有属性,这些属性包括每个词项的音位形式表述、句法范畴的说明和语义特征(1995:30)。乔氏所指的词库是一个知识系统,他的论述对研究第二语言词汇习得也有理论指导意义;但是我们对这个系统的了解还相当有限。据桂诗春(1992)的研究证实,心理词汇是一个组织良好的系统,包含的信息比词典丰富得多,它是一个在发音、意义和数量方面呈变化的系统。心理词汇似乎按意义组成网络,除词义外,还有与其他词的关系。桂诗春的实验表明第一语言和第二语言(汉语和英语)只有一部统一的心理词典,激活扩散可以在两种语言中交叉进行。词汇意义和词汇形式分别贮存在不同的档(缀词档、语音档、句法/语义档)里。崔刚(1999)在研究布洛卡氏与传导性失语症患者的语音障碍时发现,词语的发音错误绝大多数属于替换型错误,如布洛卡氏患者倾向于用音位特征相近的清音代替浊音。这有可能表明词语的发音存于语音档,相似音素易于被同时激活,使患者将“qiche”(汽车)发成“jiche”。

Fromkin(1987)利用从失读症患者获得的证据了解单词的音位、形态、句法、语义特征是:

刺激词	读音
Begin	/bɛgin/‘beggin
Billed	/bild/
Sighs	/sayz/

从这类误读误解可以看出患者无法运用正常的字素/音素规则,在他的心理词典中音位表征与语义表征的关系比词形(拼写)与音位表征的关系更密切,即音/义联系强于形/音联系。

以上失读症表现出的是形、音、义三者之间只有两项的连接可能依然存在。正常人的各种子心理词典(或者不同档)相互连接,形、音、义浑然一体。

有了形、音、义的知识虽可使某词成为应接性词汇，但不足以保证其演变成活用型词汇。心理词典的属性远比以上发现错综复杂，尤其是使用双语者的心理词汇系统更值得挖掘。有人对使用双语者（汉语和英语）的语义表征系统进行实验研究，结果表明使用双语者只有一个超语言的语义表征系统，并且可能呈多层次状态，在同一语义系统内，一个语义单元与两种语言的形式不一定是一对一的联结，有时是多元的、网络式的（李荣宝、彭聃龄，1999）。

Poulisse 和 Bongaerts（1994）在研究第二语言运用中的第一语言使用情况时特地考察了双语词汇的提取、双语词典里两种语言各自词汇的贮存和双语运用中形态及音位编码的过程。如何贮存和提取的，深度失读症（deep dyslexia）患者对刺激词“bun”和“kill”的反应词是“cake”和“murder”，把“Going down the river there was a coal barge”读成“row...Thames...coal...ship”，这种替代表明词在语义上有较强的联系。患者对实义词和功能词有显著不同的反应，如“arrive”“truth”被替换成“arrival”和“true”，而“for”“his”“in”获得的反应词分别是“and”“she”“those”，这类误差证明词素和语素的激活扩散方式不同，而且可能分别处于不同的子心理词典（sub-lexicon），词义表征能与拼写（词形）和音位（发音）表征分离。从音位或直接失读症表现的病症来看，病人虽然能通过拼写映象（orthographic mapping）提取词的音位表征，但不能获得语义。Fromkin 的浅度失读症（surface dyslexia）资料更有意思：

理解的意义

“That's collecting money.”

“To build up—buildings.”

“Size is measurement...”

不同学者对双语词典的组织方式看法不一，有人认为概念表征两种语言共享，而词汇表征则语言间相互独立；也有人认为一种语言的要素形成一个子集，当该语言被挑选运用时该子集被整体激活。双语心理词典通常表现为一个网络，词汇通过扩散性激活被提取。Poulisse 和 Bongaerts（1994:41）指出，假设关于语言选择的信息起着激活个体词项的作用并且能添加至言语表达前的信息中，那么就能更好地解释使用双语者分隔不同语言系统的方式；除激活具体词目（lemmas）的概念信息外，还会有新添加的语言成分扩散对该语言词目的激活;语言是用于选择的特征之一,因而词目带有指明语言归属的标签。他们收集了 771 例第二语言运用中出现的非故意性第一语言用词,数据显示:功能词出现的频率高于实义词,而且几乎没有调整成相似于第二语言词汇的情况。在第二语言运用中,初学者不经意退回至母语的语码转换现象比高水平者多,这一现象说明心理词汇的提取与语言水平有关。曲折词形以完整形式和分解形式贮存在心理词典中,而且有一个核查装置拦截尚未体现在词典中的词汇形式,无意中用了母语单词是有意提取第二语言词目出现误差的结果。他们发现的少量音位调整型母语词也证实了 deBot 的假设:语音和声调模式存在一处,因此有时出现母语词目按第二语言音素编码的情况。另有研究表明,双语者心理词典的组织方式是发展性的,幼年儿童的词汇联系主要呈组合型(syntagmatic),如"dog/bark",而年长儿童和成人的词汇联系呈聚合型(paradigmatic),如"dog/animal",而且教学语言为第二语言的双语儿童掌握的母语词汇量小于第二语言的词汇量(Verhallen & Schoonen,1998)。

四、词汇知识

什么叫习得了一个词?习得一个词就是掌握其完备的知识。Wallace(1982:27)的看法很有代表性。Wallace 认为,像本族语者那样"认知"一个目的语单词意味着能够:

(1)识别其书面和口头形式,

(2)随时回忆起来,

(3)与适当的物体或概念联系起来,

(4)以适当的语法形式使用它,

(5)口头上清晰地发音,

(6)书写中正确地拼写,

(7)按正确的搭配使用它,

(8)按其适当的正式程度运用它,

(9)意识到词的内涵意义与联想意义。

Cohen 与 Nation 对单词的掌握也有类似的看法，认为掌握一个词就等于知道该词的字面意义、多层意思、句法特征、语义特征、使用限制、与其密切相关的词以及该词的转化词（吴霞、王蔷，1998）。但是，他们没有提及词汇的形态知识和音位知识等重要组成部分。

Aitchison 认为儿童习得词汇时必须完成至少三大任务：标记任务（labeling task）、归类任务和网络构建任务（Verhallen & Schoonen，1998）。标记任务建立词汇的所指关系，归类任务确定有的词有整整一组可能的指称对象，网络任务将词与词、词义与词义联系起来。

词汇的知识系统非常复杂，以动词“give”为例，除了表示“cause（sb.）to have or own”外还至少应包括如下子语类特征：

give，V，Agent，+------NP　　PP
　　　　　　　　　　Patient　Goal

这些信息有“give”的拼写形式，词性（动词 V），带施动者、受动者和目标。但这些还不是该词的全部知识。在双语心理词典中“给”这个概念是相通的，但句法特征、音位特征、形态特征和相关语义关系诸方面的知识在两种语言中的体现不同。

Laufer（1998）把词汇知识分成三部分：基本应接性知识、受控制的知识和自由知识，后两者又称为运用性知识。Laufer 认为词汇的发展不只是一个量的问题，词汇知识可能在不同的学习阶段从表面发展至深层。词汇的发展也不只是熟悉新词而已，它还包括深化已知词的知识，词汇知识的深度和词汇量有着同等重要性；习得词汇知识也不只是熟悉词形和标记，它还指熟悉各种（新）意义、概念和已知词的意义关系；在使用双语儿童的学业中，词汇知识还是学习成绩的重要预测因素（Verhallen & Schoonen，1998）。同时，据 Joe（1998）的看法，已具较高水平普通词汇的学习者、有社会阅历和经验且有相当语言水平者能获得更深更广的词汇知识。

五、词汇的习得

在第二语言习得研究领域里，Krashen（1985）的“学得/习得”之分突出了意识问题。据克氏的观点学得的知识只能起监控的作用，只有潜意识习得的知识能启动自发的语言运用且学得系统与习得系统不存在接口或渗透关系。他的论述主要涉及语法（句法），词汇系统的习得没有予以足够的重视。戴曼纯（1998）在论述中介语系统的接口问题时指出了词汇习得的重要性，没有词汇是不可能形成句法规则的。正如桂诗春（1992:33）指出的那样"有些，学习者易于满足于了解外语单词的局部、表面的意义，这是因为他们已在心理词汇中建立了相应的意义网络，他们以为外语单词无非是这个意义网络中的某个意义的另一种形式。对于学习外语词汇而言，最困难的地方是一些外语单词的意义和母语的意义既有重叠，但又不完全重叠，这意味着使用者不但要掌握其外部形式（能进入提取），还必须扩大其原来的心理词汇。"因成人的概念系统呈较大的个体差异，所以我们可以推断他们习得第二语言词汇的困难程度不一样，习得速度亦呈个体差异。

第二语言学习者不是遇到什么新词就能掌握什么新词。据 Ellis（1995）介绍，学习者在早期先学会名词而不是动词或形容词；显著词更易被学会；在听到或见到生词前先介绍其概念能提高词汇学习；交际有助于词义的习得。他在口头输入与词义习得关系研究中指出，影响词汇习得的输入变量有词的长度、词汇出现的范围（即出现单词的文本数）、词汇密度（即文本中实义词与总词数之比）、词汇讲解的长度、要求阐明意思的次数、（词汇）定义的类型和定义的密度。不同的词汇输入对词义的习得产生不同的影响，而理解了信息并不保证习得新词义，习得一个词义也不依赖于完全理解包含该词的信息，但是听到词汇用于多种语境能促进其习得。从教师先做简化处理的讲解中习得的词义少于从交际性词汇学习中习得的词义，但习得速度更快。讲解过分倒无助于词汇习得。因此，Ellis 认为预先调整的输入比交际中调整的输入更能有效地促进词汇习得，在学生之间交流不多的大课堂上通过预先调整提供足够的词汇习得输入，是一种有助于教学的做法。

词汇习得中的可理解输入不是单纯用"i+1"解释得了的。词汇习得与句法习得所需输入的性质不同，我们无法用仅限于语言输入本身的特征确定生词是否可能被理解并习得。有学者特意研究过语境暗示和语境丰富性对词汇习得的影响。Li Xiaolong（1988）认为在听和读中推断词义是词汇习得过程，推断生词语义即利用熟知的特征和语境识别并习得新词，其结果取决于语境暗示的质与量。Mondria 和 Boer(1991)狭义地理解语境，将其局限于单句，他们用几组含有生词的单句考察语境丰富性对推断词义的影响以及推断是否正确对记忆的影响。结果如下：丰富的语境虽然能提高词义推断，但不提高记忆，正确猜测词义也不提高记忆。Li Xiaolong 也以单句作为语境(分暗示充分句和暗示不足句)，用听读两种方式进行实验，获得的结果与 Mondria 和 Boer 的有所不同。首先，获得暗示充分句的被试比获得暗示不足句的被试更容易推断词义；其次，单词推断与单词记忆呈正相关；最后，当语境暗示同样充分时，阅读组在猜测词义方面比听力组强。Li 的发现有积极的教学意义，如果创造丰富的词汇语境、提高词汇的可理解性对词汇习得有促进，那么词汇教学可从这类结论得到启发。

一般认为，学得是有意识过程而习得是无意识过程。在词汇习得研究中，学得和习得的区分与 Krashen 的无接口论应有所区别。Hulstijn(1990)认为，语言学习不会从低意识控制开始，在记忆中贮存新的或扩充的程序性信息有时一定有控制性处理，学习者要习得词的发音、形式、意义和句法规则首先就得注意它并花时间和精力，即学习者必须从高意识控制开始。戴曼纯(1998)也指出，学习一门新的语言实际上是建立一个新的概念系统或语义系统，词项作为表达概念的载体，无时无刻不处于人的有意识思维中，非思维状态下的词项是潜意识的，一旦进入思维状态，这些概念的载体立即被激活而进入有意识状态，思考者能“听”到自己的心声(即思考时不出声的说话)。

重视意识作用的 Schmidt(1990)在分析大量的心理学研究和意识理论后得出如下结论：潜意识语言学习是不可能的，语言输入须经充分注意后才能被吸收，对意识的要求同样适应于词汇、音位、语法形式和语用规则。他不赞成意识不影响第二语言学习或大部分第二语言学习属隐性学习的观点，但他同时又指出，当任务要求注意所学内容时伴随性学习(incidental learning)显然是可能的、有效的，即使如此，注意可能也有所帮助。

在此，我们面临夸大有意识学得或无意识习得所起作用的问题。强调无意识习得主要反映语言天赋论预设潜意识语法知识的观点。语言习得确实有一定成分的潜意识过程，或者如 White(1987)所述，学习者语法发展的某些方面主要受内部驱动(largely internally driven),但是,成人在习得第二语言时都会注意模仿词的发音和拼写、猜测词义,即使到了高级阶段也会注意新词新义,区分美式发音和英式发音,注意词的新颖搭配,区别近义词的含义等。在解释词汇习得方面,McLaughlin(1990)关于第二语言习得的论述似乎有一定的解释潜力,即第二语言习得涉及一个控制的、要求注意力的运算通过练习转向自动的过程。

最近,有的学者(Joe,1998)提出大部分词汇习得属伴随性习得,即注意其他活动(如阅读并复述课文)时顺便出现的认知活动;据称,阅读并复述课文而不注意词汇能促进伴随性词汇学习,语言运用的生成处理也有助于词汇学习,生成处理的水平越高生词学得越好。这类研究其实根本无法保证被试在阅读过程和复述时不注意文本中的生词,只要这一变量没有控制好,所谓伴随性习得充其量只能看作伴随性学习结果,而不一定是无意识的习得过程。

“自然习得顺序”说对第二语言习得领域产生过巨大的影响,词汇习得研究中也可看到这种概念的变体。Laufer(1998)借用 Ellis 的序列(sequence)和顺序(order)概念阐述第二语言词汇习得现象。序列指整体发展状况,先是语法的非分析性单位,接着是不变的词序,然后是变化的词序、形态的发展,以复杂句子结构告终,第一、第二语言习得中序列可能相同。顺序则指某阶段具体内容的习得,可能由于个体差异(如不同母语)而因人而异。Laufer 挑出十类形似词,要求被试选词填空完成单句或选择某词的正确释义,然后统计出本族语组与外国学生组的出错率顺序进行比较,确定难度顺序。Laufer 据此强行解释出序列和顺序,序列呈辅音型和前缀型形似词(如 price/prize, superficial/artificial, passion/compassion)在先,元音型(如 staff/stuff, cute/acute)次之,后缀型(如 economic/economical, credible/credulous)最后。显然,这一结论的推广性很值得推敲,用语言运用中出现的误差比例排列词汇发展的先后序列和顺序,本身就是一个方法上的错误,况且这样的研究结果极有可能源自心理词汇的提取失误或扩散激活不当。涉及语法的“自然习得顺序”是一个经不起推敲的假说(戴曼纯,1996),将“顺序”和“序列”概念引入词汇习得有可能产生误导作用,我们需对它们仔细考证。

六、结语:亟待解决的问题

要得出第二语言词汇习得的有关结论还为时过早。除本文论述的部分外,还有第二语言学习者创造非词(non-words)的现象、词汇知识的耗损(attrition)现象等。笔者收集的中介语资料中就有 greenerization(使用者用来指"绿化")、informationalization(指"信息化")。Dewaele(1998)做过一次中介语造词的专题研究,发现法语中介语运用者的生造词产生于目的语规则的创造性运用,但是问题远比这个结论复杂。第二语言学习者都有单词遗忘或词汇知识减损的经历,Weltens(1987)认为词汇比形态句法规则或音位更容易出现减损。那么,词汇是被彻底遗忘还是部分遗忘?还是提取失败呢?抑或某部分知识受到不良干扰而被一时覆盖了呢?也许心理词典的组织方式与句法的组织方式毫不相同,后者内部可能黏合得更牢。我们认为研究这些现象有重大的教学意义。

促成词汇习得的有效因素和词汇习得过程依然性质不明。不少学者在研究词汇习得时仅仅注意了词义的推断和词形的识别,而对词的发音鲜有论述。本文第五节所述研究一般以结果而不是过程为基础,有的以结果推出过程。结果与过程不具有同一性,词汇习得过程、贮存方式和运用可能三项相关而又性质不同。在词汇习得研究中,我们似乎应同时注意习得过程和习得结果,这样才能更全面地构建有关习得理论。

参考文献

崔刚:《布洛卡氏与传导性失语症患者的语音障碍》,《外语教学与研究》1999 年第 3 期。

戴曼纯:《"自然习得顺序"质疑》,《外语教学与研究》1996 年第 4 期。

戴曼纯:《论中介语系统中的接口问题》,《国外外语教学》1998 年第 1 期。

桂诗春:《中国英语学生的心理词汇研究》,载桂诗春主编:《中国学生英语学习心理》,湖南教育出版社 1992 年版,第 24—37 页。

桂诗春、李崴:《中国学生词汇检索的语音编码问题》,载桂诗春主编:《中国学生英语学习心理》,湖南教育出版社 1992 年版,第 38—45 页。

李荣宝、彭聃龄:《双语者的语义表征》,《现代外语》1999 年第 3 期。

王宗炎主编:《英汉应用语言学词典》,湖南教育出版社 1988 年版。

王文宇:《观念、策略与英语词汇记忆》,《外语教学与研究》1998 年第 1 期。

吴霞、王蔷:《非英语专业本科学生词汇学习策略》,《外语教学与研究》1998 年第 1 期。

Carter, R. Is There a Core Vocabulary? Some Implications for Language Teaching. *Applied Linguistics*, 1987, Vol.8, pp.178–193.

Chomsky, N. *The Minimalist Program M*. Cambridge, MA: The MIT Press, 1995.

Dewaele, Jean–Marc. Lexical Inventions: French Interlanguage as L2 versus L3. *Applied Linguistics*, 1998, Vol.19, pp.471–490.

Ellis, R. Modified Oral Input and the Acquisition of Word Meanings. *Applied Linguistics*, 1995, Vol.16, pp.409–433.

Fromkin, V. The Lexicon: Evidence from Acquired Dyslexia. *Language*, 1987, Vol.63, pp. 1–22.

Goulden, R., P. Nation & J. Read. How Large Can a Receptive Vocabulary be? *Applied Linguistics*, 1990, Vol.11, pp.341–363.

Hulstijn, J. A Comparison between the Information–processing and the Analysis/control Approaches to Language Learning. *Applied Linguistics*, 1990, Vol.11, pp.30–52.

Joe, A. What Effects do Text–based Tasks Promoting Generation Have on Incidental Vocabulary Acquisition? *Applied Linguistics*, 1998, Vol.19, pp.357–377.

Krashen, S. *The Input Hypothesis: Issues and Implications*. London: Longman, 1985.

Laufer, B. "Sequence" and "Order" in the Development of L2 Lexis: Some Evidence from Lexical Confusions. *Applied Linguistics*, 1990, Vol.11, pp.281–314.

Laufer, B. The Development of Passive and Active Vocabulary in a Second Language: Same or Different? *Applied Linguistics*, 1998, Vol.19, pp.255–271.

Li, Xiaolong. Effects of Contextual Cues on Inferring and Remembering Meanings of New Words. *Applied Linguistics*, 1988, Vol.9, pp.402–413.

McLaughlin, Barry. Restructuring. *Applied Linguistics*, 1990, Vol.11, pp.113–128.

Mondria, Jan–Arjen & M. Wit–DeBoer. The Effects of Contextual Richness on the Guesability and the Retention of Words in a Foreign Language. *Applied Linguistics*, 1991, Vol. 12, pp. 249-267.

Nation, I. *Teaching and Learning Vocabulary*. New York: Heinleand Heinle, 1990.

Poulisse, Nanda and Theo Bongaerts. First Language Use in Second Language Production. *Applied Linguistics*, 1994, Vol. 15, pp. 36-56.

Schmidt, R. The Role of Consciousness in Second Language Learning. *Applied Linguistics*, 1990, Vol. 11, pp. 129-158.

Verhallen, M. & R. Schoonen. Lexical Knowledge in L1 and L2 of Third and Fifth Graders. *Applied Linguistics*, 1998, Vol. 19, pp. 452-470.

Wallace, M. *Teaching Vocabulary*. London: Heinemann Educational Books, 1982.

Weltens, B. The Attrition of Foreign-language Skills: A Literature Review. *Applied Linguistics*, 1987, Vol. 8, pp. 22-38.

White, L. Against Comprehensible Input: The Input Hypothesis and the Development of Second-language Competence. *Applied Linguistics*, 1987, Vol 8, pp. 95-110.

Zechmeister, E., C. A. D' anna, C. Paus, and J. Smith. Metacognitive and Other Knowledge about the Mental Lexicon: Do We Know How Many Words We Know? *Applied Linguistics*, 1993, Vol. 14, pp. 188-206.

（本文原载《外语教学与研究》2000 年第 2 期。）

二语句法阶段性发展研究中的问题

一、引言

生成语法视角的二语习得研究(GSLA)有两个核心理念:语法知识的表征是二语习得过程最重要的一面,是造成L1和L2习得主要差异的原因。二语习得研究者试图揭示同一语言的本族语习得者和非本族语习得者的语法表征差异,以此解释本族语者和非本族语者在语言运用方面的不同。主要研究问题围绕普遍语法(UG)是否制约二语习得、参数重设是否可能、二语习得有何初始状态等(Klein & Martohardjono,1999)。姑且不论普遍语法的可及性和参数重设的可能性,二语习得是一个动态的过程,L2发展的初始状态仅仅是此阶段的静态知识表征,不是二语习得结果。从初始状态至最终习得结果有一个呈阶段性逐渐变化的过程。研究不同阶段的表征变化(各阶段的习得结果)似乎能揭示L2句法发展的轨迹,有助于全面了解二语习得过程。本文从生成语法角度探讨L2句法发展的阶段性现象,试图回答阶段性L2句法发展的几个基本问题,如二语句法发展的初始状态与初期状态、发展维度、句法发展的阶段性及其界定。

二、初始状态与初期状态

二语习得始于初始状态,终结于某一状态,或中途而废,或直至最后。如何确定二语习得初始状态(initial state)是一个困扰二语习得研究者的问题。"初始"到什么阶段? Gass & Selinker(2008:175)曾对此表示过质疑,二语习得数据早到(或初始到)什么时候才是有用数据? 是接触二语的第一天还是二语习得者说出的第一句话? 还是二语输出之前的那段沉默期? 如果此时的数据可用,能用来证伪有无功能语类的观点吗? 例如,如果用二语初学者(比如二语习得的前 6 个月或者 12 个月)的数据来论证无值特征假说(Valueless Feature Hypothesis)①,而数据分析的结果恰好显示受试已经掌握了特征值,这样的数据是否表明二语习得初期短暂的接触就足以设定二语句法的特征值呢? 还是表明二语习得者在开始接触二语之前就已经具备了特征值? 这是两个完全相反的结论。前者认定无值特征假说,是二语习得初期设定了特征值;后者否定无值特征假说,特征值的设定不是初期接触的结果,而是源自 L1、无须设置的特征值。

得出两个截然相反的结论,原因不在数据本身,而在于对获取数据的时间的确定(timing)和理解,即研究者需要确定调查时间段对解读数据的相关性和有效性。短暂接触二语后的测试结果是最不容易解释的数据,既可以归于二语习得前已有的语言知识,也可分析为二语习得的结果。这不但是二语句法发展研究面临的问题而且是所有二语习得研究需要小心对待和处理的问题。

二语习得的初始状态很容易误解为零起点,即没有任何语言知识。这显然是不正确的,因为除了普遍语法系统外,成人二语习得之初还完全习得了 L1。虽然这些知识不完全等同于 L2 知识,但有一定的相同和相通之处。二语习得者接触二语材料时有可能不自觉地将材料与自己的母语联系起来,相同之处产生正迁移,严重不同之处则可能形成干扰。此时的二语习得初始状态到底是 L1 和普遍语法,还是一个等待充实的空集合? 未接触任何二语材料、未启动任何二语习得活动之前,能说已经发生了二语习得吗? 如果没有发生二语习得,能有二语初始状态吗? 我们认为,还没有任何二语接触的二语初

① 无值特征假说认为,虽然 L1 语法的其他方面可能迁移,但是与曲折有关的特征值不出现迁移;词汇投射和功能投射出现迁移,投射的中心语属性出现迁移,但是形态驱动的值(如一致呼应的强弱)不迁移(Eubank,1993、1994)。

始状态本身是不存在的。把一个不存在的状态设为空集合,没有任何实际意义。理论上讲,在一个人开始接触二语之前,他的普遍语法和 L1 语法知识为 L2 习得提供了一个习得预备状态(pre-acquisition state)。所以,所谓二语习得初始状态是一个"无二语知识"的初始状态。

初始状态很容易被人误解为初期状态(early state),Gass & Selinker(2008)关于初始状态的质疑,显然犯了这样的概念错误,他们讨论的问题实际上属于初期状态的确定。诚如他们所言,初期状态的确定绝非易事。根据以上讨论,初始状态没有时间跨度,特点是静态表征,初期状态有时间跨度,特点是动态变化。研究二语习得(姑且把没有实际发生的"二语习得"还称为二语习得)初始状态等于研究一语的终极状态。研究二语习得的初期状态才是真正的二语习得研究。

三、二语句法发展的维度

(一) 习得顺序

二语习得顺序曾经是一个热门研究课题,在 20 世纪 70—80 年代风行一时,Krashen(1985)将二语习得顺序纳入其理论框架,作为五大核心假说之一。Meisel,Clahsen & Pienemam(1981)认为二语语法按照顺序发展,一个规则的习得蕴含着另一个(些)规则已被习得,即 Rn>Rn-1…R2>R1。这一观点和 Krashen(1985)的自然习得顺序观相同。但是,建立在传统(教学)语法概念之上的调查研究面对数以千计的描写性或归纳性规则,很难确定哪些规则的语法地位平等、哪些可能蕴含习得顺序,因而可以用于二语句法发展的调查研究。把代词、名词单复数、缩合、冠词、系动词、动词过去式、ing 形式、三人称单数一致呼应等语法地位不等的范畴放在同一调查中进行统计、分析、解释(如 Dulay & Burt,1974;Larsen-Freeman,1975;Krashen,1985),在认识论和方法论上属于简单化,调查结果仅仅是形态运用的准确性,无益于解释抽象句法知识的发展规律。这也是为什么自然习得顺序研究在 20 世纪 70—80 年代之后几乎没有突破的原因,虽然有些学者(如 Goldschneider & DeKeyser,2005;Kwon,2005)试图对过去几十年的调查数据重新进行解释,找出所谓决定自然习得顺序的要素。

Meisel,Clahsen & Pienemam(1981)指出,二语习得是一个有严格发展序列的过程,但是二语输出中的新变化不都代表新的发展阶段,某些结构特征代表发展变化,而其他特征则在某阶段呈现变异(variation)。按照语法地位不相同的表层结构统计出来的数据,很难真正揭示出二语语法的习得顺序,更不可能弄清楚二语句法发展顺序。

如果二语句法是一个不断发展的系统,在没有达到 L2 的终极状态(ultimate state)之前任何发展阶段出现违背某(些)原则的现象则是一种常态。我们假设自然语言的有限状态句法由原则 P_1,P_2,P_3……P_n构成。二语句法的发展从逻辑上讲有以下几种可能性。

(1)句法原则发展的宏观模式

i.句法发展初期违背所有 P,然后逐一减少违背数量,习得 P_1、P_2等,最终所有 P 均不违背,句法发展成熟。这种模式不承认 L1 原则与参数的迁移,暗示存在句法原则清晰可见的习得顺序。

ii.句法发展初期违背所有 P,然后原则在同一阶段成组地被习得。这种模式也不承认 L1 原则与参数的迁移,暗示存在习得顺序,但是每一阶段不是一个 P 被习得,而是一组 P,且同一组 P 发展顺序和速度不完全一致。因此,该模式可以解释中介语能力的变异(variation)现象。

iii.句法发展初期违背部分 P(不违背与 L1 相同的 P),然后逐一减少违背数量,发展规律与 i 相同,但是承认有 L1 迁移。

iv.句法发展初期违背部分 P(不违背与 L1 相同的 P),然后被违背的 P 成组地被同时习得。模式与 ii 同,但承认有 L1 迁移。

v.句法发展初期完全遵守所有 P。这是二语习得中不可能出现的模式。

所谓原则 P"已习得"(acquired)就是 P 不被违背,而原则 P 被违背则表明它没有被习得。处于发展状态的二语句法不可能不违背众多的原则。违背数量越多,越表明 L2 句法还处于发展初期,违背越少则句法发展越高级。

（二）深度与广度

如果把句法看作原则与参数体系，那么二语句法习得的深度与广度问题就是原则习得的深度和广度问题。所谓深度，指的是掌握原则 P 知识的完整性，涉及该原则运算的不同结构/形态是否发展全面，抽象的形式与具体的形态知识是否完美结合，如空语类原则在特殊疑问句、关系化结构、不定式结构等中是否不被违背，但是，如果同类型不定式偶有违背 P 的情况，不是习得深度问题。

所谓广度，指的是习得不同原则的广泛性和相关性，如特殊疑问句、一般疑问句、主题化、焦点化、关系化结构涉及的所有原则。二语句法习得的广度达到极致就是完全掌握了这门语言的原则与参数体系，所有的 P 形成一个完美的网络。如果此时具体原则的习得深度也达到了完美程度，那么剩下的二语习得任务只是添加新的词汇和结构及其子语类化信息。词语的子语类化信息带有个体特性，需要逐个学习（Park，2000：233），这就是为什么二语习得者在习得了某一功能语类后，还有不少涉及具体词汇的用法不完全正确。以疑问句功能语类 C_{wh} 的习得为例，在二语习得者习得了 C 且能进行 wh 移动后，T 位置上的助动词、情态动词、系动词与这一句法特征的匹配还需逐个进行，因此可能出现不稳定的主谓倒装（即 T 至 C 的移动）。助动词、情态动词、系动词个体的习得有深度问题，掌握所有这些语类则是广度问题。

二语句法发展还可以分为宏观发展和微观发展两大类。前者是句法系统不同原则的习得，与广度相近，但不涉及不同原则的关联，后者指掌握原则的更小构件，如功能语类特征组合的习得。宏观发展与微观发展是密不可分的，当一个原则被习得后，与其相关的具体语类有一个调整适应过程，即句法—形态映射过程（戴曼纯、康悦，2009）。因此，我们不能以某一微观特征没有出现在某个具体语类上，就断定有关原则没有被习得，例如在系动词 be 或情态动词能正确用于疑问句的情况下，不能因为助动词“do”没有正确倒装就认为整个 T 系统没有被习得，甚至认为疑问句功能语类 C 还没有被习得。

为了系统地解释二语句法习得，研究者首先需要寻找明确的原则与参数体系，为二语句法发展研究提供理论基础。这些原则与参数必须是句法学界充分论证、界定明确、具有可证伪性的命题，如空语类原则、约束原则、显性代词制约、特征强弱与核查操作、语段不可渗透条件、经济原则等（我们暂且用“原则”比较笼统地指句法学家提出的原则、条件、制约、定律之类的命题，尽管这样做不很准确）。迄今为止，句法学界还没有就语言的原则与参数体系达成共识，二语句法发展研究也因此受到阻碍。

（三）二语句法发展的阶段性

只要承认二语句法习得不是一蹴而就的，就得接受二语句法系统的阶段发展观。无论这些阶段是简单线性序列还是别的复杂状态（如呈线性加离散状态发展），都需要二语习得研究者加以解释。例如为什么 L1 没有介词滞留（preposition stranding）的二语习得者掌握英语特殊疑问句时和英语本族语者经历类似的发展阶段，即（2）。

（2）英语特殊疑问句的 L2 发展阶段

i.She talked to whom?

ii.Who did she talk Ø?

iii.Who did she talk to?（Towell & Hawkins，1994：132）

这三个阶段粗略地勾勒出（涉及介词短语的）英语特殊疑问句的发展规律，发展初期以原位（in-situ）出现疑问词为标志，无此标志则表明疑问句的句法知识还没有开始发展。虽有特殊疑问词出现在句中，但是语序与陈述句完全相同，没有疑问词短语移动至句首[Spec，CP]的操作。研究者一般将此解释为二语习得者还没有习得功能语类 C（参见 Vainikka & Young-Scholten，1994 的最小树假设），或者功能语类特征失效（参见 Hawkins & Chan，1997 的功能特征失效假设）。阶段二的数据使问题更加复杂。虽然二语习得者已经具备了功能语类 C 及其强特征知识，并且运用了“wh”移动操作，但是无端删除了介词“to”。介词“to”的删除是发生在和“wh”短语并移后（即[to who]移动至[Spec，CP]后再删除 to）还是发生在“wh”短语移动、介词滞留之后（即只有[who]移动至[Spec，CP]后，留在“talk”之后的“to”被删除）？对此进行令人信服的解释有相当的难度，有可能是二语习得者和一语习得者一样，不允许介词滞留，把它看作一种错误而加以删除，即把“to”看作一个句法上必须有补足语的中心词。但是,这种删除到底是句法操作还是句法后的音系操作,我们不得而知。甚至还有一种可能:句法运算之前的算式库/词汇序列(Numeration/ Lexical Array)本身就没有提取介词"to"。唯一清楚的事实是,高级阶段的二语习得者必须取消错误的介词删除,才能习得介词滞留。第一阶段和第二阶段的疑问句知识不是终极状态,而是中间状态,句法运算也处于发展状态,此时的二语系统被称为中介语(interlanguage)(参见 Selinker,1972)。

Braidi(1999:20)指出,如今对二语习得者语言的理解已经超越 Selinker 当初的中介语界定,研究者逐渐认识到中介语的阶段性属性,中介语是二语习得者在二语习得过程不同阶段发展而成的语法系列,在某一阶段,中介语语法具有系统性、可渗透性、过渡性和离散性。系统性表现在中介语语法内部的一致性,即语法是受规则制约的,任何二语习得者能根据其语言直觉对二语输出进行是否合乎语法的判断,而中介语系统可能包含既非母语亦非二语的形式。可渗透性表现在中介语既允许母语规则的介入也存在对二语规则的过度泛化(overgeneralization)。过渡性则指中介语在发展变化,虽然有可能出现某些子系统停滞不前,即所谓僵化(fossilization)。中介语系统的离散性表现在不同阶段的中介语语法有确切的差异,甚至某一规则的运用在几个阶段之间出现不稳定现象。我们认为中介语离散性还有另一特点:不同子系统(各原则、参数、制约、规则等,或者句法、语义、音系、形态、语用等)的发展不是齐头并进或速度相等,而是非均衡状态。有研究(戴曼纯、郭力,2007;戴曼纯、王严,2008)显示,看似简单的"be"和"have"在我国学生的英语发展过程中表现出"be"/"have"内部极不平衡的离散发展状态,"be"和"have"不是作为一个单一的简单整体被一次性习得,而是其构件分散发展,且实义语类构件的发展先于功能语类构件,发展最慢的是实义语类特征和功能语类特征的混合体用法。

四、阶段性的界定

在承认二语习得具有阶段性特征的基础上如何确定这些阶段是二语(包

括句法)发展研究者必须面对的问题。如何确定二语习得的不同阶段？各阶段有何特征？Braidi(1999)试图给出一个简略的答案。传统的语言学研究一般对语言进行静态的、共时研究,语言习得和语言变迁研究者必须关注语言的发展变化,找出从一个阶段到另一个阶段出现的异同。

（一）阶段性实例一:L2 英语否定

一个浅显易懂的实例是所谓英语否定的发展阶段。研究者根据否定结构出现的频率确定其发展阶段大致如(3)。

(3)英语否定的 L2 发展阶段

i.no +动词	(no V)	如“I no understand.”
ii.don’t +动词	(don’t V)	如“He don’t like it.”
iii.助词+否定	(aux-neg)	如“You can’t tell her.”
iv.分析型 don’t	(don’t)	如“He doesn’t spin.” (Braidi,1999)

再以某一学习者为例,在某一阶段其语言运用包含的否定结构出现了(4)所示的类型和比例。

(4)二语共时否定结构类型

i.no +动词	(no V)	31%
ii.don’t +动词	(don’t V)	46%
iii.助词+否定	(aux-neg)	23%
iv.分析型 don’t	(don’t)	0%
共计:		100%(同上)

学习者在同一阶段竟然使用了三种类型的否定构造方式,即一阶段、二阶段、三阶段各占一定的比例,却没有一例第四阶段(完全习得否定的阶段)的用法。数据显示该学习者还处于中介语状态,没有完成英语否定的习得。那么,该学习者的句法发展(更准确地说是否定结构的发展)处于什么阶段呢?

数据显示他丝毫没有运用正确的否定结构 iv 型,其他三种类型都是错误的否定结构,ii 占多数。以此为依据认定学习者处于 ii 阶段,显然刻意忽略了 i 型和 iii 类型的使用。研究者面对这样的数据最需要解释的是,为什么 ii 型占主要比例的情况下还大量使用 i 型和 iii 型。i、ii、iii 均为错误类型。

二语句法发展研究希望弄清楚是正确句法的发展规律。以错误出现频率最高的类型为依据确定句法发展处于该阶段,逻辑上似乎有问题。研究者收集的数据应该反映正确(运用)的句法发展阶段还是错误(运用)的发展阶段?这似乎是一个不言自明的问题。

虽然以正确率代表某阶段似乎比错误率更有说服力,但是如果每一发展阶段都以正确使用某一结构(如否定结构)作为参照依据,就等于用最高阶段判断中间阶段(以否定习得为例,则是以第四阶段界定第一、第二和第三阶段)。这一参照的合理性和可行性似乎也值得怀疑。参照错误类型(中介语结构)与参照正确类型(本族语成人语言结构)之所以产生上述矛盾,是因为研究者同时采取了中介语视角和本族语视角。如果暂时抛开本族语视角,避开对比谬论(comparative fallacy)(Lakshmanan & Selinker,2001),把中介语看作正常发展过程,把中介语语法看作自然语法,那么中间状态的结构类型也是相对"合法"的,即符合中介语语法规律,受普遍语法的制约。这就要求我们放弃参照终极状态界定 L2"错误"的视角。然而,放弃这种参照可能不符合许多研究者的直觉。

虽然 Braidi 认为可以根据最常用的结构确定发展阶段(仍然有交叉使用其他结构的现象),但是这一结论只是对语言运用的粗浅统计,无法解释不同误用类型为什么在同一阶段并存,更无益于揭示制约不同否定结构的内在机制。其次,否定结构涉及很多功能语类和实义语类的发展,如 C(omplementizer)、v、T(ense)、Neg、Aux、V 及其屈折变化、动词的子语类化(如赋格、论元结构),还涉及复杂的句法操作,如满足 EPP 的操作、动词提升、助动词提升、一致呼应等。这些句法知识的发展交错在一起。忽略这些句法属性而做简单的频率分析,既不能科学地确定二语句法发展阶段也不利于揭示句法发展的制约因素。

(二) 阶段性实例二:L2 英语疑问句

为了阐述二语习得发展阶段的特点,Braidi(1999)还归纳了疑问句、语序、嵌入子句和代词的阶段性发展。下面仅以疑问句发展为例进行解读。疑问句的形成有以下手段:语调(intonation)、疑问词、小品词(particle)和语序

(倒装)。根据这些语法手段,(一语为西班牙语、二语为英语)英语疑问句的发展呈现(5)所示的规律。

(5)英语疑问句的 L2 发展阶段

i.语调疑问句:如"This …slipper?""Fish…see?"(无疑问词,无动词,无倒装)

ii.带系动词疑问句:如"what is that?""where's pen?"(有疑问词,仅限于含系动词的特殊疑问词组合。看似正确,实为语块)

iii.(所有动词类型)无倒装疑问句:如"what you want it?""what he's doing?""you can see that?"(特殊疑问词置于句首,无主谓倒装)

iv.系动词、助动词、主动词倒装:如"can I have a piece of drink?""why drink we tea and coffee?""what is he doing?"(系动词、助动词倒装正确,主动词被错误倒装)

v.含主动词特殊疑问句带 do:如"How do you clean them?""what do you doing yesterday?"(助动词 do 被泛化)

vi.是非疑问句主动词带 do:如"Henning,did you catch anything?"(助动词 do 形态正确)

对比(5)和(2)后,我们发现(5)关于英语 L2 疑问句发展的归纳远比(2)详细,且包含特殊疑问句和是非疑问句。但是,用传统语法(描写语法、教学语法)正确分析以上各阶段的特点面临巨大的挑战,最终只可能得出归纳性结论,解释深度有限。例如 ii 阶段的系动词看似倒装,是二语习得者真正习得了疑问句倒装,还是把"what is"和"where's"当成未加分析的语块使用?抑或源自母语的直接翻译?传统语法很难确定这一点。根据 iii 阶段没有倒装结构来判断,二语习得者在 ii 阶段似乎没有习得句法的倒装运算(即将 T 位置上的助动词/系动词/情态动词提升至 C),否则我们就会得出 iii 是 ii 倒退的结论。如果 Braidi 提供的数据正确,那么我们可以根据三个核心语类(C、T、V)及其句法运算的复杂性来分析疑问句的六个阶段,如(6)所示。

(6)英语 L2 疑问句发展阶段解读

1)i 阶段二语习得者还没有习得功能语类 C 及其特征,T 的习得也不完整。表达语用信息的疑问句只能通过非句法手段(音韵手段)生成,缺少疑问句所有构件和操作。特殊疑问句和是非疑问句的发展处于初始阶段。

2)ii 阶段已经具备功能语类 C 的知识,但只能运用含系动词 be 的特殊疑问句。二语习得者没有真正习得主谓倒装,系动词 be 和疑问词作为语块用于生成疑问句。即使认为有主谓倒装知识,也仅限于系动词 be,尚未推广至助动词。但是,iii 阶段的数据显示,没有助动词及情态动词的倒装运算。疑问句发展处于萌芽时期。

3)iii 阶段建立在 ii 阶段句法知识之上,已具备 C 的知识,特殊疑问句超越了 be 动词类型,但是没有习得助动词、情态动词的提升操作。疑问句类型拓展初期。

4)iv 阶段建立在 iii 之上,不但具备 C 的知识,还习得了 T 至 C 的句法操作,但是主动词也被当作助动词、情态动词、系动词 be 一样提升至 C。这表明二语习得者还没有习得助动词"do"(包括"do"与 V 的分离)。主谓倒装被泛化至 V。开始习得是非疑问句。疑问句习得处于拓展阶段。

5)v 阶段建立在 iv 之上,已经具备了 C 和 T 及助动词、情态动词、系动词倒装知识,并且习得"do"的句法功能。但是"do"的用途被泛化,如"do"替换了助动词 be。疑问句习得处于完善时期。

6)vi 阶段建立在 v 阶段之上,已经具备了 C、T 及主谓倒装知识,助动词 do 消除泛化,并延伸至是非疑问句运算。二语习得者此时已完全习得英语的特殊疑问句和是非疑问句。

疑问句的生成涉及三个/种关键语类:功能语类 C(带 wh 强特征)、T(实现时体特征,带 EPP 特征)和 V(充当谓词的主动词)。疑问词(what,who,where,when,why,how 等)必须与 C 建立句法关系才能进行移动操作;T 必须与具体的系动词、助动词、情态动词进行匹配,才能保证 T 至 C 的移动运算;具体主动词必须进行正确的子语类化,获得赋格能力和论元结构,才能保证主动词形态正确、不意外提升至 C。其他语类(如 DP)不是疑问句生成的核心句法知识,或者说属于习得疑问句的前期预备知识。

从(6)可以看出,二语习得者生成疑问句的句法运算由简单到复杂的变化过程,如(7)所示。

(7)L2 英语疑问句核心语类的发展过程

{-C,-T,-V}①<{(C),-T,-V}<{C,-T,(V)}<{C,(T),(V)}<{C,(T),V}<{C,T,V}

从 C、T、V 的发展看,C 出现较早,V 的子语类化次之,T 最晚。疑问句的 C 功能简单,句法位置单一,需与各疑问词匹配。T 的匹配最复杂,出现在 T 位置的有可能是助动词、情态动词,甚至主动词(V 带 T 特征时);由于疑问句的 C 带强特征,致使 T 提升至 C。疑问句发展至第五阶段已基本完成,仅剩下助动词“do”的功能需要加以限制(包括 do 在是非疑问句的运算)。是非疑问句的习得看似最后完成,实际上是助动词 do 的句法限制在不断完善。第五阶段特殊疑问句中的“do”发展不完备,也可以说特殊疑问句在第五阶段还没有完全被习得,直到第六阶段和是非疑问句同时达到成熟状态。英语疑问句的句法知识习得主要涉及以下句法属性:表语势的功能语类 C 是否带完整的强特征,有多种形态实现方式的 T 是否与助动词、系动词、情态动词等完成了句法-形态映射,主动词 V 的子语类化(如论元结构、屈折变化等)是否完整。这些因素(指 C、情态动词、助动词、系动词、助动词携带的形式特征、形态特征、可解读特征、不可解读特征等)左右疑问句的发展,也是我们分析二语句法习得的理论依据。

疑问句的习得也面临否定习得的类似问题,即同一阶段的语言运用中出现不同发展阶段的疑问句结构。Braidi(1999:31)引用了 Ravem 的儿子在某一阶段同时产出的疑问句作为例证,以显示解释二语疑问句发展的难度和复杂性。

(8)二语共时疑问句类型 1

a.What *you did* in Rothbury?　　(有 C,有时态,无助动词 do,无倒装)

b.Why *the baby* crying?　　(时态不完整,无助动词 be,无倒装)

c.What *he's* doing?　　(有时态,有助动词,无倒装)

d.What *is he* doing?　　(有时态,有助动词,有倒装)

---

① {-C}表示没有习得功能语类 C;{(C)}表示 C 的掌握尚不稳定,{C}表示已经习得 C。T、V 依此类推。

e.Why drink we tea and coffee?　（时态不完整，有倒装，无助动词 do）

f.When dyou went there?　（时态不完整，助动词和主语合成语块）

g.What dyou rea*ding* to-yesterday?（时态不完整，助动词和主语合成语块）

(8)的例句范围广，包含 what、why、when 等疑问句。仅按传统语法概念从统计类型上进行分析，是无法确定疑问句发展阶段的。我们尝试从句法角度解读该二语习得者所处的疑问句习得阶段。所有例句的共同句法特点是，每句均带功能语类 C，且有疑问词短语移动至[Spec，CP]的句法运算。但是，差异表现出句法运算的不一致，某些句法操作时有时无，比如 d 和 e 有主谓倒装操作，而 a、b 和 c 都没有倒装。a 和 b 没有助动词，而 c 和 d 有助动词(be)。所有语句均无证据表明助动词 do 已经被习得。虽然 f 和 g 出现了"do"和"you"缩合成"dyou"的形式，但是这种缩合的合法性存疑(极有可能是从诸如"how'd you do?"之类的二语材料中获得的语块)，形态和时态(如 g)都存在问题。

所有例句的疑问词均合法地移动至句首，充分表明二语习得者已经具备了功能语类 C 的基本知识，但 T 与助动词的匹配还处于发展初期，主谓倒装操作不完善，致使 e 的主动词"drink"提升至 C；T 与主动词的匹配还在发展，时态的运用不稳定，有时候时态完整，有时候不完整。助动词"do"的发展刚刚萌芽。

三个星期后，该二语习得者的疑问句出现以下结构。

(9)二语共时疑问句类型 2

a.What did you talk to them?

b.What do you doing to-yesterday?

c.What did you do to-yesterday?

d.When you go to bed?（Braidi，1999：31）

不正确的动词用法和 yesterday 用法(如句 a 中"talk"当成"say"使用；句 b 和 c 在"yesterday"前加"to")姑且忽略不计。助动词"do"及其形态变体"did"已与"you"分离，疑问句开始出现倒装运算，即 T 至 C 的移动运算。这表明二语习得者的 T 和助动词进行了一定程度的句法—形态映射，虽然匹配不够完整，造成"do"的泛化或省略。(9)表明二语习得者的疑问句与(8)相比有了明显的进步,"do"与"you"分离,主动词与"do"的配合已基本完成,助动词倒装。其 L2 句法知识已超越(8)所示的阶段。

(三) 阶段的界定依据

过去,大量二语习得研究关注语言的表层现象,语言的表层现象往往掩盖了语言的深层属性,不能揭示更深层的二语习得规律,不利于建立统一的语言习得理论(Flynn,1998)。

Towell & Hawkins(1994)、Braidi(1999)等人关于二语句法发展阶段的阐述就是基于语言表层的归纳,即确立阶段的核心概念建立在描写性结构类型上,而不是句法原则蕴含的分解成分,如形式特征、可解读特征、不可解读特征。二语句法发展研究不应当采用教学语法/描写语法的概念框架,而应该直接应用句法学理论概念。

我们尝试用最简方案的几个核心语类解读了 Towell & Hawkins 和 Braidi 的数据如(5)(8)(9),用少量句法概念对看似矛盾的数据进行解析,得出更准确的二语句法发展阶段性信息。我们发现,二语习得者必须:1)先习得功能语类 C 才可能进行疑问词与 C 的映射;2)先习得 T 才可能将助动词、系动词、情态动词与之匹配,才可能进行 T 至 C 的句法运算;3)先习得主动词的子语类化特征才能做到"do"与其分离,并取消主动词提升至 C 的错误运算。

从句法发展的角度看,将英语疑问句的发展分为六个阶段并不准确,例如 ii 和 iii 阶段的句法知识没有实质差异,ii 和 iii 都有 C 的知识,都无真正意义上的主谓倒装(如果说 ii 有倒装,iii 就是倒退。这是不合发展观的逻辑的),iii 与 ii 的区别仅在 T 位置上系动词扩展至助动词、情态动词。因此,ii 和 iii 可以合并为一个句法发展阶段,即"有 C、无 T 至 C 移动阶段"。iv 和 v 也没有根本性句法差异,都有 C,且出现 T 至 C 的移动,即主谓倒装。v 与 iv 的唯一区别是 v 多发展了一个助动词 do,而这一发展仅仅是同一句法属性在不同形态上的映射,即由过去 T 仅映射在系动词、情态动词、助动词 be 之上,扩展至映射在助动词"do"之上。因此,iv 和 v 也可以合并为一个句法阶段,即"有 C、有 T 至 C 移动阶段"。

按照我们的分类,疑问句习得从无句法运算到完美句法运算经历了四个阶段:i.无功能语类 C 的零句法知识阶段,无句法—形态映射;ii.有功能语类 C、无 T 至 C 移动阶段,有限的句法—形态映射;iii.有功能语类 C、有 T 至 C 移动阶段,扩展的句法—形态映射;iv.完美阶段。真正称得上中介语的是前三个阶段,i 为二语句法发展初期状态,有句法研究价值的中介语疑问句出现在是 ii 和 iii 阶段。

研究者通常以形态标记的准确率为标准,证明功能语类的习得。二语习得者的早期产出很少有形态标记,似乎表明其二语系统缺少功能语类;然而,二语习得后期的语言输出中也常常缺少复数标记,这就很难继续认定形态标记的缺失完全是功能语类缺失造成的(Gass & Selinker,2008:176)。这一观点与表层曲折缺失假说(the Missing Surface Inflection Hypothesis)(Prévost & White,2000)吻合,二语习得者语言运用中的形态缺失或形态的不稳定现象只说明表层形态实现还存在问题,而不表明功能语类投射或特征值受损(Haznedar,2003)。根据形式—形态分离论(Lardiere,2000;Prévost,2008;戴曼纯、康悦,2009),表层形态的缺失不足以证明抽象知识的缺损,形态标记不是判断句法知识发展的充分必要证据。

有研究表明,二语习得的形式知识体系和形态的发展是分离的(Prévost & White,2000;Prévost,2008),部分助动词、主动词的形态不正确,不表明二语习得者没有习得抽象的句法知识或形式特征知识。界定二语句法发展阶段性的依据不是关于形态正确性的统计(如百分比),而是抽象形式特征的有无及其与相关形态的映射。按照形态正确性/错误率统计出的结果只是关于形态发展的描写性归纳,不是句法层面的解释性研究。

正确率也有一定的误导作用。假如二语习得者在运用英语特殊疑问句时有 60%的正确率,能表明他掌握了 60%的疑问句吗? 还是疑问句掌握程度达 60%? 或者习得了疑问句所涉句法原则的 60%(知识)? 显然,这些模糊的结论没有一个能站住脚。首先,一个结构(如疑问句)的习得涉及诸多原则和参数的设置,60%的正确率不表明所有原则都掌握了六成,违背了四成。百分比的出现有可能是因为其中部分原则没有违背,其他原则被违背造成的。其次,某原则 P 的违背与否必须是[+/-]二分法,不允许第三种可能,这样才能真正统计出 P 的违背情况。最后,一般研究把一个群体当作同质的二语习得者,将他们违背原则P的数据抽象成某一个二语习得者的句法发展情况，更加降低了数据的可信度。比如，100位受试中有60位正确地运用了P，40位违背了P，受试组的正确率为60%。这个数据只表明60%的受试掌握了P，而不能证明受试组掌握了P的60%知识。很显然，对二语句法发展数据进行上述类型的统计和解读，只会产生误导。

五、结束语

发展中的二语句法是原则与参数不断产生变化的知识体系。二语句法习得研究不同于传统意义上的二语语法研究，不应该单纯建立在表层形态事实上，而是挖掘表层形态背后隐藏的抽象规律。本文试图澄清关于普遍语法的误解，阐述了二语初始状态与二语习得初期状态的差异，分析了二语句法发展的不同维度（如句法习得顺序、广度与深度、宏观与微观），用英语疑问句的发展变化论证了二语句法的阶段性特征，用最简方案的核心语类C、T、V对L2英语疑问句数据进行了新的解读。我们认为，二语句法发展不能用传统语法的表层形态概念来研究，而应该用句法理论的核心概念揭示数据隐藏的深层规律。二语句法发展的研究可参照形态发展，但不能建立在形态运用的正确率之上，因为形态标记的准确率只能作为形态发展的依据，二语习得者掌握句法原则后，还需要逐一将其与具体形态匹配起来，完成句法—形态映射。

参考文献

戴曼纯、郭力：《中国英语学习者BE动词的习得规律》，《外语教学》2007年第3期。

戴曼纯、王严：《中国学生英语HAVE的习得研究》，《外语教学理论与实践》2008年第4期。

戴曼纯、康悦：《二语习得研究语言学视角的理论思考：形式—形态分离与句法—形态映射》，《语言教学与研究》2009年第4期。

Braidi, S. *The Acquisition of Second Language Syntax*. New York: OUP, 1999.

Dulay, H.C.& M.K.Burt.Natural Sequences in Child Second Language Acquisition.*Language Learning*, 1974, Vol.24, pp.37-53.

Eubank, J. On the Transfer of Parametric Values in L2 development. *Language Acquisition*, 1993/1994, Vol.3, pp.183-208.

Flynn, S.Introduction.In S.Flynn, G.Martohardjono, & W.O' Neil(eds.).*The Generative Study of Second Language Acquisition*.Mahwah, NJ: Lawrence Erlbaum Associates, 1998, pp. xi-xiv.

Gass, S. & L. Selinker.*Second Language Acquisition: An Introductory Course* (3rd ed.). New York: Routledge, 2008.

Goldschneider, J.& R.DeKeyser.Explaining the "Natural Order of L2 Morpheme Acquisition" in English: A Meta-analysis of Multiple Determinants.*Language Learning*, 2005, Vol. 55, pp.27-77.

Hawkins, R.& Chan, Y-H.The Partial Availability of Universal Grammar in Second Language Acquisition: The "Failed Functional Features Hypothesis".*Second Language Research*, 1997, Vol.13, pp.187-226.

Haznedar, B.Missing Surface Inflection in Adult and Child L2 Acquisition.In J.M.Liceras et al. (eds.).*Proceedings of the 6th Generative Approaches to Second Language Acquisition Conference* (GASLA 2002). Somerville, MA: Cascadilla Proceedings Project, 2003, pp. 140-149.

Klein, E.& G.Martohardjono.Investigating Second Language Grammars: Some Conceptual and Methodological Issues in Generative SLA Research. In E. Klein & G. Martohardjono (eds.).*The Development of Second Language Grammars: A Generative Approach*.Amsterdam: John Benjamins, 1999, pp.3-36.

Krashen, S. *The Input Hypothesis: Issues and Implications*.New York: Longman, 1985.

Kwon, E.The "Natural Order" of Morpheme Acquisition: A Historical Survey and Discussion of Three Putative Determinants.*Teachers College, Columbia University Working Papers in TESOL & Applied Linguistics*, 2005, Vol.5, No.1.

Lakshmanan, U.& L.Selinker.AnalyzingInterlanguage: How Do We Know What Learners Know? *Second Language Research*, 2001, Vol.17, No.4, pp.393-420.

Larsen-Freeman, D.The Acquisition of Grammatical Morphemes by Adult ESL Students. *TESOL Quarterly*, 1975, Vol.9, pp.409-419.

Lardiere, D. Mapping Features to Forms in Second Language Acquisition. In J. Archibald (ed.). *Second Language Acquisition and Linguistic Theory*. Malden, MA: Blackwell Publishers Inc., 2000, pp. 102–129.

Meisel, J., H. Clahsen, & M. Pienemann. On Determining Developmental Stages in Natural Second Language Acquisition. *Studies in Second Language Acquisition*, 1981, Vol. 3, pp. 109–135.

Park, H. Child Second Language Acquisition and Linguistic Theories: The Minimalist Program and Optimality Theory. Doctoral Dissertation, the University of Arizona, 2000.

Prévost, P. Knowledge of Morphology and Syntax in Early Adult L2 French: Evidence for the Missing Surface Inflection Hypothesis. In J. Liceras, H. Zobl, & H. Goodluck (eds.). *The Role of Formal Features in Second Language Acquisition*. New York: Lawrence Erlbaum Associates, 2008.

Prévost, P., & White, L. Missing Surface Inflection or Impairment in Second Language Acquisition? Evidence from Tense and Agreement. *Second Language Research*, 2000, Vol. 16, pp. 103–134.

Selinker, L. Interlanguage. In B. W. Robinett, & J. Schachter (eds.). *Second Language Learning: Contrastive Analysis, Error Analysis, and Related Aspects*. Michigan: The University of Michigan Press, 1983, pp. 173–196.

Towell, R. & R. Hawkins. *Approaches to Second Language Acquisition*. Clevedon: Multilingual Matters Ltd., 1994.

Vainikka, A. & M. Young-Scholten. Direct Access to X'-theory: Evidence from Korean and Turkish Adults Learning German. In T. Hoekstra & B. D. Schwartz (eds.). *Language Acquisition Studies in Generative Grammar*. Amsterdam: John Benjamins, 1994, pp. 265–316.

（本文原载《外语学刊》2011 年第 5 期。略有修改。）

二语习得中的特征与特征组装

一、引言

特征是 Chomsky(2005、2008)最简论句法解释语际差异的核心构念。语言习得研究成了特征习得研究(Travis,2008:23)。特征也改变了生成语法二语习得研究视角,Lardiere(2007、2008、2009)据此提出二语习得特征组装假说(Feature Assembly Hypothesis),挑战参数设置范式。这一观点引起了很大的反响(如 Carroll,2009;Slabakova,2009;White,2009),支持、拓展和质疑并存。本文首先介绍特征概念、语言习得的特征组装观,然后重点讨论二语习得特征组装假说的理论贡献和局限性。

特征反映了人类基本认知范畴的语法化(Harley & Ritter,2002)。人们关于物体和事件的概念结构必然影响并制约名词和动词,表达数量、时、体、对比、空间关系或逻辑关系的语言手段可能部分源自表达时间、空间和逻辑关系的概念结构(Fitch,Hauser & Chomsky,2005)。人类语言官能将概念结构产生的某些特征转化为形式特征,沉淀为语言共性,纳入句法运算。正常儿童在短短几年之内掌握母语,因为他们拥有人类基因天赋:一个通用的语言特征库和一个组合并解读相关特征的统一运算系统(Lardiere,2009)。White(2009)称通用语言特征库为普遍语法特征库(UG inventory,简称"UGI")。UGI 是 UG 的构成部分,提供一套数目有限的特征,供人类语言组装之用,但是一门具体语言不一定选择所有的特征,儿童习得语言时仅选择 UGI 的一个子集。儿童将所选特征组装成词项,词项进入运算,推导出意义和形式(此处指形态)匹配在一起的等级结构表征（Lardiere,2009）。语言习得者根据语言输入中具体词项的属性和句法位置分辨出特征的具体组合方式，确定具体语言的 UGI 特征子集，将特征组装成具体词项，构建词库。

二、二语习得特征理论

（一）特征组装与重组

二语习得特征组装假说（Lardiere,2007、2008、2009）提出一切特征皆可及，特征对比能识别；二语习得者将特征重新组合，映射在 L2 词项上。Lardiere 试图取消参数设置，把参数设置等同于特征选择。她认为参数不再适合预测和解释语法现象复杂的跨语言实现。二语学习者通过对比分析方法习得特征，将特征重组在具体词项中；二语产出的个体差异可以归因于数据加工和运算效率，而最后达到的 L2 语法状态可能与一般语言差异相似，即在不同制约条件的环境下用不同方式将选择的特征组装在词项中（Lardiere,2009）。

Lardicrc（2009）批判性地参照 Chierchia（1998）的名词映射参数（Nominal Mapping Parameter）阐述（名词复数标记）词项进行特征组装的基本原理及其在二语习得中的应用。根据名词映射参数，语言间的名词差异在于是否具有［+pred］（表示必须与 D 结合才能实现为论元的属性）或［+arg］（表示可充当光杆 NP 论元的属性）。两个特征有三种组合：英语型 NP 为［+pred,+arg］，汉语型为［-pred,+arg］，意大利语型为［+pred,-arg］。英语型语言的名词分可数/不可数，不可数名词可做光杆论元，单数可数名词不可做光杆论元，复数可数名词可做论元（Chierchia,1998），英语有数词、无量词。汉语型语言的名词有四个特点：可以充当光杆论元，所有名词均可扩展为不可数名词，没有复数标记，一般需要量词（Chierchia,1998）。意大利语型语言的名词必须投射 D 才能充当论元，光杆名词不充当论元，有可数/不可数之分和复数形态（Chierchia,1998），不用量词。英语复数标记表达的特征与“不止一个”呼应，汉语无此对应特征，汉语名词复数的表达依靠语用环境，即句法成分用接口条件处理。汉语有一个比较特殊的复数标记“们”，作为词缀仅限于指人或拟人用法的名词，有确指意义，且与量化词不相容。汉语到底有没有选择[+Plural]特征？如果选择了该特征，为何仅限于语义上带[+Human]特征的名词？语言学家尚不能解答的问题，二语习得者是如何解决的？Lardiere(2009)指出，英语为母语的汉语学习者似乎确实选择了[+Plural]特征构造具体词项，而且汉语复数词缀与[+Plural][+Human][+Definite]特征紧密联系在一起。

Lardiere(2009)在分析了汉语和韩语的复数标记后指出，不同语言带复数标记的词汇形态不完全对应，甚至[D]和[Number]之类的功能语类组合特征的方式也不一样。表达普遍性语义的[Number]或[Plural]特征没有语际差异，但是形态—句法(morphosyntactic)特征有明显差异：英语的复数标记与(非)确指性共存，复数名词做主语时与T有一致呼应，汉语的复数标记“们”仅与确指性和人共存，复数名词做主语时与T没有一致呼应。Lardiere根据英、汉语名词差异推断母语为英语的汉语初学者过度泛化汉语的复数标记，母语为汉语的英语学习者不能为英语复数名词充分提供复数标记。Lardiere(2007)的受试Patty(成人后移居美国多年)习得了英语复数标记的正确知识：复数标记可以与非指人的名词、量化名词和非确指名词共现，即按照与汉语不同的方式成功地重组了英语的复数特征，但是，口语中只给约50%的量化名词提供了复数标记，书面表达中给约84%的量化名词加了复数词缀。

Lardiere的对比分析和数据说明三个问题：1)二语习得者能够进行特征重组；2)重组后的特征没有完全映射在所有相关词项(可数名词)上；3)有时候语言运算未能组合出词项的正确形态。二语特征重组隐含这样的学习观，即学习者根据语义和语法功能寻找L1和L2的词汇形态对应点，识别一两个能重新分配L1功能特征的词项，习得特征在新语言中的组合方式，将特征组装在L2词项中(Lardiere，2009)。这就暗示了二语学习者不断进行对比分析，确定两种语言在语义表达、句法属性、形态表现各方面的异同。Lardiere(2009)认为，原则上任何可以察觉出的特征对比都能被习得。特征的习得可能经历四个阶段：1)注意特征在输入中的形态反映；2)将特征组装进词项并开始列入算式库；3)组装特征、列入算式库的比例逐渐提高；4)组装特征、列入算式库的比例接近本族语者水平(Wakabayashi,2009)。

(二)特征组装差异与习得难易度

二语特征组装与一语不同,习得者已有一套组装好的L1功能语类,有人甚至认为二语习得的初始状态就是L1语法(Montrul & Yoon,2009)。二语习得者需要将L1实现过的特征再次映射,形成L2语类,是一种词项的新子语类化。Lardiere(2009)认为二语习得者需要解决以下问题才能弄清目标语的形态—句法语类:1)所选特征在句法层与哪些功能语类相关?这一分布与母语功能语类的特征矩阵有何区别?2)所选特征结合哪些其他特征、组合在哪些词项中?3)有些形态(形式)是否可有可无?哪些因素决定形态曲折?决定因素是否与音系、形态—句法、语义或语篇有关?这些问题还没有令人满意的答案。从第一个问题可以看出,特征组装假说依靠L1和L2的对比分析;第二个问题表明特征组装不限于形式特征;第三类问题最反映特征组装假说的理论价值。所有问题的根本都在功能语类的习得。

功能语类习得的真正含义是什么?如果一个功能语类由若干形式特征组装而成,那么习得这个功能语类就意味着所有相关特征被完全组装在一起,而且相关特征已经映射在有关词项(但不一定是所有词项)上,例如功能语类C的习得至少包含组装[+Q][+D][+T][+Force][Wh]等特征,并且[Q]和[Wh]能映射在wh疑问词上,[D]能映射在DP上,[T]能映射在动词(包括助动词、情态动词、系动词和主动词)上。这就增加了什么特征组装在什么语类上的复杂性。然而,语类及特征的划分尚无统一标准,例如D既被当成特征又被当成语类,T曾被分析为功能语类,后又确定为实义语类。IP(T的前身)仅在1989—1992年间就分裂出16种(Lardiere,2009),16种IP至少隐含有16种不同功能(特征),例如T至少包含[Past][EPP][Person][Number][Gender]及从C承袭过来的特征等。

毫无疑问,特征类型的复杂性直接增加了特征组装方式的多样性。功能语类的特征组装越复杂,习得难度越大。虽然Lardiere偶尔论及L1和L2选择不同特征进行组装的可能性,但是没有提供二语习得的具体例证(White 2009)。理论上讲,二语习得特征组装有这样几种可能:1)L2选择了和L1完全相同的特征,组装成相应的功能语类,映射在 L2 的词项上;2)L2 选择少于 L1 的相同特征;3)L2 选择了 L1 完全相同的特征外,还添加了 L1 没有的特征;4)L2 选择了部分 L1 实现了的特征,其余特征与 L1 不同;5)L2 选择了与 L1 完全不同的特征。我们认为,5)的组装方式给二语习得者带来最大的学习困难,但是 5)所设想的方式最不可能出现。其余四种特征组装方式皆有可能出现,其中 1)的组合方式最利于二语习得,(从句法上)掌握一个 L2 词项类似于学习 L1 新组装的词项。

Slabakova(2009)认为,L1 和 L2 特征对应时,特征无须重组,只需 L1 和 L2 语素映射,学习任务最轻松;L1 和 L2 特征不对应时,二语习得需要进行特征重组,学习任务难度增大;L1 靠语境表达特征,L2 用形态表达特征,此时学习难度最大。例如英语的[Gender]特征由语境提供,而法语有显性[Gender]特征,英语为母语的法语 L2 学习者掌握[Gender]特征的困难最大。Slabakova 的难度顺序并不全面,至少没有考虑以下情况,一是 L1 的特征有形态实现,L2 依靠语境提供,二是 L1 和 L2 特征不对应有多种情况,如上一段分析提到的 2)、3)、4)和 5)。

Montrul & Yoon(2009)介绍的冠词习得能部分说明以上情况。受试是韩语为母语的英语学习者(A)、西班牙语为母语的英语学习者(B)和英语为母语的西班牙语学习者(C)。韩语没有限定词,西班牙语和英语同样有限定词,但是西班牙语限定词多一个特征[+Generic]。A 必须掌握英语限定词及其特征组装[D,+Definite,+Plural],B 必须从确指性复数名词的特征集删除[+Generic],将[+Generic]特征映射在光杆复数名词上。C 必须了解西班牙语不允许光杆复数表示类指,将[+Generic]添加在西班牙语定冠词上。调查结果显示,60%的 A 受试习得了英语冠词及其特征,C 受试添加[+Generic]特征比 B 受试减去冠词上的[+Generic]特征容易。既可能是学弃(unlearning)难于学习,也可能是学习扩大特征的分布难于缩小特征的分布。这一调查说明,即使 L1 和 L2 的特征相同,特征重组任务也不轻松(与 Slabakova 的推断不完全一致)。当两个或两个以上特征捆绑在一起映射在单个词项上时,学习者很难将捆绑的特征拆散开,分别组装在(新的)不同词项中。

可见,L1 和 L2 的特征分布差异影响二语习得者进行特征重组不是一个简单问题。Wakabayashi(2009)在研究[Definite]的分布后发现,确指性特征的分布复杂性决定其发展的阶段性和可变性。此外,特征在有的语境比其他语境更容易被察觉(Wakabayashi,2009)。特征的具体内容、形态语素和语境提供的信息都影响二语习得。有人预测,语素表达的属性带有更明显的句法特点,比语境确定的属性更早被习得(Slabakova,2009)。换言之,有形态实现的特征比语境推出的特征更容易被识别、重组。

(三) 词库与词项组装

根据 Chomsky(2008)关于特征组装的设想,没有完成特征组装的词项是不能进入句法推导的。不具备形式特征值的词项属于默认状态,如主动词原形,无人称、性、数、格标记的名词,但是实义词项已经组装了(词干部分的)语音/形态特征、语义特征,功能词还组装了形式特征(词库包括默认形态的实义词项和功能语类)。这就要求句法运算之前进行特征组装。形式特征的临时组装保证了语类的句法多样性,例如通过合并操作生成的名词短语[the books]还可能出现不同的组装,除共有的特征[Definite][Plural][Person]等之外,还可能组装其他特征:1)作宾语时,获得[Accusative]格特征;2)做主语时获得[Nominative]格特征;3)被强调时,需要组装[Focus];4)做主题时,组装[Topic],等等。显然,建立中介语语法的核心任务集中在功能语类的习得与功能特征的组装上。只有习得了功能语类的各种特征组装,才可能将特征组装在实义语类上,才能保证 L2 运用时将特征组装在具体的词项上。依此推断,二语习得者语言运用错误(尤其是非系统性错误)有可能源自句法运算之初发生在词项上的特征组装。母语运用的口误和二语运用的错误(如 mans、maked、goed)也表明句法运算需要临时组合特征,因为词库不可能专门储存错误的形态。

Wakabayashi(2009)指出,如果二语句法习得等同于形式特征的习得,那么最简论的参数设置(或重设)可看作词项的习得。如果形式特征组装进词项,列入句法运算所需的词汇序列或算式库,那么至少有两个时间点很重要:1)特征第一次组装进相关词项、列入算式库;2)带有该特征的词项随时被调用、列入算式库。那么,如何解释这两个时候之间出现的变化?Wakabayashi以功能语类D为例做如下解释。D的确指性不是不可解读特征,任何语境下的表现方式相同。如果L2学习者在某些情况下使用了定冠词,就说明词库已具备该特征。中介语运用有时候缺失定冠词,说明他不能每次都成功地从心理词库调取[Definite]特征。算式库/词汇序列在词库完成,需要调取特征组装词项。词项组装程序不如核心句法运算那样自动。因此,二语习得者的语言运用变异可归因于算式库的问题:没有将特征组装在相关词项,或者词项选择出现随意性。

Wakabayashi的观点不同于表征缺陷假说和可解读性假说,支持并拓展了Lardiere的特征组装假说,为二语运用的可变性和个体差异提供了一个新的解释视角:把形态—句法错误归因于核心句法运算之前的算式库构建。一方面,二语形态在部分情况下出现错误不表明二语学习者没有习得相关特征,形态时对时错的原因在于具体词项组装特征时出现了问题。另一方面,词项的选择发生在核心句法之外,所以某些语言外的因素(如紧张、记忆问题)能干扰词项的特征组装,从而影响语言运用的准确性。算式库的随意性还有以下启示,句法习得和形态—句法习得是分开进行的。这种启示与Lardiere(2000)的句法—形态分离观完全一致。句法习得指掌握L2功能语类的特征重组,形态—句法习得则是掌握具体词项的形式特征组装,前者有可能某刻瞬间发生、即刻完成,后者则可能是一个漫长的过程,因为词库建设是一个终生学习过程。

三、二语特征理论的分歧

(一)形式特征可及性及解释力

形式特征的可及性在特征重组和其他假说中有不同看法。例如,表征缺陷假说(Hawkins & Hattori,2006)和可解读性假说(Tsimpli & Dimitrakopoulou,2007)提出,对于成人二语习得者而言,L1没有选用的不可解读特征不能用于构建 L2 语法，但是语言运算程序和（即使没有被 L1 选择的）可解读特征仍然可用。这类观点表明，L2 学习者无法从 UG 特征库选择新的形式特征，或者说 UG 特征库不再可及（White，2009）。形式特征不可及的观点不能解释成人二语习得者成功掌握二语语法的现象，例如 Song 和 Schwartz（2009）发现，以英语为母语的成人韩语学习者能掌握否定式特殊疑问句的两大属性：宾语特殊疑问词短语通过挪移（scrambling），越过作为否定对象的主语，获得特殊疑问解读；宾语疑问词短语有挪移和原位两种语义解读，即特殊疑问句解读和是非疑问句解读。调查结果还显示，成人和儿童 L2 学习者表现出相同的发展路径。

表征缺陷假说和可解读性假说预测汉语或日语为母语的英语学习者无法习得英语的特殊疑问句，因为汉语和日语没有选择［Wh］特征。Hawkins & Hattori（2006）调查日语为母语的英语学习者判断双子句、双重特殊疑问句遵循最近距离吸引原则的情况，发现受试对优先原则和邻接原则不敏感，并由此断定他们的中介语缺少不可解读的［$_u$Wh］特征，受试将特殊疑问词移动至句首是因为他们采用了母语允许的挪移操作。但是中国学生英语学习的事实证明，这样的预测和分析是不恰当的。我国学生能较好地掌握英语特殊疑问句（高见、戴曼纯，2009）。Hawkins & Hattori（2006）的解释不适合汉语为母语的英语学习者，因为汉语没有挪移操作。我们也无法将中国英语学习者特殊疑问句的移动操作解释为主题化，因为他们对主题化的掌握还不如特殊疑问句（高见、戴曼纯，2009）。优先原则和邻接原则都是非常笼统的概念，是对语言事实的描写性归纳，它们与形式特征不在同一层面，所以对它们的敏感性差异不足以证明不可解读特征［$_u$Wh］的有无。

特征组装假说与形式特征不可及的观点有三点区别：1）即使 L2 选择与 L1 相同的特征，特征组装也能预测学习上的问题；2）学习问题不限于不可解读特征，可解读特征也需要重新组合；3）组合失败不一定是永久性的，特征重组总会实现（White，2009）。反对形式特征不可及的表层曲折缺失假说（Haznedar & Schwartz，1997；Prévost & White，2000）认为，L2 学习者可以获得充分恰当的抽象特征表征，例如掌握时体功能语类和特征的无意识知识，但是他们有时候不能在表层形态上正确实现这些特征，表层形态出现特征缺失，或使用默认形式(如动词原形)。Lardiere(2007)受试(母语为汉语的 Patty)的语言运用显示,二语习得者在具备抽象特征的情况下仍出现形态问题,中介语的表层形态实现只有部分正确。

表层曲折缺失假说和特征组装假说的切入点不同,前者描述 L2 产品残次现象,试图将其解释为潜在知识与外在运用存在不对应;后者注重 L2 构建过程,但没有明确解释假说的预测能力。White(2009)对此提出疑问,特征重组思路能产生具有预测力的假说吗?相同性质的特征是否重组难度相同?组合的特征越多是否习得难度越大呢?能否解释形态困难为何有时表现为形态缺失、有时表现为替换?White 所提问题都是特征组装假说必须解决的问题。其中,关于特征组装复杂度与习得难度的关系,曾有人(戴曼纯、王严,2008)做过相关的论证,结论是特征组装越复杂,习得难度越大,发展越慢。这些论证涉及的特征包括形式特征和非形式特征(语音/形态特征、语义特征),它们之间错综复杂的关系还有待揭示。

(二)特征重组与参数设置

特征组装假说取消参数设置,引发了争议。有的学者(如 Slabakova,2009)虽然认同特征组装假说的主体思路,但不赞同彻底放弃参数设置。Slabakova(2009)指出,Lardiere 强调语际特征差异和复杂性,突出特征重组过程的不可预测性,这就陷入构式论(constructionist)学习模式或基于用法(usage-based)的语言习得模式。所谓构式论学习模式指的是,语法由不同语法构式组合,构式之间没有依据参数进行运算的内在相似性,构式必须根据输入频率一个一个地学习。还有人(Montrul & Yoon,2009)质疑特征重组的性质:特征在词项中的重组受 UG 和参数制约吗?特征重组依赖特征类型(可解读特征和不可解读特征)吗?特征拆装与重组受同样的制约吗?是否真如 Lardiere 提出的那样参照 L1 词项用对比分析进行归纳?这些问题没有明确的答案,还需要进一步探索。

虽然特征组装能更准确地揭示二语习得形态—语义映射的复杂性,但是没有必要放弃参数设置,因为参数与特征并非互不兼容。参数设置可以与特征相结合,共同解释二语习得。如果 L2 出现了 L1 没有的特征,参数设置给相关 L2 功能语类添加(组装)一个形式特征;如果 L1 和 L2 特征相同而组合方式不同,那么参数设置需要弄清楚特征在 L2 中的组装方式(Montrul & Yoon, 2009)。

然而,以上观点与 Lardiere 的特征组装假说没有本质上的区别:Lardiere 取消参数设置,是因为用已经赋值的形式特征代替参数,选择了赋值后的形式特征就等于设置了参数,但是特征重组选择的特征可能不止一个,有可能包含无须改变赋值的形式特征。Montrul 和 Yoon 保留参数设置,却依然用形式特征及其组合方式的异同确定参数设置,因此与特征重组的基本观点相同。他们自己也承认和 Lardiere 的共同点:特征的有无不足以说明两门语言的差异,二语习得必须有特征的重组,将特征重新映射在词项上(Montrul & Yoon, 2009)。

特征重组和参数设置解释力不同,前者的理论解释力大于后者。第一,虽然参数设置可以等同于特征选择,但不包括特征组装。反过来,特征重组不但预设了特征选择(即参数设置),还涵盖特征在词项中的组合。第二,一个参数设置仅限于功能语类某一特征值的设定,而特征重组可以覆盖多个不同形式特征,有可能是数个参数设置之和。第三,如果一个形式特征代表一个参数,那么参数设置将非常微观,有可能造成同一语类出现两个参数设置,而特征重组将所有相关特征集中在同一个语类、映射在同一类词项上,词项出现错误可归因于特征重组不当。第四,参数设置限于句法功能,特征重组扩展至形态—句法和词库,更利于解释二语系统的差异性。第五,特征重组似乎可以将二语习得与非语言专用的一般学习机制结合起来,共同解释语言习得的个体差异。第六,特征组装假说将语言的普遍性特征和句法习得、形态习得结合起来,能更全面、更深刻地揭示复杂的二语习得现象。

特征组装假说的解释范围和解释力得到增强,应归因于二语习得分解为特征选择、特征重组、特征的词汇化等过程。没有分出这些子过程的参数设置无力解释 L2 使用者语言运用出现形态—句法正确率为百分之几十的现象,因为不可能将时对时错分析为参数设置时有时无。特征组合及具体词项的组合更利于解释二语运用中的正确率。

（三）特征重组的局限性

有的学者认为特征组装假说的新颖之处在于强调调查 L1 和 L2 特征组装方式的差异，有可能发现有的组合造成学习困难，甚至僵化，有的组合毫无学习难度（Liceras，2009）。特征重组的提出改变了生成语法框架下的二语习得研究视角，从调查功能语类单个参数的设置转向该功能语类所有特征的选择及其形态实现，研究范围扩展至形态—句法层面。但是，特征组装假说也有需要克服的局限性。

首先，把 L2 特征重组建立在 L1 和 L2 的对比分析上，过于突出 L1 的作用，暗示了有意识的归纳学习。Slabakova（2009）担心，放弃参数设置意味着放弃演绎性学习，使语言习得理论失去语言学习机制的演绎能力，失去 UG 在二语习得中的助力作用。但是，我们认为这种担心是多余的。二语习得不是单纯的演绎学习，也不是简单的归纳学习。L2 语言输入触发形式特征的选择，多少带有归纳的性质，然而，一旦确定了形式特征集，将特征组装在词项上则是演绎学习。归纳性的特征选择或参数设置是二语习得的必要条件，但不是充分条件。二语习得离不开形态—句法习得，即特征集映射在词项上的演绎学习。

其次，即使两种语言选择了同样的特征，区别仅在特征的组合方式，也可能产生习得问题。例如 Lardiere（2009）讨论了[+Plural][+Definite][+Human][+Animate]在汉语、英语和韩语中的组合及其对二语名词复数习得的影响，汉语复数标记仅限于指人的确指性名词表达式，韩语无此制约，但是复数标记与量化词和量词的共现有限制，英语没有汉语和韩语的复数标记限制。所以，这些语言的 L2 习得就不只是[+Plural]特征的迁移问题，还有不同限制条件的习得。换言之，特征重组说仅限于解释特征组装，不能解释制约特征映射对象的条件。

再次，特征重组似乎很难直接解释实现特征组装的限制条件。有的受试能很好地掌握特征组装的限制条件。母语为汉语的英语习得者需要发现[+Definite]实现在冠词"the"和"a"上，特征重组也许不成问题。英、汉语都选择了[+Definite]特征，区别在于映射的对象不同：汉语实现在指示代词上，英语在冠词上(White,2009)。不但 Lardiere 的受试 Patty 能成功将[+Definite]映射在英语冠词上,而且 White(2008a,2008b)的受试还表现出确指性效应:L1 无冠词系统的 L2 学习者能掌握确指性 DP 的限制条件,将[+Definite]特征成功恰当地组合在英语冠词及其他表达式上。特征重组还不能很好地解释这些观察,特征组装与其限制条件不在同一层面,似乎也没有必然的因果关系。

最后,有人批评特征组装假说割裂了研究任务与学习任务(Liceras,2009)。语言学家和二语习得研究者确定一门语言是否选择某一特征、如何选择这一特征,学习者从词项中识别与 L1 功能语类有关的特征分布。而二者实际上密切相关。特征组装研究需要摆脱传统对比分析的窠臼,将 L1、L2 和中介语结合起来进行研究。

四、结语

特征组装假说是生成语法框架下二语习得理论的新发展,但它不只是一个假说,而是基于最简方案特征理论、可以拓展的二语习得研究范式。虽然特征的界定和分类、特征选择与参数设置的关系、特征重组的制约条件等还有待进一步研究,这一范式在追求语言描写和分析的深度上、在扩大理论的解释力方面都值得肯定。特征组装假说有助于研究者重新审视 L1 和 L2 特征差异对二语习得的潜在影响,解释二语形态—句法的动态发展,而不是对二语运用产品进行简单的错误归类和分析。特征重组观应当引起研究者对二语习得瓶颈(即形态—句法发展)的重视。

参考文献

戴曼纯、王严:《中国学生英语 HAVE 的习得研究》,《外语教学理论与实践》2008 年第 4 期。

高见、戴曼纯:《中国英语学习者 L2 主题结构的习得研究》,《解放军外国语学院学报》2009 年第 1 期。

Chierchia, G. Reference to Kinds across Languages. *Natural Language Semantics*, 1998,

Vol.6, pp.339–405.

Chomsky, N. Three Factors in the Language Design. *Linguistic Inquiry* 2005, Vol.36, pp. 1–22.

Chomsky, N. On Phases. In R. Freidin, C. P. Otero, & M. L. Zubizarreta (eds.) *Foundational Issues in Linguistic Theory: Essays in Honor of Jean–Roger Vergnaud*. Cambridge, MA: The MIT Press, 2008, pp.133–166.

Fitch, W. T., M. D. Hauser, & N. Chomsky. The Evolution of the Language Faculty: Clarifications and Implications, *Cognition*, 2005, Vol.97, pp.179–210.

Harley, H. & E. Ritter. Person and Number in Pronouns: A Feature–geometric Analysis, *Language*, 2002, Vol.78, pp.482–526.

Hawkins, R. & H. Hattori. Interpretation of English Multiple Wh–questions by Japanese Speakers: A Missing Uninterpretable Feature Account. *Second Language Research*, 2006, Vol. 22, pp.269–301.

Haznedar, B. & B. Schwartz. Are There Optional Infinitives in Child L2 Acquisition? In E. Hughes, M. Hughes, & A. Greenhill (eds.). *Proceedings of the 21st Annual Boston University Conference on Language Development*. Somerville, MA: Cascadilla Press, 1997, pp.257–268.

Lardiere, D. Mapping Features to Forms in Second Language Acquisition. In J. Archibald (ed.) *Second Language Acquisition and Linguistic Theory*. Malden, MA: Blackwell Publishers Inc., 2000, pp.102–129.

Lardiere, D. Ultimate Attainment in Second Language Acquisition: A Case Study. Mahwah, NJ: Lawrence Erlbaum Associates, 2007.

Lardiere, D. Feature Assembly in Second Language Acquisition. In J. M. Liceras, H. Zobl, & H. Goodluck (eds.). *The Role of Formal Features in Second Language Acquisition*. New York: Lawrence Erlbaum Associates, 2008, pp.106–140.

Lardiere, D. Some Thoughts on the Contrastive Analysis of Features in Second Language Acquisition. *Second Language Research*, 2009, Vol.25, pp.173–227.

Liceras, J. On Parameters, Functional Categories and Features … and Why the Trees Shouldn't Prevent Us from Seeing the Forest. *Second Language Research*, 2009, Vol.25, pp. 279–289.

Montrul, S. & J. Yoon. Putting Parameters in Their Proper Place. *Second Language Research*, 2009, Vol.25, pp.291–311.

Prévost, P. & L. White. Missing Surface Inflection or Impairment in Second Language Acquisition? Evidence from Tense and Agreement. *Second Language Research*, 2000, Vol.16, pp. 103–134.

Slabakova, R. Features or Parameters: Which One Makes Second Language Acquisition Easier, and More Interesting to Study? *Second Language Research*, 2009, Vol.25, pp.313–324.

Song, H.S. & B. Schwartz. Testing the Fundamental Difference Hypothesis: L2 Adult, L2 Child, and L1 Child Comparisons in the Acquisition of Korean Wh–constructions with Negative Polarity Items. *Studies in Second Language Acquisition*, 2009, Vol.31, pp.323–361.

Travis, L. The Role of Formal Features in Syntactic Theory and Language Variation. In J. M. Liceras, H. Zobl, & H. Goodluck (eds.). *The Role of Formal Features in Second Language Acquisition.* New York: Lawrence Erlbaum Associates, 2008, pp.22–47.

Tsimpli, I. – M. & M. Dimitrakopoulou. The Interpretability Hypothesis: Evidence from Wh–interrogatives in Second Language Acquisition. *Second Language Research*, 2007, Vol.23, pp.215–242.

Wakabayashi, S. Lexical Learning in Second Language Acquisition: Optionality in the Numeration. *Second Language Research*, 2009, Vol.25, pp.335–341.

White, L. Different? Yes. Fundamentally? No. Definitenesseffects in the L2 English of Mandarin speakers. In R. Slabakova, J. Rothman, P. Kempchinsky, & E. Gavruseva (eds.) *Proceedings of the 9th Generative Approaches to Second Language Acquisition Conference* (*GASLA* 2007). Somerville, MA: Cascadilla Proceedings Project, 2008a, pp.251–261.

White, L. Definiteness Effects in the L2 English of Mandarin and Turkish Speakers. In H. Chan, H. Jacob, & E. Kapia (eds.). *Proceedings of the 32rd Annual Boston University Conference on Language Development*. Somerville, MA: Cascadilla Press, 2008b, pp.550–561.

White, L. Some Questions about Feature Re–assembly. *Second Language Research*, 2009, Vol.25, pp.343–348.

（本文原载《语言教学与研究》2011 年第 4 期。）

二语习得研究中的接口假说

一、引言

二语发展过程中存在显而易见的困难，二语知识发展表现出不平衡现象，有的甚至停滞不前，造成二语习得不完整。二语运用中构建语法正确、语用恰当的输出必须整合语法内外的模块，此类整合的复杂性极可能造成二语习得问题，成为长久难以克服的难点（Ivanov，2012）。从当前二语习得研究看，中介语可变性、语言产出中对错交替、母语迁移、僵化（variability，optionality，transfer，fossilization）等现象更有可能发生在语言的接口处（interfaces）。不少研究者试图从接口角度解释这些现象（White，2009：64）。Sorace（2000，2005，2011），Sorace 和 Filiaci（2006），Sorace 等（2009）等提出接口假说（Interface Hypothesis），将中介语系统中存在的问题与语言不同模块（如句法、语义、形态、音系和语用等）之间的接口联系起来，将其归咎为接口习得问题；他们认为句法与其他认知系统间的接口（所谓外接口）比语言系统内部接口给习得带来更大的困难，语言系统与非语言系统信息的整合产生更大的认知负荷。他们在解释、预测二语发展迟滞或者某些语法知识无法达到本族语水平时，往往认为接口处的语言属性由于涉及不同层面的整合，本质上比句法、语义、音系各自的内在语言属性更复杂（Montrul，2011）。

然而，接口角度的二语习得研究还处于众说纷纭的发展初期，正如 White（2011a：578）论述的那样，接口假说有时解读得过于宽泛，我们应当更谨慎地对待二语接口研究。笔者认为很有必要就这个在国内尚未引起足够注意的研究视角进行介绍和讨论。本文首先简要分析接口类型及相关概念的界定，然后重点阐述接口假说相关研究取得的成果及存在的分歧。

二、二语接口分类及问题

（一）两大接口类型

White（2009）在解读二语接口习得研究数据时提出内接口和外接口之分。接口是不同语法模块的属性发生整合之处。我们认为内接口指语言内部模块间（即句法、语义、形态、音系）发生特征组装的接口，外接口则是语言与其他认知系统间进行信息传递或整合的接口。接口存在语际差异。下面我们用英语、西班牙语及汉语例证简要介绍这两大接口类型。例如，名词短语的类指和特指涉及句法—语义这一内接口，如①所示的英语、西班牙语和汉语例句存在明显的差异（例句 a、b、c、d 源自 Montrul，2011：594）。

①a.Tigers eat meat.[+类指;-特指]

b.The tigers eat meat.[-类指;+特指]

c. * Tigres comen carne.[+类指;-特指]

d.Los tigres comen carne.[+类指;+特指]

the-pl tigers eat meat.

e.老虎吃肉。[+类指;-特指]

f.（这只）老虎吃了肉。[-类指;+特指]

g.这只老虎吃肉。[-类指;+特指]

英语和西班牙语表示类指和特指的句法—语义映射差别表现为接口处的特征组装内容有所不同。英语复数名词短语带零冠词时表示类指，带定冠词时表特指。英语名词短语的类指与特指在句法—语义接口处有两种特征组合方式，形态实现亦有两种方式，而西班牙语仅用一种组合表达两种语义。西班牙语复数形式的光杆名词短语作主语不合语法，特指复数名词短语兼顾类指。而汉语则更复杂，名词短语的类指或特指取决于：（1）谓词部分是否表示一类事件还是某一特指事件(即事件结构有助于确定光杆名词短语的特指/类指);(2)名词短语是否带特指限定词。在这一点上,汉语的句法—语义接口不同于英语和西班牙语。外接口句法—语用(篇章)的差异可以从英语、西班牙语及汉语显性代词主语的解读了解一二。如②所示,英语要求每个有定子句必须带主语,②a 的"he"既可以指前面的 John,获得非主题照应解读,也可以指另一个人,引出新的主题。而西班牙语允许零主语,与先行词共指,表示主题的延续,②c 的显性代词主语则带特定的语用含义,引出新的指称对象,表示主题的转移。

② a.While $John_i$ is eating, $he_{i/j}$ is talking on the phone.

b.Mientras $Juan_i$ come $Øø_i$ habla por teléfono.

c.Mientras $Juan_i$ come $él_j$ habla por teléfono.

汉语显性代词主语的句法—语用似乎兼备英语和西班牙语的某些属性,零代词主语与先行词共指,而显性代词既可引出新主题也可与先行词共指,延续旧主题,如③所示。

③ a.张三$_i$一吃饭 $Øø_i$就打电话。

b.张三$_i$一吃饭他$_{i/j}$就打电话。

也有人指出,按照当前的理论,(作为搭建结构的运算)句法与语用没有真正意义上的接口;语用处理的是解读后的结构;也就是说,语义部分解读逻辑式 LF,语义解读的结果是否有真值条件,才是和语用形成接口之处(Tsoulas & Gil,2011:105)。这一论述为我们提供了一个辨析接口的思路,内接口和外接口的方式存在差异,哪些接口出现在句法运算之前或运算之后?这些都值得我们思考,但由于篇幅有限本文不做讨论。

(二)接口概念的模糊性

接口涉及语言不同层面,该概念的含义非常模糊。许多语言属性跨越多个接口,内接口和外接口概念有时不易区分,给设计实证研究、解读现有数据带来困难。如果不能从理论上恰当地厘清何种现象(例如格、限定词或时体属性)属于何种接口,不能更深入地分析每一个接口的可学性和加工机制,那么很难设计出研究方案、解读研究结果(Montrul,2011)。White(2011a)也持类似的观点,认为很难对有难度的接口与无难度的接口加以系统的区分,整合不同语言信息尤其困难。严格地讲,任何实际运用中的语言现象都离不开音系、形态、语义和句法,乃至语用,因而涉及多重接口。遇到具体情况时我们很难明确语言现象与哪一个接口有关,也很难确定某语言现象只与一个接口有关(这就不难理解为何有人把语义或形态当作句法来研究)。例如西班牙语的附着词叠用(clitic-doubling)到底只与句法—篇章接口有关,还是涉及句法、语义、篇章几个方面?汉语疑问词的语义解读(疑问词解读为疑问或者非确指、非疑问)只涉及句法—语义或句法—语用,还是两者兼而有之?

除此之外,Pires 和 Rothman(2011)针对内接口和外接口之分提出这样的看法,被认为不涉及外接口的特指/类指也有可能与双语加工中的认知资源分配有关,而认知资源分配不但影响外接口而且影响包括内接口的众多语言模块;内接口属性表现出的一语/二语差异虽然不足以反驳 Sorace 的接口假说,但是需要我们认真考虑内接口和外接口之分的功用。一语和二语间的参数设置差异也会影响句法—语义映射,因为特指/类指在英语中的参数化不同于意大利语和西班牙语,意大利语—英语双语者映射特指/类指时不同于单语者,而西班牙语—意大利语双语者没有类似的差异。因此,可以推断,(不同语言类型双语者的)内接口非对称现象应当取决于一语和二语的匹配关系(即参数设置是否相同),而外接口差异无此因果关系。很显然,在寻求论证二语习得中内接口与外接口差异的证据时,不但需要考虑语法模块间的关系,还要注意一语和二语的关系,否则数据解读有可能出现问题。这一切均与接口的模糊性关系密切。

(三) 语言现象的多重接口特点

Montrul(2011)用英语和西班牙语的冠词语义、韩语的格省略和西班牙语的区别性宾语标记阐述语法属性涉及多重接口的问题,对内接口和外接口之分提出了质疑。首先,冠词一般被分析为涉及句法—语义和形态—语义等语法现象,Ionin、Ko 和 Wexler(2004)在分析二语冠词习得时将其与[确指性](definiteness)和[特指性](specificity)联系起来,前者用于说话人和听话人均了解的情况,后者只涉及说话人了解的情况。然而,(带冠词的)名词短语的确指性和特指性语义解读有时需要篇章语境。例如：

④a.I saw a cat.I gave the cat some milk.(the cat 指前一句的 a cat)

b. * I saw the cat.I gave a cat some milk.(a cat 指前一句的 the cat)

c. * I saw a cat.I gave a cat some milk.(a cat 指向同一只猫)

④的 6 个句子单独使用时，语法均不成问题，但是一旦涉及篇章中的所指，第二组和第三组句子均不可接受。可见，冠词语法属性的选择或者特征组装不能简单归于句法—语义接口，句法—篇章也影响其可接受性。所以，冠词的习得至少与句法—语义—篇章接口的特征组装和信息整合相关。也许句子生成之前从词库提取词项，形成算式库或词汇序列时，篇章信息在此被整合进来，决定了④a 第二句提取 the，而不是 a。

其次，格标记有区分论元的句法功能。由于格标记一般通过形态曲折表达，格被看作句法—形态接口产物。韩语的格带显性标记，即使 SOV 语序改变为 OSV，也能识别出句子的主语和宾语。有关韩—英双语者的研究显示，韩语的格标记习得难度很大，韩—英双语者在韩语口头交际中往往省略格标记，格标记的有无明显受语义和篇章的制约：宾语有生命(animate)或者为有具体所指的直接宾语时，宾格往往不会省略，而主语有生命或具体所指时，主格标记往往被省略；此外，主格标记与主题化标记相关。因此，韩语的格标记涉及句法—形态和句法—篇章两种接口。

最后，西班牙语的某些直接宾语的格标记(或区别性宾语标记)也涉及多重接口，除句法—语义外还有句法—篇章(语用)。如果论元带显性形态标记，其语义和语用比非显性标记者更突出。表特指的直接宾语有生命特征时，前面带介词 a(a 和 al 均为区别性宾语标记 DOM，从形态上显性标记出语义或语用上更突出的论元)，而无生命的宾语无此典型标记。例如：

⑤ a.Marcos vio *a* Lucrecia.[+ 有生命;+特指]

Marcos saw DOM-Lucrecia.

Marcos saw Lucrecia.

b. * Marcos vio Lucrecia.

c.Marcos vio el auto.[-有生命;+特指]

Marcos saw the car.

d. * Marcos vio *al* auto.

Marcos saw DOM-the car.

指人的非确指宾语带或不带 a 均可,但语义略有区别,带 a 表特指(即说话人心中专指某人),不带 a 则不表特指。很显然,西班牙语的宾语显性格标记非常复杂,受句法、语义和语用诸多因素或特征的制约(如有生命性、确指性、特指性、主题化、施事等)。虽然西班牙语儿童能很早地习得直接宾语介词标记 a 的分布(至少是核心用法的分布),但是(英语为母语的)西班牙语成人二语习得者即使获得丰富的二语输入也需要很长时间才能掌握区别性宾语标记的基本用法,高级水平者在判断其合乎语法性时也有误差(Montrul, 2011:600-601)。由于许多语言属性涉及多重接口,把二语发展出现的许多问题简单归咎为一个模块、一个层面、一个接口是不恰当的。

三、接口假说及理论分歧

(一) 基本观点

在二语习得研究及双语发展研究领域,关于接口问题最具影响的观点是 Sorace 及其合作者(如 Sorace, 2005; Sorace & Filiaci, 2006; Sorace &Serratrice, 2009; Sorace, 2011)提出的接口脆弱假说(Interface Vulnerability Hypothesis)或接口假说。该假说用于解释成人二语习得高级阶段存在的二语不精通规律以及挥之不去的对错交替现象(residual optionality),并推广至双母语习得及早期一语磨蚀(因为也表现出完全相同的对错交替规律)。接口假说最初的观点是,涉及句法和其他认知领域的语言结构与不涉及这一接口的语言结构相比,习得难度更大,更难被充分习得。Sorace 及其合作者认为,句法—语义接口对于高级水平者不存在困难;虽然双语者与单语者有一定区别,但是双语者的句法—语义接口最终也能达到本族语水平;句法—语义接口受到语言迁移影响,然而,句法—篇章接口不受迁移影响。Sorace(2011)将语言知识表征和认知加工结合在一起阐述接口假说。她认为篇章加工的资源分配比语言自动加工时更易失误，在外接口处尤为明显；对错交替挥之不去可能与句法知识的提取和整合有关，而不是因为句法知识表征存在缺陷。整合能力欠缺则归咎为两个非语言因素：语言输入不足和控制执行不力。接口假说并未主张二语习得者根本无法习得句法— 篇章属性的表征，而是由于语言运用需要一定的认知资源，增加额外的负担，导致对错交替久难克服（Sorace & Filiaci，2006）。

Slabakova（2011：89）认为接口假说沿用了生成语法关于语言构造（language architecture）的分离观，与形式特征形成接口的结构可以被习得并进行加工处理，其方式不同于那些和上下文（语境）特征相连的结构。

接口假说将对错交替问题归因于认知资源限制及资源错误分配，归因于注意力资源被用来抑制未使用的语言部分。用于支持接口假说的证据全部与偏好（preferences）有关，充分表明加工是 Sorace 解释对错交替的核心（Schwartz，2011）。接口假说主张心智拥有一个以上的语法会增加认知成本（Slabakova et al.，2012：320）。很显然，Sorace 等人的接口假说属于语言认知加工观。

（二）接口假说表述的模糊性

接口假说的行文表述多处使用了模糊词 may。例如，Sorace 和 Filiaci 将其表述为“狭义句法属性的发展即使可能明显滞后，也完全可以被习得，而涉及句法和其他认知模块的接口属性可能不被充分习得。我们将此称为‘接口假说’”（Sorace & Filiaci，2006：340）。行文中的模糊词使假说的预测力大打折扣，甚至严格地讲，使假说无法被证伪。接口假说的表述近年在发生微妙的变化。Sorace（2011）最近指出，接口假说从未声称只有（外）接口存在问题，或者所有接口属性的情况一样。这种行文变化影响了同行的评价，“很显然，接口假说仅声称当语言模块和非语言模块必须整合信息时，更可能出现挥之不去的对错交替……这一观点使接口假说的预测力和解释力非常低”（Rothman & Slabakova，2011：575）。

此外，Lardiere（2011：48）认为，接口假说的表述没有清楚说明其他认知领域是否包括语言官能的其他形式构件（如音系、形态、语义）。接口假说措辞不精确是显而易见的。Sorace 及其合作者认为句法—语义是一个内接口，至于属于什么接口理论则语焉不详。他们声称双语发展研究尤其证明句法—语用接口是对错交替和不稳定之处,其他接口似乎没有那么不稳定(Sorace,2011:7)。按照 Tsimpli 和 Sorace(2006)的观点,句法—语义只涉及语言系统的形式属性,而句法—篇章这一外接口整合语言属性和语用加工,是语言运用的更高层次;外接口的不地道现象似乎更为严重,即使到了终极造诣阶段,L1迁移依然很严重。例如,母语为英语的意大利语高级水平者也未能完全掌握主题化和焦点化的篇章制约,仍然不能准确地使用显性代词主语和动词后位主语。

我们认为,除模糊措辞外,造成接口假说含混模糊的主要原因在于 Sorace 等没有将其依托的语言理论阐述清楚,解释数据的理论工具受到制约。这种模糊性与接口假说的演变和发展也有一定关系。White(2011a)指出,接口假说一直在发展,最初的观点是:近似本族语者如果二语有问题,则可能发生在某些接口。狭义句法(运算系统内部具有不可解读特征)在某种意义上优先于接口句法。如今的观点如前所述,已有些许变化。

(三)研究范围及证据的局限性

接口假说主要研究双语并行发展、一语磨蚀以及(非同时习得双语的)近似本族语者的二语终极造诣(White,2011b)。这 3 方面实际上涉及 3 种不同群体,不属于同一群体不同接口处的习得问题,也不是同一接口的不同语言属性问题。有意思的是,二语尚在发展过程中的学习者不在接口假说考虑的范围内。Sorace(2011)不把接口假说作为二语发展理论,而是将其视为近似本族语者二语最终造诣的假说。这就需要对所谓最终造诣者进行严格的界定。从理论上讲,语言习得的最终水平应当达到本族语水平,(无论是由于语言僵化还是缺少必要的语言输入而)没有达到本族语者何谈最终造诣? Lardiere(2011:49-52)也对最终造诣和高级水平提出了质疑,她认为二语习得的最终造诣应该指二语最终语法,而不一定指那个接近本族语者的语法。高级水平者的最终语法确实存在功能形态的僵化现象。问题是,如果高级水平者最终语法的句法—形态接口(或其他接口)僵化了,那么接口假说对此做出解释或者预测其更可能发生的情况又有何意义呢?

如果接口假说不关心二语中间状态的发展问题,就会出现一个逻辑问题。所谓高级阶段二语知识不地道就意味着还有发展变化的空间,就说明还处于某种中间状态。第一,忽略发展阶段的二语(双语)习得者是接口假说的一大局限,往往遭人诟病。但是,Sorace 不能接受针对接口假说不关心二语发展中间阶段的批评。White(2011b:109)指出,把二语发展排除在外,限制了接口假说的价值且毫无必要,因为没有理由认为二语习得者在语言发展过程中不会经历双语儿童面临的接口问题(接口假说将双语并行发展包括在内)。不考虑假说的延展性是没有道理的。二语习得者最后阶段经历的接口问题不会凭空而出,二语近似本族语者毕竟是二语学习者(中介语使用者)演变而来的。近似本族语者遇到的接口问题对二语水平略低者肯定也是问题。

White(2011b)认为 Sorace 等人的做法令人不解,他们不但研究二语最终水平而且还使用高级水平者的数据支持自己的观点。而高级水平毕竟是最终水平的前奏,如何划分高级水平与最终水平的界限还很不清楚。因此,接口假说不考虑二语发展过程是错误的。如果说接口假说意在解释长期无法解决、难以克服的问题,那么既考虑发展过程又考察最终水平岂不更好?将接口假说应用于研究二语发展阶段,有两种结果,一是与发展阶段的接口问题格格不入,因而该假说有待修正或完全错误;二是发展阶段的接口问题也能用这一假说进行解释,为接口假说找到更多的证据。例如,Ivanov(2012)用保加利亚语附着词叠用的二语习得(母语为英语)数据证明,中级水平者尚未掌握该句法—语用知识,而高级水平则成功习得了附着词叠用的语用意义。依据接口假说推断出的所谓二语外接口永久缺陷没有得到证实。Slabakova 等(2012)的实证研究也发现,句法—篇章接口知识可以被成功习得。Ivanov(2012)及 Slabakova 等(2012)的实证研究结果不但证明了接口假说关于不同接口难度的观点,而且发现一定的发展性规律。因此,Sorace 等人的原有接口假说有待修正;接口假说也无须回避二语发展过程。

第二大局限在于研究者主要关注句法—语用接口的习得。Sorace 等人的接口假说主要研究句法—篇章接口,有时候将其与狭义句法进行比照,有时候与语法内部接口(如句法— 语义)进行比照(White,2011b)。根据接口假说(Sorace,2003、2005;Sorace & Filiaci,2006),接近本族语水平的二语学习者遇到的问题有可能仅与某些接口有关;与纯句法知识相比,处于不同认知系统接口的语言现象有内在习得难度,致使对错交替使用现象难以克服。换言之,狭义句法(narrow syntax)仅涉及运算系统内部的不可解读特征,比涉及接口(如语义、形态、语用)的句法更具习得优势。句法—语用接口方面的研究显示,代词脱落语言(pro-drop language)的非本族语者过度(overuse)使用显性代词主语,即在主语可以使用零代词的非主题转移情况下使用了代词;在主语为焦点(focused subject)且可以使用 VS 语序的情况下,非本族语者过多使用(接受)SV 语序(Prévost,2011)。这些研究均涉及语篇(语用)层面。

第三,研究的语言属性比较有限。如果一个假说需要建立在范围广、证据足的基础上,那么论证接口假说的现有依据还比较有限,且不同实证研究的数据有较大差异。Schwartz(2011:84)指出,接口假说的论证依据几乎都与照应消解(anaphora resolution)有关,尤其是零主语语言的照应消解。虽然 Sorace 等的研究涉及不同双语群体,但是考察的语言现象还相当有限。

第四,某些关键概念的界定简单化。如,当比较双语者在零主语语言非主题转移语境下过度使用显性代词主语时,"过度使用"在统计上指的是使用频次显著多于成人单语者。而在相关研究中,零主语语言的成人单语者在同样语境下使用显性代词主语的情况也有一定的差异:Argyri 和 Sorace(2007)的研究中为 0;Belletti,Bennati 和 Sorace(2007)的研究中则高达 20%。二语近似本族语者在此类语境中过度使用显性代词主语的情况从 27%至 51%不等。Sorace 认为母语(非零主语的英语)对(零主语)二语产生了潜在作用。若如此,一语和二语均属零主语语言时,非主题转移语境下的显性代词主语使用比例应当相同,而目前尚未发现这样的对比研究。另一个被简单化处理的问题是将某一接口的某一两个语言属性的习得作为依据推而广之,认为整个接口亦如此。

(四) 接口假说的解释力

接口假说的初期观点(Sorace,2003)认为语言接口属性可能比模块内部的属性更容易出现错误和僵化,但是不少研究很快发现,并非所有接口存在同样的困难,有的难度比其他的大(Slabakova & Ivanov,2011;White,2011a)。有的接口对二语学习者而言习得难度更大、更容易出现问题,导致某些语言属性的发展停滞不前(Montrul,2011)。根据 Slabakova(2008)的瓶颈假说(the Bottleneck Hypothesis),语义具有共性,普遍语法总能为语义原则和制约提供通达机会,二语学习者的困难在于语义与显性形态的映射。因此,成人二语学习者的句法—语义接口基本不成问题,但是句法—形态(功能语类的形态)为二语发展瓶颈,形态—语义映射也会有问题,一语和二语的形态—语义映射差异大时尤为严重。接口假说引发的不同解释(表征差异、映射、整合、加工等)均有很大局限性。没有理由相信接口是二语习得困难的唯一原因,困难可能有多种解释,包括不同接口、不同语言现象和不同语言水平的困难有不同原因(White,2011a:588)。

White(2011b)在分析并指出不少关于接口假说研究有待改进之处后认为,Sorace 等人关于最终水平双语者句法—篇章接口脆弱性的论述有一定道理,虽然她不相信这一接口一定比其他接口困难更大。无论二语习得过程还是二语已达近似本族语者的高级水平,与二语接口有关的语言属性确实比较薄弱,但是接口并非整齐划一、同样困难。因此,必须谨慎对待以下观点:(1)所有接口对语言学习者而言同样困难或同样没有困难;(2)外接口是二语习得主要难点;(3)相同接口的不同语言现象表现相似(White,2011a:578)。

Pires 和 Rothman(2011)认为,虽然外接口现象可能是潜在困难之源,但是在解释二语和一语差异时必须考虑以下几个方面:(1)语言多模块的复杂性,不但涉及句法—语用接口还有句法—语义之类的内接口;(2)不同一语和二语之间参数映射的本质;(3)语言加工因素所起的作用;(4)语言输入的属性。只有结合更多的因素(包括内接口)做出大量的研究才能评估接口假说的解释力和理论贡献。Schwartz(2011:85-86)指出一些其他需要考虑的问题,如比较双语均为零主语语言(句法—篇章整合过程中)的加工难度、解释相左的研究数据、解释(加工论中的)默认策略问题、解决研究任务效应问题、解释语言水平与句法—篇章整合难度的相关性问题(如:为什么按照接口假说语言水平越高,句法—篇章整合难度也越大?),尤其是句法和语用发生映射时双语者的形态句法选择受何制约。Lardiere(2011)则根据其他学者的实证研究得出这样的认识,即有的人能习得本族语式的二语表征和加工方式,有的人却不能。这一切问题都亟待解释。

内接口与外接口的习得难度不同。Sorace 和 Serratrice(2009)对比研究了二语语法内接口和语法外接口的习得情况,也得出句法—语义接口不成问题,能够最终习得,达到接近本族语者的水平。但是,即使是接近本族水平的二语习得者,句法—篇章接口(即句法—语用接口)也成问题。如果高级水平者的二语接口有困难,那么初中级水平者困难更大。Montrul(2011:596)指出,虽然 Slabakova 和 Sorace 均认为二语句法—语义接口的习得基本不成问题,但是他们关于问题接口(句法—形态、形态—语义、句法篇章)的看法不甚一致,Sorace 等认为外接口对加工的要求高于内接口。Montrul 不同意该看法,认为内/外接口的加工难度差异与二语形态—句法经常遇到问题,难以调和,把语言习得的难易范围与具体的内/外接口联系在一起存在许多理论问题和实证问题。例如复杂性:句法—篇章接口如何比句法— 语义更复杂?如何比形态—句法更复杂?为何句法—篇章接口的信息整合比句法—语义接口的信息整合更复杂、成本更高?为何句法—语义接口的语言迁移很重要,而对句法篇章不重要?形态—句法曲折或形态—语义与句法—篇章接口同样复杂吗?接口处的困难与语言运用有关还是与语言能力有关?很显然,接口加工难易还是一个没有结论的看法,仍需大量研究揭示不同接口的加工差异,不但需要一个测量加工复杂性的工具,还需要在试验中区分不同接口层的口笔语加工方式。

在解读二语接口障碍时学者们的看法存在很大分歧。除 Sorace 等人的接口假说外,瓶颈假说(Slabakova,2008)和特征重组假说(Lardiere,2009)对此有不同解读,他们把接口处的困难解释为二语习得者未能将(与母语映射方式不同的)二语特征恰当地组合在一起,导致表征不正确。音韵迁移假说(Goad & White,2004、2006)则认为二语习得者没有某些二语音韵结构的表征,只好求助于母语表征;他们的二语形态—句法表征没有问题,但是表征层之间出现了脱节(discrepancies)。另一方面,也有学者认为接口故障不表明二语和目标语语法表征有差异,而是因为加工压力大、加工资源的效率不高,二语习得者未能一直通达相关语言表征;加工复杂度妨碍语言运算(White,2011a:588)。

综上所述，接口假说远未对语言接口处的习得提出一个令人信服的解释。由接口假说引出的问题远多于已得到的解释。这也正是接口假说的生命力所在，因为接口假说提高了二语研究者对于语言构件分离与整合的认识，将二语语言属性的调查推向更深层面。

四、理论工具的修正与发展前景

以上论述不是为了证明接口假说毫无价值，而是说明该假说需要在不断论证及证伪中修正和发展。用接口假说揭示二语习得应考虑语言系统的复杂性和不同接口的本质差异。研究者原以为涉及某一内接口的语法现象事实上可能也与篇章有关，因为所谓篇章以及加工不同来源的"知识"与许多因素有关，有的与语法相关，有的涉及输入，还有的与实验任务有关（Montrul，2011：602）。为保持接口假说的生命力，研究者需要将其拓展至不同接口、不同语言现象及不同语言背景，检验其解释力，修正理论假说。只有这样，接口假说才能真正演变为一种理论模型或视角，衍生出若干新的假说。下文从 4 个方面对此进行阐述。首先，虽然二语接口的习得存在一些潜在问题，但是这些问题并不一定在于运算系统，而是语法模块之间相互碰撞或者语法外的东西与语法相互碰撞的结果，且不同接口的难易程度不同（White，2009）。换言之，语言模块间的接口不能一概而论，接口属性的习得难度不一。

其次，接口问题并非二语学习者独有；本族语者也有对错交替问题（Prévost，2011：79）。诚然，接口假说既未声称双语者的内接口必定和单语者一样，也未排除语际影响的可能性，但是其最新观点无法直接解释这些事实（Pires & Rothman，2011：75）。如果一语、二语、双语习得均存在接口问题，那么源于二语习得研究的接口假说也许可以反哺一语习得研究。句法—语用接口对于一语习得和双语习得而言都是难点（White，2009）。

有关一语习得的研究显示，西班牙语本族人也有过度使用显性代词、主语焦点化情况下过多产出或接受 SV 语序现象，意大利语本族人在非宾格动词带非确指主语时过多产出或接受 SV 语序（Prévost，2011）。句法—篇章（语用)接口是语言习得的主要难点,该接口在一语习得中滞后,在双语和二语习得中常出现失败,即使二语接近本族水平,也会有把握不准的情况,时对时错的现象难以克服。但是,Sorace 认为句法—语用接口的问题似乎并不影响语言运算系统本身(Slabakova & Ivanov,2011:638)。Sorace 把涉及语用的运算置于语言核心运算之外分别对待。这也许是她将外接口困难归咎为加工的原因。

最后,对现有研究进行分析可以看出,接口研究需要改进视角和方法。例如,Prévost(2011)认为本族语者接口方面表现出的随意性可以从语言变体角度进行分析,有的本族人掌握两种以上方言,或者至少接触过其他方言,其直觉判断和语言产出必受影响,他们的潜在语法不能一概而论。此外,本族语者和非本族语者接口上的随意性还可能源于实验设计和测试工具,尤其是合乎语法性判断和真值判断很难避免意外结果。因此,为了更准确地确定接口随意性程度、了解其本质,有必要考虑语言变体和研究方法。最后,接口问题并非成人语言习得独有现象。Montrul(2011)在分析不完美习得时指出,英语单语儿童和双语儿童也经历动词无时态曲折阶段(即句法—形态接口问题),也有一段时期不能理解或运用动词被动形式。

五、结束语

接口假说引起了研究者的注意(尤其是出现不少关于句法—语用接口的研究),提出了一些关于语言官能和涉及双语者语言能力、加工能力及其他认知能力互动的根本问题。随着新研究结果的出现,接口假说在发展,但也由于最初提出的假说表述不精确、涵盖的范围被无端扩大而出现了许多误读(Sorace,2011)。虽然接口假说几经修正变化,但是它依然是一个可以检验的假说(Rothman & Slabakova,2011)。

本文详细分析讨论了二语接口假说及其相关问题。接口假说的相关研究还处于发展阶段,接口的界定依然存在分歧,许多问题还没有完全一致的结论。例如,有最新研究证明句法—篇章可以被习得(Ivanov,2012;Slabakova, et al., 2012), 中级水平阶段就已经具备此类知识, 但是研究还发现接口属性的习得先后有序: 狭义句法属性和句法—语义接口属性的习得先于句法—篇章接口属性(Slabakova, et al., 2012: 339)。这样的发现既说明接口假说有一定道理(因为外接口发展滞后), 也对 Sorace 等人的表述提出了挑战(因为中级阶段已开始习得外接口属性)。因此, 接口研究不能局限于最终造诣阶段。

二语接口研究的发展还需要解决很多基本理论问题。例如, 语言接口处涉及不同模块的知识表征, 这些知识表征如何恰当地整合在一起? 整合到底指什么? 整合似乎既可以理解为表征也可以是推导运算。按照 Lardiere (2007, 2009)的特征重组假说, 整合就是特征的重新组合并发生映射。但是, 特征组装和映射发生在语言习得时的接口处(加工语言输入)还是语言推导运算时的接口处(加工语言输出), 尚无专门论述。映射发生在模块接口处, 则属于语言习得内化过程。若发生在推导运算时的接口处, 则是语言生成加工过程。在生成语法理论中, 语言不同模块的知识各有表征, 语句的生成不是表征而是动态推导, 是表征知识的临时整合, 即特征组装(Chomsky, 2001, 2008)。

内接口涉及核心语法, 而核心语法是简洁的小型完美系统, 其基本操作和组合方式非常有限; 外接口所涉的语言外部系统则因语言社团和语境不同而千差万别, 如双语者的核心语言系统与发音—感知系统形成接口, 高级水平者可能掌握了语言的音系结构, 但是实际运用(具体发音)可能南腔北调(Tsoulas & Gil, 2011: 104-105)。因此, 二语习得者偏离目标语的语言运用可能源于语言与发音—感知系统的接口(信息的移交与整合), 而不一定是因为语言系统知识表征的缺陷。接口假说在过去0年引发了学者们浓厚的研究兴趣, 产出了大量高质量研究成果, 非常值得称道。接口假说借助形式语言学及加工等其他认知概念, 系统地论述了复杂的二语(双语)习得现象。它使我们认识到未来的二语习得研究需要语言学家和其他认知科学研究者通力合作, 用先进的研究手段探索加工、工作记忆及其他认知因素在语言行为中的作用(Rothman & Slabakova, 2011: 572)。

参考文献

Argyri, E.&A.Sorace.Crosslinguistic Influence and Language Dominance in Older Bilingual children.*Bilingualism*:*Language and Cognition*, 2007, Vol.10.

Belletti, A., Bennati, E.& A.Sorace.Theoretical and Developmental Issues in the Syntax of Subjects: Evidence from Near-native Italian.*Natural Language and Linguistic Theory*, 2007, Vol.25.

Chomsky, N.Derivation by Phase.In M.Kenstowicz(ed.).*Ken Hale*:*A life in Language*. Cambridge, MA: The MIT Press, 2001.

Chomsky, N.On Phases.In R.Freidin, C.P.Otero &M.L.Zubizarreta(eds.).Foundational Issues in Linguistic Theory-Essays in honor of Jean-Roger Vergnaud.Cambridge, MA: The MIT Press, 2008.

Goad, H.&L.White.Ultimate Attainment of L2 Inflection: Effects of L1 Prosody Structure. *EUROSLA Yearbook*, 2004, Vol.4.

Goad, H. &L. White. Ultimate Attainment in Interlanguage Grammars: A Prosodic Approach.*Second Language Research*, 2006, Vol.22.

Ionin, T., Ko, H. &K. Wexler. Article Semantics in L2 Acquisition: The Role of Specificity.*Language Acquisition*, 2004, Vol.12.

Ivanov, I.L2 Acquisition of Bulgarian Clitic Doubling: A Test Case for the Interface Hypothesis.*Second Language Research*, 2012, Vol.28.

Lardiere, D. Ultimate Attainment in Second Language Acquisition: A Case Study. Mahwah, NJ: Lawrence Erlbaum, 2007.

Lardiere, D.Some Thoughts on the Contrastive Analysis of Features in Second Language acquisition.*Second Language Research*, 2009, Vol.25.

Lardiere, D. Who is the Interface Hypothesis about? *Linguistic Approaches to Bilingualism*, 2011, Vol 1.

Montrul, S.Multiple Interfaces and Incomplete Acquisition.*Lingua*, 2011, Vol.121.

Pires, A.&J.Rothman.An Integrated Perspective on Comparative Bilingual Differences: Beyond the Interface Problem? *Linguistic Approaches to Bilingualism*, 2011, Vol.1, No.1.

Prévost, P.The Interface Hypothesis: What about Optionality in Native Speakers? *Linguistic Approaches to Bilingualism*, 2011, Vol.1, No.1.

Rothman, J.& R. Slabakova. The Mind-context Divide: On Acquisition at the Linguistic Interfaces. *Lingua*, 2011, Vol.121.

Schwartz, B. Parsing up the Interface Hypothesis. *Linguistic Approaches to Bilingualism*, 2011, Vol.1, No.1.

Slabakova, R. *Meaning in the Second Language.* Berlin: Mouton de Gruyter, 2008.

Slabakova, R. Which Features are at the Syntax-pragmatics Interface? *Linguistic Approaches to Bilingualism*, 2011, Vol.1, No.1.

Slabakova, R.&I. Ivanov. 2011. A More Careful Look at the Syntax-discourse Interface. *Lingua*, 2011, Vol.121.

Slabakova, R., P. Kempchinsky, &J. Rothman. Clitic-doubled Left Dislocation and Focus Fronting in L2 Spanish: A Case of Successful Acquisition at the Syntax-discourse Interface. *Second Language Research*, 2012, Vol.28.

Sorace, A. Syntactic Optionality in Non-native Grammars. *Second Language Research*, 2000, Vol.16.

Sorace, A. Near-nativeness. In C. Doughty &M. Long (eds.). *The Handbook of Second Language Acquisition.* Oxford: Blackwell, 2003.

Sorace, A. Selective Optionality in Language Development. In L. Cornips & K. Corrigan (eds.). *Syntax and Variation: Reconciling the Biological and the Social.* Amsterdam: John Benjamins, 2005.

Sorace, A. Pinning down the Concept of "Interface" in Bilingualism. *Linguistic Approaches to Bilingualism*, 2011, Vol.1, No.1.

Sorace, A. &F. Filiaci. Anaphora Resolution in Near-native Speakers of Italian. *Second Language Research*, 2006, Vol.22.

Sorace, A.&L. Serratrice. Internal and External Interfaces in Bilingual Language Development: Revisiting the Processing vs. Representation Distinction. *The International Journal of Bilingualism*, 2009, Vol.13.

Sorace, A., Serratrice, L., Filiaci, F.& M. Baldo. Discourse Conditions on Subject Pronoun Realization: Testing the Linguistic Intuitions of Older Bilingual Children. *Lingua*, 2009, Vol.119.

Tsimpli, I. &A. Sorace. Differentiating Interfaces: L2 Performance in Syntax-semantics and Syntax-discourse Phenomena. Proceedings of the 30th Annual Boston University Conference on Language Development.Somerville,MA:Cascadilla Press,2006.

Tsoulas,G.&K-H.Gil.Elucidating the Notion of Syntax-pragmatics Interface.*Linguistic Approaches to Bilingualism*,2011,Vol.1.

White,L.Grammatical Theory:Interfaces and L2 Knowledge.In W.Ritchie &T.Bhatia (eds.).*The New Handbook of Second Language Acquisition*.Leeds,UK:Emerald Group Publishing Limited,2009.

White,L.Second Language Acquisition at the Interfaces.*Lingua*,2011a,Vol.121.

White,L.The Interface Hypothesis:How Far Does It Extend? *Linguistic Approaches to Bilingualism*,2011b,Vol.1,No.1.

（本文原载《外语学刊》2014 年第 4 期。）

语块学习、构式学习与补丁式外语教学

一、引言

语言学、心理学和二语习得理论概念层出不穷，犹如阵风刮向语言教学界。外语教学研究领域往往随风而动。例如，20世纪上半叶结构主义语言学和行为主义心理学把语言学习看作一套习惯的养成，无异于其他技能的学习，外语教学听说法应运而生。功能语言学及社会语言学关于语言的认识则催生了交际教学法，把语言技能的培养融入交际活动。认知语言学认为人类语言知识来源于体验及语言运用、语料库语言学把语块作为重要的语言分析单位、根本性差异假说认为母语习得和二语习得有本质区别等，对外语教学理念也产生了不小的影响。语言教学研究中出现了词汇教学法（Lexical Approach）、语块（chunk）教学，甚至构式（construction）教学和补丁式（patch）教学（Bley-Vroman，1996，1997）；有学者（Willis，1990；Nattinger & DeCarrico，1992；Lewis，1993）在教学大纲中突出语块或套语的作用；有人认为掌握语块是成功学习语言的重要部分（Wray，2000）。语块教学近年来似乎引起了国内外语界的注意（段士平，2008；徐泉，2010）。语块到底为何物？构式学习指什么？补丁式教学的本质是什么？这些都值得我们认真探讨。本文试图对相互关系密切的语块（套语）教学、构式教学和补丁式教学进行分析解读，指出其中存在的问题。

二、语块或套语的界定

语块和套语①(formulaic sequence,formulaic speech)意义相通,本文把它们放在一起进行讨论。关于语块学习的讨论在国内似乎呈上升趋势(段士平,2008)。这一趋势反映了研究者对语言教学内容和方式的再认识。语块或套语很早就出现在二语习得研究中,例如 Krashen & Scarcella(1978)、Krashen(1982)曾关注过套语在二语习得或课堂教学中的作用,Ellis(1994)甚至认为套语的使用是二语习得的发展阶段之一。套语似乎在外语(二语)学习中有一定的意义,但是当时没有引起过度的关注。Wray(2000)认为套语节省加工成本且能起到交际作用,掌握套语是成功学习语言的重要组成部分。套语或词汇短语被看作理想的教学单位(Nattinger & DeCarrico,1992)。有人认为语块量对学生英语应用能力的影响比词汇量大,语块教学法有利于提高学生的英语应用能力(于秀莲,2008)。2009 年 5 月召开的"首届全国语言语块教学与研究学术研讨会"围绕语块展开语言学及应用语言学视角的探讨,语块涵盖范围极广。王立非和陈香兰(2009)在会议综述中指出今后语块研究应当重视的若干方面,其中包括探讨语块在二语教学中的有效性。本文正是针对语块教学的意义及有效性进行理论探讨。

套语和语块的含义并不十分明确,定义多源于对其外在规律的描述。Wray(2000)把成语、搭配、句型框架(sentence frames)等固定表达式统称为套语。国内有人(于秀莲,2008)把词汇教学看作语块教学。有的人(骆雁雁,2009;徐泉,2010)在讨论语块教学时实际上把套语等同于语块。很显然,相关文献中用于表达语块和套话等属性的术语很不统一。Wray(2000:465)罗列了近五十个与套话意义相同或相近的术语(其中包含语块),并将其定义为一组(看似)预制的(非)连续词语及其他意义成分,她认为套语在记忆中整存

① 语块和套语在相关文献中被交替使用。本文的引文尊重原文的选择,原文用语块,本文也用语块;原文用套语,本文引用时也用套语。但本文在讨论中倾向于使用语块。

整取，套语不经过语法生成，也无语法分析。还有人把所有套语表达式涵盖在词汇短语之内(lexical phrases)(Nattinger & DeCarrico,1992)。

顾名思义，语块或套语是由一组词汇黏合在一起形成的大词(big words)或短语，成语就是这种典型大词。有的套语定义借用语料库语言学惯常化(institutionalization)、固定性和不可分解性(non-compositionality)等标准；语料库语言学用这些标准识别并描写语料库中的套语，心理语言学和语言习得研究关心词组是否成套、是否作为整体储存在心理词库中(Schmitt & Carter,2004)。很显然，套语和非套语界限模糊，有学者建议用以下线索对套语进行界定、识别和分类：出现频率高、重复、句子短小、句法正确、受语境影响、缺少变化、广泛用于同一交际群体、结构外有停顿或犹豫显示界限、结构内无停顿、有语码转换显示界限等；套语的固定性似乎并非根据其本质属性来确定，而是取决于识别和使用情况(Girard & Sionis,2003:241)。套语的内在构造属性和外在识别标准均隐含其结构的相对固定性。

但是，套语本身的固定性有程度之分，如何才能准确地确定套语的固定性或可变性呢？套语固定性的决定因素应该包含哪些方面？Girard & Sionis (2003:243)提出用三个要素确定套语的性质：语言固定性、交际固定性和社会文化固定性。很显然，套语的交际属性和文化属性超越了语言本体范畴，语言的固定性则需要一定的参照标准。

语块是有结构的单位，由于结构复杂而被当作整体单位来学习、使用。这就为识别语块提供了参照。如果二语运用中某一结构正确而其他同类结构出现错误，这个正确结构就可能是作为整体记忆的语块，例如"My name is John. He Mary"中的第一句属于整体记忆的语块，第二句才是根据中介语语法规则生成的句子。因此，确定话语是否属于套语的另一常用标准是比较同类话语的合乎语法性(Girard & Sionis,2003:235)。

语块或套语的多样性决定了定义的难度，目前几乎不可能对其下一个全面的定义。有的套语不可分解或者不遵循语法规则，总是作为固定的整体出现，而有的套语包含可以替换的成分，套语实为结构框架，或者称其为构式。在Wray(2000)看来，"beat about the bush""by and large"之类的不规则成语数量不大，大部分套语依然是根据语法生成的词汇组合，如"There are three things to consider…Firstly…Secondly…Thirdly…”如果把这种根据语法生成的常见短语、句式均称为套语,套语的含义就无异于语法研究中的短语、构式和句型。可见,当前外语教学界所称的语块(套语)是一个界定不甚明了的概念。

三、语块的教学意义

语块或套语被不同的学者不断重新定义,已经演变成包罗万象的概念:从若干词汇构成的大词到短语、从固定句型到篇章构式。倘若如此,套语教学就无异于短语教学、构式教学或句型教学。提出语块教学,就类似于提出以教学内容为基础的词汇教学、短语教学、句型教学、语法教学或篇章教学。从“语块教学”还很难看出教学理念和方法上有什么创新。

最早把语块应用于语言教学大纲的有 Willis(1990)、Nattinger & DeCarrico(1992)和 Lewis(1993)等学者。Willis(1990)关注部分固定、部分变化的词汇串,重视词语法(word grammar),而不是强调结构;在他看来,语法是一种接受性技能(与传统意义上基于规则的语法不同),包括识别语言特点的异同;教师要为学生创造机会接触有用的套语。Nattinger & DeCarrico(1992)与 Willis 不同,他们更关注套语的交际功能,建议教师引导学生操练固定表达式,增强信心和语言流利度;用替换练习操练先前学习的语块,让学生认识到这些语块并非一成不变;教师应增加套语的变化性,使学生对其进行深入分析,推断出语法和形态规则。显然,他们把套语看作语言操练的内容,是学生赖以获得语法知识的语言材料之一。这种教学实践隐含的学习理念是归纳分析,对语法的认识不是停留在传统语法概念上就是错误地把语法当作技能。

Lewis(1993:193)在其词汇教学法论著中指出,教师应该具备在文本中识别语块或不同词项的能力,并且帮助学生掌握这一技能。Lewis 把词项(而不是单词)看作更有教学意义的单位,他的词项包括成套的词汇串。词汇教学法旨在为学生提供大量的词汇(即使学生在初期还不能给词汇赋予语法属性)、语用上有实际用途的词项(尤其是惯用的话语),保持语义丰富的低频词与语义内容较少的高频率语块之间的平衡。Lewis(1992:100)认为学生(至少部分地)通过学习和归纳语句中的制约条件来习得语法。从 Nattinger & DeCarrico(1992)和 Lewis(1992)的论述中可以看出,套语或语块包含语法信息和形态信息等。教授套语不应该是教学的终极目的,教师应该帮助学生从中推断出语法知识、形态知识等。由此可以看出,这些教学法暗示外语学习依靠识别、推理、归纳、记忆、模仿、操练等认知活动。所谓的套语教学除了强调套语这种教学内容外,与传统的外语教学方法有本质上的区别吗?

套语或语块教学隐含一个重要的预设:学习套语能促进语言能力的发展。那么,套语是不是语言能力的一部分?根据 Chomsky(1965)关于语言能力和语言运用的论述,语言能力指人们用于生成语句的抽象语言知识。作为记忆实体的套语虽然包含抽象的语言知识,但是本身并非具备生成能力的抽象规则知识,充其量只是语言输入材料或死记硬背而有点实际用途、便于超常发挥的语料而已。例如,"To begin with""Firstly…Secondly…"之类的衔接型套语有利于提高语篇的连贯性;"How do you do""You know"之类的整句型套语起一定的交际作用,能填补话语空白,传递固定的语义;"What's…,I' m…"句型式套语可用于生成有限的语句;短语型套语既有类似固定大词的用途又有便于活用的短语结构。

固定套语和活用语句有着本质区别,有神经学证据表明他们的储存方式不同,例如 Krashen & Scarcella(1978)指出,非流利型(句法)失语症患者和手术切除左脑者往往能保住套语,Hatch(1983)认为套语由右脑掌管(Girard & Sionis,2003:246)。

神经生物学证据显示,二语学习者使用套语时只需激活有关基底神经节①回路(basal ganglia circuit),无须逐条应用语法规则或音系规则(Lee,2004)。虽然基底神经节主要功能是控制自主运动,但是它与语言有一定的关系,例如基底神经节失语症患者倾向于省略"He goes"中"-es"之类的语素,

① 基底神经节(又名基底核)存在于大脑深层至脑干的灰质团块,其主要功能在于保持身体的稳定平衡,控制自主运动,同时还参与记忆、情感和奖励学习等高级认知功能。主要输入来自大脑皮层和丘脑,输出至丘脑、中脑的顶盖和被盖。基底神经节病变可能导致不随意运动的显著运动症状,如帕金森氏症、舞蹈病。

有语义内容的句子成分能由与意义相关的大脑其他部分加工，而缺少语义内容的句子部分可能得不到此类加工补偿。这就表明基底神经节与语法规则有关。Lee 用一个有趣的现象说明这种关系，即操多语者的基底神经节受损时，所有语言都受到损害，但是二语或外语的损伤程度轻于母语，程序化的二语知识被损伤，没有程序化的二语知识得以保留。这似乎表明一语系统几乎完全被程序化，二语和一语相比更多地由陈述性记忆系统加工（Lee，2004：63-64）。由此可以推断，外语学习中带有明确语义内容的套语、语块可能储存在陈述性记忆中，没有被处理成程序性知识，不由语法系统掌管制约。

如果这些看法正确，那么外语学习的程序性抽象语法知识系统和陈述性词汇系统的组织及发展方式不同，词汇的正确运用还需要语法知识映射在词汇形态上。这一认识与二语习得理论关于学得与习得、有意识知识与潜意识知识、显性学习与隐性学习、陈述性知识与程序性知识等二分法完全吻合，也与二语习得的形式—形态分离论（Lardiere，2000）吻合，即抽象的句法知识系统和具体的形态词汇系统是分开发展的，二者之间通过映射的方式达成统一。如果我们把隐性的程序性抽象语法知识看作二语的核心运算系统，那么由词汇、套语或语块构成的显性陈述性知识系统就是语言这个大系统中的外围部分。一语习得的事实表明，人们习得的语法系统相同，而词汇概念系统因人而异，且词汇习得是一个终身学习过程。外语学习亦同此理，除非坚持外语不是自然语言且没有程序性知识系统（而这是不符合事实的推断），或坚持认为外语知识系统完全依靠死记硬背的语块而没有生成语句的能力。

综上所述，套语或语块是具有语义内容、类似于词汇的语言单位，学习语块即学习相对固定的短语、句式或篇章模块。语块教学无异于传授这种语言单位的陈述性知识，不是语言能力的核心，而是零散的外围知识。

四、构式学习及其问题

语块或套语教学与 Bley-Vroman（1997）根据其根本性差异假说（Fundamental Difference Hypothesis，下面简称为 FDH）衍生出的构式学习、补丁式教学(Patch teaching)有着惊人的相似,因此有必要将二者联系起来一起进行探讨。语块与构式的相同之处在于二者在结构上相对固定,区别在于后者范围可能更广。语块和构式是从语言结构描写确定的概念,补丁则是关于教学作用的概念。从 FDH 视角把语块教学和补丁教学结合起来分析,能更清楚地揭示外语教学中存在的理念和认识问题。下面简要介绍构式学习及补丁式教学所依据的根本性差异假说。

Bley-Vroman(1989,1990,2009)根据母语习得和外语学习之间的十个常见差别对外语学习做出如下推断:1)成人外语学习普遍存在不成功现象,因此学习过程不同于一语习得。2)因为不能再充分利用语言专用的习得机制,成人外语学习只有极少数人能完全取得成功。3)一语和二语习得的成功程度、习得过程和语言学习策略存在显著差异。4)儿童无须语言教学就能习得母语,而教学对成人外语学习至关重要,尽管语言教学起多大作用、如何起作用尚不明了。5)儿童语言习得无须语言的反面材料(如纠错),而外语教师和学生一致认为反面材料有时候有一定作用。6)性格、动机、态度、社会化等因素似乎不影响儿童母语习得的成功,而对外语学习至关重要。7)成人二语习得者的语言直觉不确定,对判断合乎语法性没有充分把握。8)儿童在母语熏陶中自然而然地掌握语言,不像成人学习外语那样有明确的目的性;成人学习外语的目标存在较大的个体差异。9)儿童无一例外完美掌握母语,而成人学习外语的起始年龄对语言学习的结果产生影响。10)母语习得自然发展,而外语知识系统存在停滞不前现象,某些错误的语言知识难以消除。(关于根本差异性假说存在的理论问题,作者另文专门论述。)

以上十点均属于外语学习中可观察的外部现象。假设从外部表象能准确推断出外语学习的内在机制和过程均与母语习得不同,那么外语是通过什么样的方式学会的?或者说,外语是如何教会的?普遍语法可及性或语言习得机制的否定者必须回答这两个根本问题。Bley-Vroman(1996)认为二语习得的普遍失败等现象表明他们没有设置二语的参数,而是习得了一堆构式和句型。因此,他提出外语学习的主要途径是构式学习和补丁式学习(Bley-Vroman,1997)。这一论断与语块教学隐含的学习理念异曲同工。

FDH 不乏支持者和反对者。有的研究者关注本族语者和非本族语者的语言造诣差异,或试图调查成人二语学习者是否具有普遍语法知识(Song & Schwartz,2009)。尽管有大量证据和分析(Belikova & White,2009;Herschensohn,2009;Hopp,2010;Slabakova,2009;Song & Schwartz,2009;戴曼纯,2011;等等)表明二语和一语不存在根本性差异,即核心语法系统的发展没有差异,但是 Bley-Vroman(2009)坚持否定普遍语法在二语习得和外语学习中的作用,认为语法的核心部分不再起作用,或者作用不够好。他试图用构式①学习体系(a system of construction-by-construction learning)(Bley-Vroman,1997)解释二语学习者为何形成异于本族语的语言能力,坚持认为成人二语学习依靠给语法的外围系统打补丁,但他似乎忘记了一语习得者也能利用这些外围手段,且一语词汇概念系统也存在明显的个体差异。FDH 隐含的教学理念对外语教学产生明显的误导作用,即外语教学只可能传授零散的外围语言知识。FDH 似乎否认潜移默化的潜意识加工在二语习得中的作用,但没有令人信服地论证二语核心语法的具体构成。

作为一个混合先天论者(Long,2007:8),Bley-Vroman(1996)认为语言的核心由普遍语法生成,在儿童时期通过原则与参数设置机制来掌握;但是,人们还具有具体构式专有的知识(construction-specific knowledge)。这种构式可能由核心语法提供,构式知识非常微妙,也许语言官能允许学习这些微妙知识。语言中还存在外围构式,语言官能具备表征和习得外围构式的方式。Bley-Vroman 用循环论证的方式指出,否认普遍语法起作用的构式学习能预测外语学习成功程度表现出的个体差异,虽然二语习得者能获得近似本族语者的语言能力,但是不可能达到本族语能力水平;虽然能习得句式,但不一定能掌握微妙的语义内涵,这就是为什么听说法的句型训练没有效果。

Bley-Vroman(1997:15)认为其构式学习理论包含以下几个要点:1)外语的习得(至少部分)是构式系统的习得,构式之间有各种关联,不是简单的凌乱关系;构式及构式间的关系强弱不一;2)构式系统比以抽象特征、参数设置为基础的演绎系统更好地解释外语学习者的知识体系,而不必强行进行描写;

① Bley-Vroman 界定的构式是若干语类组成的大语类,如 Det 带普通名词是一个 DP 构式,被动句也是一个构式。每个构式各有其语义和语用特点。Bley-Vroman 的构式虽有更大的灵活性,但与语块、套语的教学意义相同。

3)构式系统能非常自然地解释外语学习缺少成功、语言变异和进步等现象;4)构式学习系统能与二语习得的注意(noticing)研究自然结合在一起。

Bley-Vroman 的构式学习观点依然承认语言习得存在核心与外围,承认普遍语法在儿童母语习得中的作用。但他否认普遍语法在二语习得和外语学习中的作用,认为二语习得依靠天赋的问题求解程序,成人的一般认知语类化能力(a general human cognitive categorization ability)使其学习不同权重、基于语类的构式或套式(pattern),学习的内容大致相当于短语结构规则,注意、输入频率、显著性和原型对学习过程产生影响(Long,2007)。外语学习者因为不能利用参数设置这种演绎系统,所以只能采用构式学习方法。本族语核心知识不是构式的简单堆砌,但是有足够的理由相信外语学习可能依靠不同构式的积累。对于成人外语学习而言,构式不是语言习得的附带现象,而是语言习得本身(Bley-Vroman,1997)。

构式学习系统否认普遍语法的可及性,否认参数设置和抽象特征的作用。学习者对构式进行分类的语言概念来源于母语已经实现的成分和语言输入中显而易见的内容。构式习得实际上不是习得,而是学习,因为潜移默化的习得受普遍语法制约。Bley-Vroman(1997:20)根据构式学习系统对一语和二语学习进行了新的区分。母语储存的构式库由普遍语法推导而来,是普遍语法的产品;外语的构式是习得目标,无须通过普遍语法,而是直接习得;母语的某些构式是(普遍语法制约的)核心语法允许的外围现象,外语的一切构式都是外围现象。这就预示外语语法是没有章法的拼凑,就像母语的特殊规则没有章法一样。尽管 Bley-Vroman(1997,2009)的表述将外语解释得如此不堪,但还坚持认为外语确实是语言。这就让推理陷入一种悖论:人类语言受普遍语法制约;如果外语/中介语是人类语言,就必须受普遍语法制约;如果外语不受普遍语法制约,就不是人类语言。

Bley-Vroman(2009)认为关于语言本质的最新认识动摇了二语习得研究的理论基础,二语习得问题需要重新思考。因为外语学习不成功,结果不可靠,所以一语习得理论不适合解释外语学习。但他没有解释为什么一语习得者不像二语学习者那样依靠构式学习,也没有解释为什么普遍语法制约在一语习得中优先于构式学习。

虽然构式学习否定普遍语法的作用,但也和根本性差异假说一样,出于与一语习得对比的目的参照了普遍语法理论。生成语法关于普遍语法的具体构成和内容有了新的发展,然而普遍语法的基本认识没有任何变化:人类语言共有一个普遍性运算系统。因此,根据管约论研究二语学习者获得的认识不一定失去意义(Belikova & White,2009)。Chomsky(1995,2005,2008)一直在论证语言是一个运算系统,普遍语法是关于语言官能(内在语言,I-language)初始状态的理论。语言习得受三个因素的影响:1)外在输入(经验),2)基因天赋(普遍语法),3)非专司语言的原则。对确定人类语言属性有具体意义的是第二个因素(Chomsky,2005:6)。

如果外语学习理论全盘否认普遍语法的作用,那么中介语就偏离了人类语言的基本属性,而成为不可预测的系统。如果外语学习只能完全依靠外围构式搭建新的语言体系,就预示了外语语言能力的"百衲衣"现象,即无人能构建一个完整的二语知识体系,无法形成一个完备的运算系统。这种彻底否定二语习得成功性的结论没有得到学界的认可,有学者(Birdsong,1999、2004)认为不少二语习得者能达到本族语水平,对成功者比例的估计由过去5%(Selinker,1972)到15%至60%(Birdsong,1999,2004;Montrul & Slabakova,2003;White,2003;Urponen,2004)。

准确地说,构式学习观只反映二语或外语学习的一个方面,即语言系统部分构件(语言的外围部分)可以通过构式学习来完成,语言系统尚未揭示清楚的潜意识知识(核心运算系统)似乎还无法通过学习构式或语块来构建。一语和二语/外语的本质区别可能恰好在于前者的习得未受人为干扰、习得过程即潜移默化过程,后者的学习往往被不可靠的学习观和教学理念误导、违反了自然规律、偏离了正确道路。

五、补丁式教学及其意义

前文所述的语块学习和构式学习似乎对外语产生一定的作用,更揭示出一种错误的教学观—补丁式教学。Bley-Vroman(2009)根据 Morgan(1972)关于一致呼应原则的学习提出外语学习的补丁论(patching),即:当相对简单的原则不能推广至复杂情况时,添加辅助原则作为补丁。凡是一般语言习得过程不能应用之处,都会发展出一个补丁。因此,补丁能解释中介语的个体差异和不确定性。

为了证明补丁说,Bley-Vroman 还借用 Clahsen & Felser(2006)的浅层结构假说(shallow structure hypothesis):成人 L2 学习者用于理解的句法表征不如本族语者深入、详细。Bley-Vroman(2009:192)还指出,补丁是本族语中分量很小的外围现象,但是在外语中占有很大分量;母语和外语的在线加工都有浅层表征,但是外语加工更加(甚至完全)依赖浅层表征。这与二语知识储存为陈述性知识(Lee,2004)、语块节省加工成本(Wray,2000)等观点基本吻合。但是,Bley-Vroman 的论述存在明显的逻辑问题。

如果我们把语言系统分为核心部分(普遍语法制约)和外围部分(外围部分可视为一套若干数量的补丁),那么本族语包含一定外围语言成分的现象不能作为依据证明核心部分(普遍语法)不存在。同理,中介语存在补丁现象也不能证明普遍语法不可及。相反,核心和外围的区分能很好地解释一语和二语的共性和个体差异。

虽然补丁论和构式学习对解释外语学习都有一定的现实意义,但是二者只反映外语学习的外围现象,不是 Bley-Vroman 所谓的外语学习主体,外语学习者需要掌握生成语句不可或缺的核心运算系统。二语或外语产出充满着创造性语言运用是一个不争的事实,语言的创造性运用离不开核心运算这个生成机制。换言之,外语的运用不能单靠从记忆中整体提取的语块、套语或构式。

外语教学或学习效率普遍低下,也许正是因为过于强调零散构式的学习和对补丁式教学的鼓励。学习者受到误导,消耗了本应分配给后台潜意识加工语言输入的资源,干预了正常的语言习得程序。构式学习和补丁论预测出的二语学习结果是:中介语是一堆没有章法的构式和支离破碎的补丁,语言产出错误百出、不成体系,只有浅层加工和有意识的语言运用。

有研究表明,二语知识体系(或语言能力)不同构件(包括句法、语义、形态、音系、语用、词库等)并非等量发展、齐头并进,学习者个体的语言运用技能(听、说、读、写等)也有强弱之差。例如,Lardiere(1998)指出,句法和形态的发展是独立分开的,句法知识被习得后,形态与句法映射的习得可能还不完美。这一句法—形态分离观不但有助于解释语法形态错误的百分比现象(即同一规则的使用有时候正确、有时候错误,各占一定百分比),还有助于我们理解僵化现象。Lardiere(2007)用一个受试的详细数据阐明了句法—形态分离发展的观点。该受试来自中国(14 岁从印尼迁往上海,16 岁迁往香港,22 岁迁往美国,在美国取得大学学位),收集数据时已接触英语 18 年,最后 9 年积极、成功地生活在英语浸泡式环境中。调查的数据显示她在必须使用一般过去时的语境中只使用了 34%左右,涉及格标记的代词运用却 100%正确。尽管有大量的语言输入,该受试的过去式形态标记停滞不前,产出如下所示的句子。

(1)a.I *feel* like I should buy the other one too

b.something that *have* to show the unbeliever that you are in spirit

c.he *have* the uh,inspiration to say what he want to say

d.when you pray what you want,you *got* what you want

e.she *give* me a lot of help

f.I *can* never *got* that right

g.everyone who *believe* it can get it

这些句子表明受试的中介语表征已经包含 TP、CP 投射和正确的格标记。受试完全习得了格系统,却没有充分习得相关动词的曲折形态。Lardiere 认为格特征与形态映射成功是因为英语代词的格与形态实现密不可分,且格的形式特征—形态映射简单易行,而动词的屈折变化与情态、(未)完成、否定有着复杂的关系,导致受试用 got 代替 get[见(1)f]、三人称单数一般现在时一致呼应无形态实现[见(1)b、c、e、g]。代词数量少而与格有关的形态相对固定,动词数量多而形态相对灵活。英语学习者出现动词形态错误的主要原因是抽象句法知识映射在动词形态上时出现了错误。因此,此类错误不能证明抽象句法知识未被习得,也不能证明句法知识未打足够的补丁,更不能证明句法系统的僵化。我们不能用此类数据支持正确的形态是语块学习或构式学习的结果、错误的形态源自错误的构式学习等观点。(1)的形态错误恰好证明中介语具有创造性生成语句的特点。

即使外语能力需要打补丁，也可能仅限于核心句法之外的词库，词库不但包含具体词项还包括超越单词且未加分解的大词、短语和句型。补丁范围包括：1）添加词项和短语（词汇学习），2）丰富或修正词项的形态（进行句法—形态映射），3）添加特殊句型（包括死记硬背的习语、谚语、名言等），4）添加篇章结构框架（包括修辞手段）等。所谓语块学习、构式学习实质上都是补丁式学习。从语言能力的构成及形式—形态分开发展的角度看，补丁式教学的作用非常有限，充其量给词库添砖加瓦。补丁学习添加的语言知识属于有意学习的知识。

虽然根据 Krashen（1985）关于潜意识的习得系统与有意识的学得知识没有接口[①]（non-interface）的观点（Housen & Pierrard，2005），语块学习和构式学习等添加的有意识语言知识不可能演变成潜意识知识而进入核心运算系统，但是显性方式学会的语块或构式丰富了词库及学得系统，为核心语言运算提供生成语句的材料。因此，我们既不能故意夸大普通学习机制的功能，否定天赋机制的作用，把补丁式学习当成主体，也不能彻底否定语块或构式学习。外语学习的普遍失败也许正好说明看似系统、实则凌乱的“补丁式”外语教学是错误的。

六、结语

本文详细阐述了语块和构式学习的内涵。语块和构式是具有语义内容、类似于词汇或短语的语言单位，学习语块或构式就是学习相对固定的短语、句式或篇章模块。语块或构式教学无异于传授这些语言单位的陈述性知识，是零散的外围语言知识。语块或构式教学均属于补丁式教学，对构建外语核心运算系统作用小，对扩充外围系统贡献大。补丁式教学不能揭示外语学习的

---

① 语言存在潜意识和有意识知识之分，是不言自明的事实。迄今为止，语言学家还没有探明潜意识语言知识体系的属性。二者之间是否存在接口很有争议（Housen & Pierrard，2005）。但有一点非常明确，潜意识知识与有意识知识不能相互转换的无接口论无法否认二者之间的结合。句法—形态分离论及形式—形态映射（Lardiere，2000、2007）对此具有很好的解释力。

成功，但似乎能较好地解释外语学习的普遍失败。

参考文献

戴曼纯：《对“根本性差异假说”的质疑》，《外语与外语教学》2012 年第 1 期。

段士平：《国内二语语块教学研究述评》，《中国外语》2008 年第 4 期。

骆雁雁：《基于语块理论的大学英语词汇教学模式研究》，《外语学刊》2009 年第 6 期。

王立非、陈香兰：《语言语块教学与研究在中国的进展——“首届全国语言语块教学与研究学术研讨会”综述》，《外国语（上海外国语大学学报）》2009 年第 6 期。

于秀莲：《语块教学法与提高英语应用能力的实验研究》，《外语界》2008 年第 3 期。

Belikova, A.& L.White.Evidence for the Fundamental Difference Hypothesis or not? Island Constraints Revisited. *Studies in Second Language Acquisition*, 2009, Vol. 31, pp. 199–223.

Birdsong, D.*Second Language Acquisition and the Critical Period Hypothesis*. Mahwah, NJ: Lawrence Erlbaum Associates, 1999.

Birdsong, D. Second Language Acquisition and Ultimate Attainment. In A. Davies & C. Elder (eds.). 2004. *The Handbook of Applied Linguistics*. Malden, MA: Blackwell, 2004, pp. 82–104.

Bley–Vroman, R. What is theLogical Problem of Foreign Language Learning? In S.M. Gass & J.Schachter (eds.).*Linguistic Perspectives on Second Language Acquisition*.New York: CUP, 1989, pp.41–68.

Bley–Vroman, R.The Logical Problem of Foreign Language Learning.*Linguistic Analysis*, 1990, Vol.20, pp.3–49.

Bley–Vroman, R. Patterns, Constructions, and SLA Theory. Ms. Department of ESL, University of Hawai'i, 1996.

Bley–Vroman, R.Features and Patterns in Foreign Language Learning. Plenary Address Presented at Second Language Research Forum, Michigan State University, East Lansing, MI, October 17–19, 1997. Available: http://www.lll.hawaii.edu/esl/bley–vroman/.

Bley–Vroman, R.The Evolving Context of the Fundamental Difference Hypothesis.*Studies in Second Language Acquisition*, 2009, Vol 31, pp.175-198.

Chomsky, N.*Aspects of the Theory of Syntax*.Cambridge, MA: The MIT Press, 1965.

Chomsky, N. ThreeFactors in Language Design. *Linguistic Inquiry*, 2005, Vol. 36, pp. 1-22.

Clahsen, H.& C.Felser.Grammatical Processing in Language Learners.*Applied Psycholinguistics*, Vol 27, pp.3-42.

Ellis, R.*The Study of Second Language Acquisition.* Oxford: OUP, 1994.

Girard, M.& C.Sionis.FormulaicSpeech in the L2 Classroom: An Attempt at Identification and Classification.*Pragmatics*, 2003, Vol.13, pp.231-251.

Hatch, E. *Psycholinguistics: A Second Language Perspective*. Rowley, MA: Newbury House, 1983.

Herschensohn, J. Fundamental and Gradient Differences in Language Development. *Studies in Second Language Acquisition*, 2009, Vol.31, pp.259-289.

Hopp, H.Ultimate Attainment in L2 Inflection: Performance Similarities between Non-native and Native Speakers.*Lingua*, 2010, Vol.120, pp.901-931.

Housen, A. & M. Pierrard. Investigating Instructed Second Language Acquisition. In A. Housen & M.Pierrard(eds.).*Investigations in Instructed Second Language Acquisition*.Berlin: Mouton de Gruyter, 2005, pp.1-27.

Krashen, S. Principles and Practice in Second Language Acquisition. Oxford: Pergamon, 1982.

Krashen, S.The Input Hypothesis: Issues and Implications.London: Longman, 1985.

Krashen, S., & R.Scarcella.On Routines and Patterns in Language Acquisition and Peformance.*Language Learning*, 1978, Vol 28, pp.283-300.

Lardiere, D.Case and Tense in the "Fossilized" Steady state.*Second Language Research*, Vol.14, pp.1-26.

Lardiere, D.Mapping Features to Forms in Second Language Acquisition.In J.Archibald (ed.).*Second Language Acquisition and Linguistic Theory*.Malden, MA: Blackwell, 2000, pp. 102-129.

Lardiere, D.*Ultimate Attainment in Second Language Acquisition: A Case Study*.Mahwah, NJ: Lawrence Erlbaum Associates, 2007.

Lee, N-H.The Neurobiology of Procedural Memory.In J.Schuman et.al.(eds.).*The Neu-*

robiology of Learning: *Perspectives from Second Language Acquisition*. Mahwah, NJ: Lawrence Erlbaum Associates, 2004, pp.43-73.

Lewis, M. *The Lexical Approach*: *The State of ELT and a Way Forward*. Hove, England: Language Teaching Publications, 1993.

Long, M. *Problems in SLA*. Mahwah, NJ: Lawrence Erlbaum Associates, 2007.

Montrul, S. & R. Slabakova. Competence, Similarities between Native and Near-native Speakers: An Investigation of the Preterite-imperfect Contrast in Spanish. *Studies in Second Language Acquisition*, 2003, Vol 25, pp.351-398.

Morgan, J. Verb Agreement as a Rule of English. *Chicago Linguistics Society*, 1972, Vol. 8, pp.278- 286.

Nattinger, J. & J. De Carrico. *Lexical Phrases and Language Teaching*. Oxford: OUP, 1992.

Schmitt, N. & R. Carter. Formulaic Sequences in Action: An Introduction. In N. Schmitt (ed.). *Formulaic Sequences*: *Acquisition*, *Processing and Use*. Amsterdam/Philadelphia: John Benjamins Publishing Company, 2004, pp.1-22.

Schwartz, B. & R. Sprouse. L2Cognitive States and the Full Transfer/full Access Model. *Second Language Research*, 1996, Vol.12, No.1, pp.40-72.

Selinker, L. Interlanguage. *International Review of Applied Linguistics*, 1972, Vol.10, pp. 209-231.

Slabakova, R. L2Fundamentals. *Studies in Second Language Acquisition*, 2009, Vol.31, pp. 155-173.

Song, H.S. & B. Schwartz. Testing the Fundamental Difference Hypothesis: L2 Adult, L2 Child, and L1 Child Comparisons in the Acquisition of Korean Wh-constructions with Negative Polarity Items. *Studies in Second Language Acquisition*, 2009, Vol.31, pp.323-361.

Urponen, M.I. *Ultimate Attainment in Post-puberty Second Language Acquisition*. Doctoral Dissertation, Boston University, 2004.

White, L. *Second Language Acquisition and Universal Grammar*. Cambridge: CUP, 2003.

Wray, A. FormulaicSequences in Second Language Teaching: Principle and Practice. *Applied Linguistics*, 2000, Vol.21, pp.463-489.

（本文原载《外语界》2012 年第 1 期。略有修改。）

统　　筹:张振明　孙兴民
责任编辑:任　民
封面设计:徐　晖
版式设计:王　婷

图书在版编目(CIP)数据

语言政策与二语习得研究/戴曼纯 著. —北京:人民出版社,2021.9
(新时代北外文库/王定华,杨丹主编)
ISBN 978-7-01-023721-3

Ⅰ.①语…　Ⅱ.①戴…　Ⅲ.①语言政策-研究-中国 ②语言教学-教学研究-中国　Ⅳ.①H002 ②H09

中国版本图书馆 CIP 数据核字(2021)第 177851 号

语言政策与二语习得研究

YUYAN ZHENGCE YU ER YU XIDE YANJIU

戴曼纯　著

人民出版社 出版发行
(100706　北京市东城区隆福寺街 99 号)

北京新华印刷有限公司印刷　新华书店经销

2021 年 9 月第 1 版　2021 年 9 月北京第 1 次印刷
开本:710 毫米×1000 毫米 1/16　印张:19.25　插页:1 页
字数:300 千字

ISBN 978-7-01-023721-3　定价:98.00 元

邮购地址 100706　北京市东城区隆福寺街 99 号
人民东方图书销售中心　电话 (010)65250042　65289539